미완의 귀향과 그 이후

미완의 귀향과 그 이후

1판1쇄 펴냄 2007년 4월 10일
1판2쇄 펴냄 2007년 5월 7일

지은이 | 송두율

펴낸이 | 정민용
주간 | 박상훈
기획위원 | 김용운
편집장 | 안중철
책임편집 | 박미경
편집 | 박후란, 성지희, 최미정
디자인 | 서진, 송재희
제작·영업 | 김재선, 박경춘

펴낸 곳 | 도서출판 후마니타스
등록 | 2002년 2월 19일 제6-0449호
주소 | 서울 종로구 홍파동 42-1 신한빌딩2층(110-092)
편집 | 02-739-9929 제작·영업 | 02-722-9960 팩스 | 02-733-9910

값 15,000원

이 도서의 국립중앙도서관 출판시도서목록(CIP)은 e-CIP홈페이지(http://www.nl.go.kr/cip.php)에서 이용하실 수 있습니다(CIP 제어번호: CIP2007001004).

●표지 그림은 송현숙의 〈한 획〉(1 brushstroke)이다. 작가는 1972년 간호보조원으로 독일에 건너가 주경야독하며 함부르크조형예술대학을 졸업했다. 이후 활발한 작품 활동을 통해 그녀의 독자적 예술 세계를 인정받게 되었고 1998년에는 함부르크예술원 회원으로 선출되었다. 어두운 녹갈색조의 화폭은 그녀의 고향인 담양 대나무 숲을 연상케 하며, 한 획으로 내린 선에서는 동양 고유 필묵의 흐름이 넘쳐 난다. 송두율 교수는 "양립의 수수께끼"를 전하고자 하는 송현숙 씨의 예술 정신에서 '경계인'의 철학과 유사성을 발견한다고 한다.

미완의 귀향과 그 이후

송두율 지음

후마니타스

차례

서 문

37년 만에 찾은 고향에서 예기치 않게 벌어진 필자의 '사건'을 돌이켜 보며 분노와 함께 쓴웃음을 지을 때가 한두 번이 아니다. 고향이라는 단어가 담고 있는 따뜻하고 포근한 정서와 정반대의 그 어두운 경험 때문이다. 필자는 "그리던 고향은 아니었네"라는 유행가 가사처럼 과거의 '고향'을 되새겨 볼 여유를 전혀 가질 수 없었으며 대부분의 시간을 밀폐된 공간에서 보내야만 했다.

그래서 2003년 가을부터 이듬해 여름까지 미완으로 종결된 필자의 귀향에 대한 기억은 결국 닫힌 공간에서 강요된 일에 관한 것이라 볼 수 있겠다. 그러나 바로 그 일 년 가까운 시간에 대한 기억은 필자 자신의 것이기는 하지만 동시에 당시 한국 사회가 경험해야 했던 '집단적 기억'이었다. 그래서 때로는 잊어버리고 싶은 기억이지만 다시 살려내 반성적으로 고찰하고 또 이를 공유해야 할 의무를 필자는 느껴 왔다. 필자 자신은 물론, 한국 사회와도 충분한 반성의 거리가 아직 주어지지 않은 것은 아닌가 하는 생각이 들기도 한다. 그러나 완전치는 못해도 어느 시점에서 중간 평가 같은 것이라도 있어야 하지 않겠는가 하는 절박한 느낌 또한 갖는다.

'미완의 귀향'이라는 주제가 담고 있는 정서는 과거와의 대화에서 얻어진 슬픈 내용이다. 어떤 결손 상태가 불러오는 멜랑콜리의 감정도 피할 수 없다. 그러나 필자는 이 주제를 그저 '있었던 일'에 대한 기억을 되살리는 것으로만 이해하지 않는다. 이보다는 그 어느 누구도 아직 밟아 보지 못한 미래의 땅에 관한 상상과 다가감을 귀향이라고 생각하기에 '미완의 귀향'은 아련한 과거에 대한 서글픈 느낌이 아니라 우리가 만들어 가야 할 미래의 꿈을 엮는 적극적 행위임을 강조하고 싶다. 이제 필자에게 '고향'은 현재와 과거 사이의 경계선 위가 아니라 현재와 미래 사이에 열려 있는 경계의 공간, 그 안에 있다.

'경계인'에게 고향은 과거로의 회귀만을 의미할 수가 없다. 경계의 이쪽이나 아니면 저쪽, 어느 한 곳에 정착한 사람들은 과거의 추억 속에 살며 그 속에서 자기 존재의 뿌리를 별 어려움 없이 관습적으로, 때로는 본능적으로 확인할 수 있다. 그러나 이쪽과 저쪽 사이의 경계에서 제3의 그 무엇을 구하려고 할 때, 우리는 지금까지 아무도 밟아 보지 못한 미래의 고향에 우리의 생각을 천착(穿鑿)하게 할 수 있다. 보기에 따라서는 유토피아, 즉 '없는 땅'처럼 보일 수도 있는 이 미래의 고향이 선에서 면적으로, 또 면적에서 공간으로 변화하며 넓어질 때 그 안에서 더욱 많은 사람이 과거와는 다른 모습으로 공존할 수 있을 것이다.

비록 고통스러운 큰 대가를 치르기는 했지만 2003년과 2004년의 경험은 제3의 열린 공간을 확충하고자 노력해 온 필자에게 정말 값진 계기를 마련해 주었다. '생산적인 제3'으로서의 '경계인'을 이야기했던 필자가 남과 북, 또 남과 남의 경계선을 설정하고 격렬한 전투를 벌였던 사람들에게 다가섰을 때 그들이 보여 준 반응이 어떤 것인지를 구체적으로 확인할 수 있었기 때문이다.

그러한 반응을 경험하면서 떠올렸던 여러 생각을 어느 기회에 꼭 정리해서 남겨야겠다고 하면서도 이곳 생활이 주는 또 다른 압박 때문에 지금까지 미루어 왔다. 그러나 앞에서도 지적했듯이 필자 개인의 기억과 한국 사회의 집단적 기억이 갖는 성격 때문에 비록 불충분한 상태지만 정리해서 일단 세상에 내놓게 되었다. 광기와 폭력이 난무했던 그 숨 막히던 상황과 독일에 돌아와서 느꼈던 인상을 담은 '비망록'은 물론, '대담' 형식을 빌려 당시의 상황을 사실적으로 복원하려고도 했다. 그 이후에도 지속하고 있는 필자의 지적 관심들을 보여 주는 글도 함께 담았다. 3부가 그것으로, 그간 여러 지면에 발표한 글들을 묶어 일정한 주제로 재구성했다.

　여러 편린을 다시 들춰 보며 당시의 험악한 분위기에서도 필자와 필자의 가족을 정말 따뜻하게 지켜 주었던 한 분 한 분의 표정과 음성을 떠올린다. 어떤 분들은 작은 흔적조차 남기지 않으면서도 우리들의 가슴 한구석을 채우고 있다. 그분 모두를, 한 분 한 분을 다시 소중하게 뇌리에 심으면서 우리가 당시 공유했던 집단적 기억을 바탕으로 미래의 아름다운 고향을 함께 만들고 싶은 뜻을 담아 이 책을 그분들에게 바친다.

　태풍의 눈은 고요하지만 이 주위를 돌며 휘몰아치는 비바람의 위력은 무섭다. 필자가 갇혀 있던 서울구치소의 한 평 공간은 태풍의 눈이었다. 야만과 광기가 무섭게 휘몰아쳤던, 너무나도 낯선 땅에서 그야말로 모든 것을 바쳐 남편과 아버지를 지켜냈던 아내와 두 아들에게 이 책을 바친다.

2007년 3월, 베를린에서

송두율

1부

한 경계인의 비망록

한 경계인의 비망록

1

나는 미결수 65번으로서 서울구치소의 11동 상(上)층 1호실(11-3-1) 한 평 크기의 독방에서 2003년 10월 22일부터 2004년 7월 21일까지, 그러니까 만 9개월을 보냈다. 36년 2개월 만에 고향 땅을 다시 밟게 된 2003년 9월 22일, 그로부터 처음 한 달은 상상도 해 보지 못한 끔찍한 마녀사냥의 대상이 되었다. 그런 내게 감옥의 그 작은 공간은 광풍이 몰아치는 바깥세상으로부터 나를 격리시키는 일종의 피난처 구실을 했다. 역설치고는 참으로 지독한 역설이었다.

부모를 따라 난생처음 한국 땅을 밟은 두 아들은 누구보다도 큰 충격을 받았다. 내가 구치소에 있는 동안 아내는 건강치 못한 몸으로 하루 24시간이 모자랄 정도로 바쁘게 나의 석방 운동을 벌였다. 그런 아내를 도우려 두 아들은 교대로 서울을 찾았다. 그들은 서울에 있는 동안 일요일과 공휴일을 빼고 하루에 10분이 허락된 나와의 면회를 기다렸다. 창살을 사이에 둔 그 짧은 면회 시간으로는 감옥의 안팎에서 벌어지는 크고 작은 일에 대해 충분한 이야기를 나눌 수 없었다. 하루는 두 아들이 조심스럽게 내가 들어 있는 감방의 구조와 그 속에서 어떻게 하루를 보내는지를 물었다.

감옥이라는 공간은 그 속에 갇혀 있는 사람과 이들을 감시하는 직원 이외에는 접근이 금지된 특수한 장소다. 『감시와 처벌, 감옥의 탄생』이라는 저서를 통해 이른바 근대적 이성에 의해서 억눌리고 추방된 이성(理性) '밖'(dehors)의 세계인 감옥을 분석한 푸코(Michel Foucault)도 사실 그의 저서가 출간될 때까지 감옥 내부를 직접 볼 수는 없었다. 감방은 변호사를 제외하고 외부 사람들의 접근이 허락되지 않았기 때문이었다. 1973년 말에야 그는 미국 인디애나주 아티카(Attica) 시에 있는 교도소를 방문, 처음으로 그 내부를 볼 수 있었다.

2

병영, 정신병동, 감옥, 학교와 같은 '총체적 제도'(total institution)에 대한 푸코나 고프먼(Erving Goffman)의 이론을 강의했지만, 하루아침에 한 평 크기의 감방에 갇혀서야 정작 나 자신도 그 좁은 공간 속에서 보내는 시간의 의미를 생각할 수 있었다.

한 평 크기의 공간에서 잠시 빠져나올 수 있는 시간은 무엇과도 바꿀 수 없이 귀중하다. 공휴일을 뺀 평일의 10분간 면회와 한 시간 운동이 허락된 때가 가장 기쁜 곳이 거기다. 특별 면회라고 해서 독일 영사가 매주 한 번 찾아오고, 때로는 김수환 추기경 같은 분들과의 특별 접견도 있다. 변호사와의 면회 시간도 있다.

어떻든 감방을 잠시라도 벗어날 수만 있으면 무조건 행복한 시간이다. 며칠 쉬게 마련인 명절에는 감방에서 나올 수 없다. 밖의 세계와는 정반대로 오히려 가장 고통스러운 시간이다.

독방 안에 갇혀서 매일 기다려지는 것은 편지다. 가족, 친지 또는 생면부지의 독자나 후원자로부터 받는 편지를 읽을 수 있는 시간은 구치소 밖의 세계에 접속할 수 있는 귀중한 시간이었다. 그때 받은 편지와 책들이 10여 상자나 되었는데 독일로 돌아올 때 가져왔다. 방 한쪽 벽을 꽉 채운 이 책들의 첫 장에는 나의 수인번호 '65'라는 숫자가 적힌 '개인도서확인필증'이 붙어 있다.

수감된 며칠 후 광주에 사는 한 애독자가 보낸 책을 받았다. 그중 한 권은 광주의 사진첩이었다. 그 속에는 내가 다녔던 초등학교의 사진도 들어 있었다. 구치소를 나온 후 광주를 방문했을 때 그 근처를 돌아보았으나 감방에서 경험했던 그때의 느낌을 되살릴 수 없었다. 광주를 떠난 지 45년 만이니 당연하기도 하다. 또 내가 다녔던 광주서중학교의 건물은 이미 없어졌다. 광주학생운동기념탑은 그대로 남아 있어 그곳에서야 옛 기억을 겨우 되살릴 수 있었다.

광주를 거쳐 40년 만에 제주에도 하루 들렀다. 현기영의 『지상에 숟가락 하나』 속에 나오는 도두봉(道頭峰)만 유일하게 알아볼 수 있었던 고향 마을은 이제 횟집만 즐비하게 늘어선, 제주시의 외곽으로 변했다. 시간의 흐름 속에서 변화된 공간의 안타까운 모습이었다.

다시 구치소 시절로 돌아가, 무엇을 하며 그 지루한 나날들을 보냈는

가. 검찰에 출두하거나 공판이 열릴 때는 사실 마음의 안정을 얻을 수 없었다. 심문이나 재판 준비 때문이라기보다는 너무나 어처구니없이 진행되는 일에 귀중한 시간을 탈취당하고 있다는 분노 때문이었는지도 모른다.

하지만, 어차피 겪어야 할 고통의 시간이라면 이를 잘 활용해야겠다는 일종의 손익계산도 하게 되었다. 초등학교를 입학한 날부터 지금까지 학교 밖에서 보낸 시간이 없는데 처음으로 그런 시간을 가졌다. 가르치는 일은 할 수 없지만 책 읽고 글 쓰는 것은 계속할 수 있겠다 싶었다.

그러나 문제가 발생했다. 40년 가까이 의자 생활을 하다 보니 방바닥에 앉아서 책 읽고 글을 쓴다는 것이 생각보다 쉽지 않았다. 그래서 조그마한 걸상을 신청했는데 다른 재소자와의 형평성을 이유로 허용되지 않았다. 독일 영사는 수감 중인 미군 병사에게는 책상은 물론 침대와 냉장고 시설까지 허용하면서 저술이 본업인 독일 대학의 교수에게 최소한의 편의를 제공하지 않는 이유가 무엇이냐고 항의했다. 그러나 구치소를 나올 때까지 의자 반입은 끝내 허락되지 않았다.

5

이러저러한 일과로 분절된 시간과 제한된 공간이 주는 심리적 압박감 때문에 사실 생각을 차분하게 정리해 글로 옮기기가 어려웠다. 나는 이탈리아 공산당의 창시자 그람시(Antonio Gramsci)가 『옥중수고』 곳곳에 스타카토처럼 단절된 문장을 남긴 이유를 그때서야 이해할 수 있었다.

면회 온 백기완 선생은 자신의 경험에 비추어 시를 한번 써 보라 했다. 하이데거(Martin Heidegger)도 『사고의 경험으로부터』 속에서 "시적인 표명은 지상의 생멸(生滅)하는 것들을 하늘 아래서 신적인 것 앞에 서게 한다"
고 주장했다. 그러나 시적인 영감이 부족하다 보니 시를 쓰는 것은 무리였
다. 너무 산문적인 삶을 살아온 것은 아니었는지.

　문학사에는 시와 산문을 결합할 수 있었던 괴테(Johann Wolfgang von
Goethe), 하이네(Heinrich Heine) 그리고 브레히트(Bertolt Brecht)와 같은 본보
기도 있다. 하지만 시와 산문, 직관과 분석의 결합 역시 당시의 내 조건에
서는 어려운 이야기였다. 고작해야 짧은 편지와 공판 준비를 위해 무미건
조한 글밖에는 쓸 수 없었던 것이 당시의 나였다. 물론 훗날을 위해 많은
메모를 했지만 다시 들여다보니 왜 그때 그러한 메모를 남겼는지 기억을
되살릴 수 없는 것이 더 많다.

6

　좁은 공간에 갇혀, 언제 자유의 몸이 될 수 있을까, 이런 질문을 하루에
도 몇 번이나 스스로 자신에게 던진다. '조폭'들이 여러 명 수감되어 있는
감방에서 혈기왕성한 젊은이들이 답답함을 이기지 못해 내뱉는 거친 욕설
조차 나의 질문을 대신하는 것처럼 들렸다.

　원래 시간은 묘한 것이다. 알 것 같으면서도 정작 설명하라면 모르는
것이 시간이라고 아우구스티누스(Aurelius Augustinus)는 『고백록』에서 지적
한 적이 있다. 미하엘 엔데(Michael Ende)의 소설 『모모』도 "하나의 커다란,
그러나 아주 일상적인 비밀이 있다. 모든 사람이 가담하고 또 알고 있으나
소수만이 거기에 대해서 생각을 한다. 대부분은 이것을 그저 단순히 받아
들이고 조금도 이상하게 생각하지 않는다. 그 비밀이 바로 시간이다"라고

적고 있다. 이 시간의 비밀을 감옥에서 나는 절실하게 느꼈다.

조주선사(趙州禪師)는 시간에 끌려가지 말고 시간을 사용하라고 가르친다. 그저 자신이나 객관에 끌려가는 욕망과 분노의 시간이 아니라 자신도 객관도 사라지고 따라서 욕망도 분노도 사라지는 시간의 정적(靜寂)을 그는 말하고 있다.

하이데거가 '이전'도 '이후'도 없는 '본래적 시간성'을 이야기하는 것도 같은 의미다. 그래서 그러한 시간을 갖고자 선이나 요가도 해 보았다. 그러나 시간에 끌려가지 않고 시간을 사용하는 경지가 얼마나 힘든가 하는 사실만 새삼 터득하고는 말았다.

7

내가 갇힌 감방은 태풍의 눈처럼 조용했다. 그러나 이 정적의 주위를 맴도는 바깥세상의 폭풍은 사나웠다. 역사 속으로 벌써 사라져야 할 냉전이 위세를 다시 떨치고 그 속에서 오랫동안 기득권을 누렸던 세력이 총동원되어 나를 '해방 이후 최대 간첩'이라며 〈국가보안법〉에 의해 처단하라고 나섰다.

이러한 분위기를 조직적으로 끌어가는 세력의 중심에는 거대 언론이 자리 잡고 있었다. 나는 구치소 문을 나오면서 이를 '썩은 내 나는 신문'이라 불렀다. 1심 최후진술에서 나는 '지식이 사회를 멍청하게 만든다'는 주장을 인용했는데, 그것은 바로 한국식 정보사회를 지배하는 언론의 선정주의와 상업주의 그리고 무책임성을 겨냥한 것이었다.

정작 재판이 시작되고 나니 끈질기게 매달렸던 그 많은 기자는 다 어디로 사라졌는지 보이지 않았다. '아니면 말고' 식의 언론의 관행을 정말 실감할 수 있었다. 사건에 대한 심층 분석과 재판 과정에 대한 지속적인 추적 보도를 통해 사실을 확인하려는 노력을 전혀 하지 않는 이상한 작태였다.

8

프랑스의 정보사회 이론가 레비(Pierre Lévy)는 가상공간(Cyberspace) 속에서 육체와 영혼, 충만과 공허 그리고 물(物)과 물이 아닌 것 사이의 경계가 사라지는 새로운 경지가 열리게 된다고 주장하면서 이를 '디지털 열반'이라고 불렀다. 불교에서 이야기하는 해탈의 경지가 가상공간에서 현실화되고 있다는 뜻이다.

한 평의 공간에 갇힌 몸이었지만 그래도 떨어질 수 없는 영혼의 안식을 위해 명상에 잠기기도 한다. 그러나 "몸은 이 세상에 내린 닻이다"라는 메를로퐁티(Maurice Merleau-Ponty)의 말처럼 좁은 공간에 갇힌 몸을 떠나 영혼이 얼마나 자유스러울 수 있겠는가.

9

공간과 시간이 날이 갈수록 응축되는 지구화 과정은 그 작은 공간에서도 느낄 수 있었다. 내가 구속되자 세계의 언론은 즉각 반응을 보였다. 외부 세계로부터 격리된 서울구치소의 공간 '11-3-1'이 '흐르는 공간'이 되어 세계시민사회(Weltbürgergesellschaft)라는 커다란 그물망의 한 고리를 형성하게 된 것을 느꼈다.

국제엠네스티, 수많은 '학문공동체'의 성원들, 나의 스승이었던 하버마스(Jürgen Habermas), 노벨문학상 수상자 귄터 그라스(Günter Wilhelm Grass), 바이체커 대통령(Richard von Weizsäcker)의 친형으로서 독일이 낳은 걸출한 물리학자이며 철학자인 칼 바이체커(Carl Friedrich von Weizsäcker), 현 시대 가장 영향력 있는 지성으로 불리는 촘스키(Noam Chomsky) 그리고 미국의 비판적 사회과학도의 상징인 하워드 진(Howard Zinn)과 같은 저명한 인사들은 물론, 이 지구촌 안에 같은 시대를 살고 있지만 한 번도 본 적도, 또 만난 적도 없던 수많은 사람이 세계시민사회의 수많은 크고 작은 고리로 연결되어 있다는 사실도 확인할 수 있었다.

10

『화엄경』은 '연화장 세계해 안에 있는 하나하나의 작은 티끌 안에서도 삼천대천세계(三千大千世界)의 광경을 볼 수 있다'고 가르치고 있다. 『화엄경』은 또 개체와 개체는 서로 대응함으로써 서로 타(他)를 포함하고 동시에 서로 타에 포함되는 사사무애(事事無碍) 또는 주변함용(周偏含容)의 세계를 이야기한다.

40년 이상을 감옥 안에서 보내야만 했던 비전향 장기수의 삶은 이러한 화엄의 세계를 한갓 부질없는 공담(空談)으로 만든다. 내가 있으면 너도 있다는 연기(緣起)의 진리를 조금이라도 깨닫게 된다면 그러한 비인간적 세계를 어떻게 그렇게 오랫동안 용인할 수 있었겠는가.

그러나 나를 가둔 그 닫힌 공간과 잃어버린 것처럼 느껴졌던 그 시간은 어느덧 나의 무의식 속에 자리 잡은 공간과 시간의 은밀한 의미를 다시 깨우치게 하였다. 인간과 사회 그리고 세계에 대해서 다시 한번 생각해 보게 한 '열린 공간 속의 흐르는 시간'이 된 것이다.

11

나의 1심 모두진술에 대해 모 신문은 법정은 대학 강의실이 아니라고 비아냥거렸다. 그때 법정에서 나는 고향 이타카(Ithaca)를 찾아 사이렌의 꼬드김을 이기려고 자기 몸을 돛대에 묶어 지중해를 10년 동안이나 방황했던 오디세이 이야기를 꺼냈다.

독일에 다시 돌아와 지친 심신을 달랠 겸 가족과 함께 지중해에 있는 작은 섬 고쪼(Gozo)를 찾았다. 바닷가 절벽에 있는 동굴—오디세이가 한동안 머물렀다는 전설이 깃든—에서 지중해의 검푸른 바다를 내려다보면서 나는 서울구치소에서 나온 후 짧은 하루를 보낸 제주도의 검푸른 바다를 떠올렸다.

과거의 고향을 기억하면서 동시에 미래의 고향을 찾았던 나의 뱃길은 세찬 풍랑을 맞아 닻을 온전히 내리지도 못했다. 그 사실이 넓은 지중해를 바라보는 나의 가슴 한편을 조였다. 나는 아직 귀향하지 못했다.

12

오랜만에 열어 본 컴퓨터의 한글 파일 속에 2003년 9월 19일 자로 발표된 나의 '귀국 성명'이 보였다. 내 손으로 직접 쓴 것 같지도 않고 아니면 까마득히 먼 옛날에 쓴 것 같기도 한 길지 않은 글을 읽어 내리는데, 지난 시간이 다시 나의 뇌리를 이리저리 휘젓는다.

37년 만에 고향을 찾으면서

10년이면 강산이 변한다는 옛말이 먼저 떠오릅니다. 그렇다면 강산은 이미 네 번 가까이 변했고, 이에 따라 사람도 역시 많이 변했으리라 생각됩니다. 사실 이번에도 저의 고향 방문을 가로막은 여러 가지 어려움이 있었습니다. 그럼에도 이를 꼭 성사시켜 보려 했던 것은 그러한 변화 속에서도 그래도 변치 않은 그 무엇이 있을 것이라 기대하고 이를 확인하고 싶었기 때문입니다. 물론 이러한 바람이 현실과 부딪히면서 부정될 수도 있지만, 37년 만에 고향을 찾는 오늘의 제 심정입니다.

짧은 일정이지만 어떻든 정말 보고 싶었던 많은 사람을 만나려고 합니다. 특히 우리 민족의 내일이라고 할 수 있는 젊은이들과 많은 시간을 함께 하려 합니다. 그래서 민족 분단으로 여전히 허리 잘린 조국의 남과 북 사이에서, 그리고 날로 좁아져 가는 지구촌의 동과 서 사이에서 오랫동안 경계인으로 살아온 자신의 삶을 반추하면서 미래를 위해 극히 소중한 것들을 가슴 깊이 새기려고 합니다. 특히 독일 통일을 현장에서 지켜본 저에게 아직도 숙제로 남아 있는 우리 민족의 화해와 통일을 위한 상념을 더욱 가다듬게 할 수 있는 그러한 귀중한 시간이 되도록 하겠습니다.

이번에 저와 제 가족이 고향을 방문해서 자손의 최소한의 도리를 할 수 있도록 그야말로 깊은 애정 속에서 헌신적인 노력을 기울여 주신

〈민주화운동기념사업회〉와 〈해외민주인사 명예회복과 귀국보장을 위한 범국민 추진위원회〉의 여러분께 우선 뜨거운 감사를 드립니다. 일일이 헤아릴 수 없이 많은 분이 그동안 보여 주신 뜨거운 신뢰와 성원이 없었더라면 저와 제 가족은 이미 고향 방문의 꿈을 접었을 것입니다. 아직 해외에는 고향 땅을 밟지 못하는 많은 분이 있습니다. 이분들을 특별히 기억해 주시고 계속 성원과 지지를 보내 주시기 바랍니다. 감사합니다.

2003년 9월 19일 베를린에서 송두율

출발 이틀 전 베를린 집에서 가진 기자회견에서 발표한 글이다. 37년 만에 고향을 찾는 기대와 함께 어딘가 한구석에 긴장이 도사리고 있음을 예민한 사람들은 당시에도 느꼈을 것 같다. 그러한 예감은 불행하게도 며칠 후 적중했다. 귀국 두 달 전쯤 서울로부터 누군지 모를 사람이 전자우편으로 나에게 보내준 시를 떠올렸다. 이백(李白)의 안위를 걱정하면서 읊었던 두보(杜甫)의 시였다.

死別已吞聲, 生別常惻惻.
江南瘴癘地, 逐客無消息.
故人入我夢, 明我長相憶.
君今在羅網, 何以有羽翼.
恐非平生魂, 路遠不可測.
魂來楓林靑, 魂返關山黑.

落月滿屋梁, 猶疑照顔色.
水深波浪闊, 無使蛟龍得.

사별이라면 이미 곡성을 삼켰겠지만, 생이별이라 마냥 슬프기만 하네.
강남은 열병 몰아치는 땅이건만, 쫓기는 그대 아무 소식도 없구나.
옛 친구 내 꿈속으로 살며시 들어와, 오랫동안 서로가 그리워했음을 알겠네.
그대는 지금 그물에 갇혀 있는데, 어떻게 날개를 지니고 있는가.
평소에 그대 모습 아니거니, 길은 먼 것 같아 잴 수조차 없구나.
혼이 올 때는 단풍 숲이 푸르렀는데, 혼이 돌아갈 때는 관산이 어둡네.
저무는 달빛은 지붕 위에 걸려 있어, 수심 가득한 얼굴빛 내비치네.
물 깊고 성난 파도는 거치니, 부디 교룡에게 붙잡히지 말게나.

그가 걱정한 대로 나는 귀국하자마자 반세기 이상이나 분단을 먹고
살아온 교룡들의 사나운 발톱에 걸리고 말았다. 성명서를 다시 읽어 내려
가는 중 '경계인'이라는 단어가 또 눈에 밟힌다.

13

나의 귀국과 함께 시작된 소용돌이 속에서 아직 한국에서는 그때까지
생소한 단어였던 '경계인'이 화제가 되었다. 서울구치소에서는 매일 아침
7시부터 한 시간 정도 SBS 라디오의 '이숙영의 파워 에프엠'을 청취할 수
있다. 듣기 싫어도 들어야 한다. 라디오를 끌 수 있는 장치가 감방 밖에
있기 때문이다.

방송 진행자가 작년에 유행했던 〈말. 말. 말〉 가운데 '경계인'이라는

말이 있었다고 특별히 소개하고 있었다. 그러나 그녀 역시 이 말의 의미를 정확하게 이해하고 있지는 않았다. 남북에 양다리를 걸친 '회색분자'나 '기회주의자' 정도로 이해하는 것 같았다. 국가정보원이나 검찰의 조사 과정에서도 그렇고, 재판 과정에서도 자주 나는 이 단어의 진정한 뜻을 전달하려 했지만 모두 허사였다.

나의 큰아들은 일본에 머무르다 독일로 돌아오는 길에 서울을 들러 나의 석방을 위해 애쓴 분들을 만나 감사의 인사도 직접 전하고, 또 열 달 동안 우리 삶의 흔적을 일일이 찾아보고, 노래하는 그룹 'W(here The Story Ends)'를 만나 그들의 두 번째 앨범을 선물로 받아 왔다. 그룹 멤버 세 사람이 직접 서명해서 보낸 앨범에는 나를 생각하며 창작한 '경계인'이라는 곡이 들어 있는데 '경계인'을 다음처럼 잔잔하게 묘사하고 있었다.

나의 눈은 밝고 나의 귀는 항상 세상을 향해 열려 있으니
불안하지 않아 두렵지도 않아 언제나처럼 바람이 부는 이곳에서

나는 어느 쪽도 선택하지 않은 바로 그 길을 선택했으니
때론 끌어안고 때론 구별하며 나의 진심과 나의 균형을
노래할 수 있는 자유

지루한 다툼 차가운 그늘 속에도
나의 진실은 여기 맴돌고 있으니

이젠 사라지길 부디 그러하길 너의 이름과 니의 기억들
다시 보게 되길 나를 달래주던 제주의 바다 또 빛의 대지를
포기할 수 없는 이유

2003년 10월 22일 전격적으로 구속되기 며칠 전, 지인들과 함께 들른 어떤 식당 앞 화단에 분꽃이 활짝 피어 있었다. 아내는 그 씨를 독일에 가서 심겠다고 받아 두었다. 나도 몇 개를 내 양복 주머니에 넣었다. 일조량이 적은 독일에서는 잘 자라지 않겠지만 혹시나 해서 씨를 받아 둔 것이다.

구치소에서 가을과 겨울을 보내고 봄을 맞은 어느 날 출정을 위해 입은 양복 주머니 안에서 나는 그때 넣어 두었던 씨 두 개를 우연히 발견했다. 씨 뿌리는 시기를 놓치면 일 년을 더 기다려야겠기에 내가 자주 이용했던 조그만 운동장 한구석에 심었다.

여름에 접어들고 한 뼘 이상 키가 자란 것을 확인했지만 2004년 7월 21일 자로 석방되면서 그 분꽃과도 헤어졌다. 그 여름철에 많은 꽃을 피워 조그마한 공간 속에서 자유를 애타게 그리며 운동하던 재소자들에게 특별한 기쁨을 주었으리라.

사실 서울구치소에도 곳곳에 꽃이 많았다. 꽃과 잡초가 사방 벽을 따라 자랐다. 그중에 옛날 서울에 있었을 때는 보지 못했으나 유럽에서는 많이 볼 수 있는 노란 꽃이 있었다. 처음에는 꽃의 이름을 몰랐으나 우연히 신문을 통해 이미 전국적으로 상당히 보급되었으며 루드베키아(Rudbeckia)라 불린다는 사실도 알았다. 재작년 시카고에 들렀을 때도 볼 수 있었던 이 꽃은 북미주가 원산지다. 스웨덴 식물학자이자 해부학자로서 우리 몸의 임파선 체계를 발견한 루드베크(Olof Rudbeck)의 이름을 딴 꽃이다. 유럽에서는 이 꽃이 2미터 정도까지 자라는데 한국에서는 어른의 허리춤 정도에 그친다.

내가 구치소에 갇힌 후 얼마 지나지 않아 한 신문기자가 넣어 준 책

속에 이른바 '구미유학생간첩단사건'으로 오랜 옥살이를 했던 황대권 씨의 『야생초편지』가 있었다. 이 책에서는 루드베키아도 일찍이 한국에 들어와 토종처럼 친근해진 코스모스의 반열에 들어설 날이 올 것이라 적고 있다. 그러나 나는 진한 황금빛 꽃잎이 주는 강한 인상 때문에 이 꽃이 그렇게 되기는 쉽지 않을 것처럼 느껴진다.

꽃도 그렇지만 인간도 자기 생명체를 보존하려면 그를 둘러싼 환경에 늘 적극적으로 적응해야만 한다. 1967년 여름, 5년 정도를 기약하고 밟은 독일 땅에서 이렇게 오래 살고 있는 사실에 나 자신도 놀랄 때가 많다. 37년 만에 다시 찾은 강산이 변한 것은 그러니 당연하다. 사람들도 많이 변했다. 특히 엄청난 속도로 진행된 도시화는 사람들의 시각과 청각까지 많이 달라지게 만든 것 같다.

크고 작은 원색의 광고판으로 뒤덮인 시가지와 그 속에서 분출되는 소음은 서울에 대한 나의 추억을 여지없이 파괴했다. 흡사 가위의 양날이 벌어진 것처럼 한국 사회에 사는 사람들은 그들대로, 나는 또 나대로 서로 많이 변한 것을 확인할 수 있었다. 아니 변해야만 생존할 수 있었다. 과거와 현재, 서울과 베를린이 담고 있는 시간과 공간의 차이가 어떤 생산적인 의미를 가질 수 있을까, 여전히 나는 그 길을 찾고 있다.

15

가끔 재독 정치학자로 소개되곤 했던, 함부르크에 사는 조명훈 씨는 내가 국정원과 검찰에서 연일 곤욕을 치르고 있던 2003년 10월 19일, 『한국일보』와의 인터뷰에서 송두율은 하버마스 교수의 수제자도 아니고, '경계인'도 아닌 '기회주의자'일 뿐이며, 신분도 '교수'가 아니라고 주장했다. 『불교신문』은 불가에 귀의했다는 그를 나와 함께 반독재 투쟁을 한 사람으로 소개했지만 사실이 아니기에 나는 정정 보도를 요청하기도 했다. 그로부터 어떤 해명도 듣지 못한 채 얼마 후 그가 세상을 떠났다는 소식만을 들었다. 어떻든 그의 인터뷰를 시작으로 해서 '조중동'과 이를 좇는 아류의 신문들까지 덩달아 나를 '송두율 교수'에서 '송두율 씨'로 바꿔 불렀다.

이 문제 때문에 서울 측으로부터 문의 전화가 너무 많아 뮌스터대학교에서는 공식 해명을 해야 했다. 당시 독일문화원 원장 쉬멜터(Uwe Schmelter) 박사는 한국 기자들로부터 오는 문의 전화마다 독일 교수직제를 이해시키느라 애를 먹었다. 좌우간 '간첩'에 '가짜 교수'를 덧칠하고, 도덕적으로 문제 있는 사람으로 만들고자 했던 이들의 집요한 시도에 대해 독일 동료들은 머리를 내둘렀다.

사회구조가 다르면 제도도 다르고 이에 따라 호칭도 다르게 마련인데, 미국이나 일본의 대학교수직제를 모방한 한국식 호칭 구조를 강제로 독일 제도에 대입시키려는 무모함과 천박성은 가관이었다. 국정감사에서 정형근과 홍준표라는 한나라당의 국회의원도 『조선일보』가 퍼뜨렸던 '시간강사' 운운하면서 자신들의 무식함을 있는 대로 드러냈다.

당시 나는 모르는 것에 대해서는 우선 침묵하라는 미덕을 가르친 철학자 비트겐슈타인(Ludwig Wittgenstein)을 종종 떠올리곤 했다.

검찰에서 집요하게 취조받을 때의 이야기다. 아침에 들어가면 검사가 『조선일보』와 『동아일보』에 실린 칼럼을 친절하게 복사까지 해서 내게 보여 준다. 의도는 분명하다. 이른바 한국 사회의 여론을 주도하는 지식인들이 내 문제를 밖에서 지금 이렇게 보고 있으니 잔말 말고 수사에 협조하라는 것이다.

물론 나를 비방하는 칼럼들만 열심히 보여 주었다. 제일 처음 보여 준 칼럼이 러시아사를 전공하고 주러시아 대사직을 역임한 경력을 지닌 이인호 교수와 고려대 영문과 서지문 교수의 칼럼이었다. 한때 진보 진영에서 명성을 날렸던 장기표 씨의 칼럼도 생각나는데 그밖에 다른 칼럼들의 필자 이름은 기억나지 않는다.

물론 경황없는 상황에서 칼럼의 내용을 자세히 읽을 수는 없었다. 아니 읽고 싶지도 않았다. 독일에 돌아와 다시 읽은 당시의 칼럼들은 나를 '위선의 지식인'으로 묘사하기 위해 보기에도 딱한 노력을 기울이고 있었다.

그들이 말하는 '참된 지식인'을 정말로 필요로 했던 1970년대와 80년대의 암울했던 시기에 그들이 과연 어디에 서 있었는지를 나는 모른다. 단지 그들의 칼럼은 국정원과 검찰이 의도적으로 흘리는 수사 내용을 받아서 여론 재판을 벌였던 썩은 내 나는 바로 그 신문들의 한구석을 너무나도 잘 어울리게 장식하는 내용이었다.

들리는 소식으로 요스음 이 교수는 '친북죄피의 집권으로 위기에 빠진 대한민국을 구하자'는 운동에 열심이고, 서 교수도 '참교육을 빙자한 전교조와의 투쟁' 전선에 나섰고, 최근에는 '선진화정책운동'에서 일익을 담당한다니 내가 사람을 잘못 본 것은 결코 아닌 것 같다.

　독일에 돌아오니 맹랑한 소식 하나가 나를 기다리고 있었다. 내가 국정원과 검찰에서 곤욕을 치를 때 이곳 『중앙일보』 특파원이라는 사람이 하버마스 교수와 전화 인터뷰를 했다며 하버마스 교수가 내 구명 운동을 할 의향이 없다고 했다는 내용의 기사를 내보냈다는 것이다.

　나는 아직도 그가 하버마스 교수의 이야기를 제대로 알아듣기나 했는지조차 의심하고 있다. 구속될 때까지 머물렀던 수유리의 아카데미하우스에서 나는 사태를 걱정하는 하버마스 교수와 직접 통화했다. 그때 나는 내 사건에 그가 바로 개입하는 것이 한국의 일반적 정서나 당시 여론몰이 상황에서 오히려 역효과가 나타날 수도 있으니 후에 개입해도 늦지 않다고 이야기했다. 그 기자는 아직은 나설 계획이 없다는 하버마스 교수의 말을 마치 그가 나의 구명에 아예 관심조차 없는 것처럼 보이도록 악의적 기사를 내보낸 것이다.

　사태의 발전이 예상보다 급속하게 악화되자 하버마스 교수는 담당 판사 앞으로 탄원서를 보냈다. 거의 모든 신문에 보도된 이 기사는, 그러나 유독 『중앙일보』에는 실리지 않았다.

　그뿐 아니라 이 기자는 뮌스터대학 동료들이 내 문제에 대한 견해를 밝히기로 한 날짜가 하루 연기되자 마치 대학 동료조차 내게서 등을 돌리는 듯한 인상을 주는 기사를 다시 내보냈다. 영문 기사를 본 동료 교수가 이에 항의해 『중앙일보』 본사에 "객관성을 지켜라"라는 제목의 이메일을 보내자, 이 신문은 베를린 특파원이 보낸 기사를 영어로 번역해서 내보냈을 뿐이라며 무책임한 답장을 보내왔다.

　독일로 돌아온 나에게 그 동료는 그런 무책임한 저질의 신문이 어떻게 한국의 대표적인 신문으로 버젓이 행세하는지 이해할 수 없다고 고개를 내저었다. 나는 그저 '썩은 내 나는 신문'(Käseblätter)이라 부른다는 한 마디를 덧붙였다.

18

나의 의지와 상관없이 희대의 정치 드라마에서 주인공 역을 마치고 꼭 열 달 만인 2005년 8월 5일, 독일에 돌아오니 이곳에서도 신문과 방송 그리고 TV가 나를 기다리고 있었다. 더욱이 2004년 10월에 프랑크푸르트에서 개최되는 국제도서전시회에 한국이 주빈국으로 선정되어 이곳 언론으로서도 당연히 관심을 가질 수밖에 없었다.

만약 국제도서전시회가 개막될 때까지 내가 석방되지 않았더라면 연일 항의와 시위가 벌어져 주최 측은 감당하기 어려운 압력을 받았을 거라고 말하는 사람도 있었다. 전시회 기간에 국제엠네스티 주최로 남북한의 인권문제에 관한 토론회도 열렸는데 〈국가보안법〉을 주제로 한 토론회에서 나의 아내는 자신이 한국에서 겪은 경험을 이야기했다. 토론회 진행은 저술가이자 유명한 TV 진행자인 빌렘젠(R. Willemsen)이 맡았는데 그 역시 나의 석방을 위해 여러 가지로 힘써 준 사람이었다.

토론이 끝나고 잠깐 이야기를 나누는 자리에서 그는 내 문제로 한국이 얼마나 큰 문화적 손실을 보았는지 알고나 있는지 궁금하다며 답답해했다. 자신의 아들이 서울에 있기 때문에 나에 대한 소식을 항상 긴장 속에서 지켜보았다는 중년의 독일 부인은, 야만의 상징인 〈국가보안법〉이 어떻게 사라지지 않고 있는지 도저히 이해가 가지 않는다며 나를 보고 눈물을 흘렸다.

19

서울에서 돌아온 후 몇 달 지나서 뮌헨에 있는 독일문화원 본부로부터 문의 전화가 왔다. 거의 동시에 서울에 있는 독일 대사 가이어 박사로부터도 연락이 왔다. 내용인즉 『중앙일보』의 대기자 김영희라는 사람이 독일을 방문하는 기간에 하버마스 교수와 나를 만나고 싶다는데 일정을 잡아 줄 수 있는가라는 내용이었다.

그의 이름을 듣는 순간 나는 어이가 없었다. 1심에서 7년이 선고되자마자 그는 "자칭 '경계인' 송두율의 좌절"이라는 제목의 칼럼을 통해 나에게 '악법도 법'이니 지키라고 외치지 않았던가. 나는 그와 만나는 데 흥미가 없다고 답했다.

소크라테스가 이야기한 것으로 알려진 이 말의 진정한 의도는 진리를 위해서는 독배라도 들 수 있을 정도로 삶과 연결된 지혜와 참된 용기가 무엇인지를 동시대인들에게 보여 주는 데 있었다. '달이 아니라 달을 가리키는 손가락만 보고 있다'는 지적이 그에게 잘 어울리는 선문답이 아닐 수 없다. 그는 〈국가보안법〉이라는 달을 보려 하지 않았고 〈국가보안법〉을 따르는 것이 소크라테스를 따르는 일이라는 식으로 이야기를 늘어놓던 사람이다.

2004년 추운 겨울, 그 많은 사람이 〈국가보안법〉의 철폐를 위해서 거리에 나섰건만 집권당은 현실 정치라는 이름으로 자신의 의무와 권리를 스스로 포기하고 말았다. 이른바 자유민주주의를 지키려고 바로 그 자유민주주의의 기본을 억압해도 된다는 자기모순의 극치인 이 법에 대해 밖의 세계가 과연 어떻게 생각하고 있는지 한 번쯤 생각해 보길 권한다. 그리고 그런 타협이 얼마나 창피스러운 결정인지를 헤아려 보았으면 한다. 이 법의 폐지를 권고하는 일이 유엔인권위원회의 연례행사가 된 지 벌써 몇 해란 말인가.

20

〈국가보안법〉의 철폐는 실현되지 못했지만 내 사건은 사법제도와 관련해 몇 가지 중요한 변화를 가져왔다. 닫힌 공간은 구치소나 교도소만이 아니다. 귀국 그 다음 날부터 아침에 시작해 저녁까지 거의 일주일 동안 조사받았던 세곡동 국정원의 지하 취조실이나, 구속된 전후로 거의 두 주 동안 아침부터 저녁 늦게까지 취조받았던 서초동의 검사실도 닫힌 공간이었다.

국정원의 어둠침침한 지하 취조실은 그렇다 치더라도 현대식 건물 안에 있는 검사실이 왜 닫힌 공간이냐 반문할지 모른다. 그러나 이곳은 비밀 코드를 아는 사람만이 드나들 수 있으며 도주나 자해의 위험이 없는데도 수갑만 채운 것이 아니라 포승에 묶인 상태에서 조사를 받아야 하는 공간이다. 구치소에 면회 온 아내에게 이 사실을 이야기했다.

아내는 너무 놀라 변호사에게 물어보았다는데 한국 사회에서는 관행이라는 답변을 들었다. 그래서 아내는 곧장 국가인권위원회와 대한변호사협회를 찾아가 인권침해 문제를 제기했고 우리 측 변호인단도 곧이어 소송을 제기했다. 결국, 인권침해라는 대법원의 확정판결이 나오고 국가는 피해자인 나에게 위자료를 지급하라는 결론을 내렸다. 오랫동안 당연한 것으로 받아들여졌던 잘못된 관행 하나가 이렇게 해서 폐지되었다.

민주적 사법제도의 기본인 피의자의 변호권 문제도 마찬가지였다. 검찰 조사 시 피의자가 변호인의 도움을 받을 수 있는 당연한 권리도 나의 변호인단과 검찰의 신경을 곤두세운 오랜 법적 투쟁 끝에 비로소 쟁취할 수 있었다. 2006년 이른바 '일심회간첩단사건' 사례에서 나타난 것처럼 변호인이 심문 과정 중에 있는 피의자를 직접 조력할 수 있는가를 둘러싼 논란은 여전히 계속되고 있지만 나의 사건을 계기로 열린 사법제도 수립에서 중요한 전기가 마련된 것만은 틀림없는 사실이다.

이 두 가지의 법적 승리를 두고 법학 전공이었던 주한 독일대사관의 정무참사도 구치소로 나를 찾은 자리에서 〈국가보안법〉 철폐 못지않게 중요한 판례라고 생각한다면서, 그런데 그 문제를 해결하는 것이 37년 만에 귀국한 내 사례에서 비롯될 수밖에 없었던 이유를 물으며 한국의 열악한 인권 현실을 개탄했다.

송사가 잦은 독일 사회에서도 변호사 찾을 일이 없었던 나는 최고 사형까지 가능한 〈국가보안법〉 위반 혐의로 시달리면서 법이 생계 수단인 사람들을 많이 만날 수 있었다. 이들 가운데 인상적인 부류가 바로 '공안검사'였다.

'공안검사'하면 나는 가끔 제정러시아 니콜라이 1세 때 부패한 관료 사회를 풍자적으로 묘사한 고골리(Nikolai Vasil'evich Gogol')의 희극 『검찰관』을 생각한다. 그리고 그 주인공인 가짜 검찰관 흘레스타코프처럼 허장성세하는 인간형이나, 스페인 시민전쟁 직후 바르셀로나를 무대로 전개된 사폰(Carlos Ruiz Zafon)의 소설 『바람의 그림자』 속에서 피신 중인 '공화파'를 집요하게 쫓는, '피 빨아먹는 거머리'로 묘사되었던 인간형을 떠올린다.

나를 직접 취조한 검사들은 30대 중반에서 40대 초반의 젊은 사람들이었고 위에 말한 소설 속 검사의 인상과는 조금 거리도 있었다. 그래도 '검사스럽다'라는 말이 생길 정도로 그들의 특권 의식은 좀 유별난 것 같았다. 그들의 직업의식도 남달라서 정상적인 사고를 초월하는 주장이나 논거를 고집스레 자주 펼쳤다. 그래서 나는 한 검사를 향해 '범죄적인 상상력'을 너무 발동한다고 힐난한 적도 있다.

닫힌 사법 공간 속에서, 그리고 시대착오적 법리로서 〈국가보안법〉을 너무나도 오랫동안 유지해 온 공안검찰이 더욱 열린 법의 정신세계로 나올 수 있게 되기를 바라는 마음 크다.

21

37년 만의 귀향이었던 2003년 가을부터 2004년 여름까지 내가 보고 들었던 여러 가지 사회적 갈등의 모습들이 지금 재현되고 있는 것 같다. 아니 그때보다 더 심각한 양상을 보여 주고 있기도 하다.

특별한 이변이 없는 한 2007년의 대선 고지를 향한 치열한 전투에서 '잃어버린 10년'을 저주하며 와신상담(臥薪嘗膽)해 온 세력이 승리해서 권좌에 복귀할지 모르겠다. 이러한 반동의 직접적인 원인은 무엇보다도 참여정부의 개혁 의지 실종과 무능함에 있다. 그러나 문제는 그 다음이다.

심각한 사회적 내부 갈등, 남북관계, 중국의 부상에 따르는 동북아 지역 내의 헤게모니 갈등, 점증하는 지구화의 압력에 대한 대책 등 어려운 과제들이 보수 세력의 집권으로 저절로 해결되는 것은 결코 아니다. 그간 스스로 과거의 보수와 구별하며 자기반성을 한다는 '뉴라이트'(New Right)

까지 등장했다. 보수 세력이 집권해도 지금까지 해 왔던 방식으로 기득권의 일방적 옹호와 냉전적 갈등을 조장하거나 미국과 일본과의 비대칭적인 관계를 그대로 유지한다면 그들이 그간 줄곧 이야기해 왔던 '잃어버린 10년'보다 더 큰 재앙을 불러들일 수도 있다.

2003년과 2004년의 가을, 겨울, 봄 그리고 여름 동안 그 시끄러운 굿판을 벌여 온 네 마리의 원숭이—국정원, 공안검찰, 썩은 내 나는 신문, 그리고 위선적인 지식인—의 벌거벗은 모습들을 새삼 떠올리게 된다. 그래서 나는 다섯 번째의 원숭이, 즉 '달리 생각하는 사람들'에게 또다시 기대를 걸 수밖에 없다.

역사는 반복하는 것 같지만 그래도 결국 제 길목을 찾아왔고 또 앞으로도 제 길목을 찾아갈 수 있다는 확신을 심어 주는 그 '달리 생각하는 사람들'의 깊어 가는 고민을 멀리서도 느끼면서 그들의 건투를 빈다.

2부

그해 가을, 겨울 그리고 이듬해 봄, 여름

1. 성사되지 못한 강연

한국의 민주화운동 : 과연 성공적이었는가?

외국에서 오랫동안 살아오면서 한국의 민주화운동에 대한 나라 밖의 이러저러한 평가를 많이 들어 왔다. 주로 광주항쟁이나 6월 투쟁이 보여 준 한국 민주화운동의 엄청난 도덕성과 실천력에 경의를 표하면서도 이와는 반대로 때때로 결정적인 국면에서 보여 준, 이해할 수 없는 측면—특히 양김(兩金)의 분열이 보여 준 지역주의에 지배되고 있는 정치동학—을 한국 민주화운동의 한계로 평가하고 있다고 볼 수 있다. 그러나 한국의 민주화운동은 제3세계 그 어느 곳에서도 보여 주지 못한 경제발전을 동반한 정치발전의 모범을 창출한 동력으로 일반적으로 평가되고 있다. 특히 민족 분단이라는 구조 속에서 그러한 발전을 이룩한 점에 대해서 한국 민주화운동은 가령 대만보다도 더 적극적으로 평가되고 있다.

· · · · · · · · · · · · · · · · · ·

필자의 초청 단체 〈민주화운동기념사업회〉가 주최한 심포지엄 "한국 민주화운동의 쟁점과 전망" (2003년 9월 30일)에서 '기조 발제문'으로 발표될 예정이었으나 당시 필자를 둘러싼 험악한 정치적 분위기 때문에 취소되었다.

증명과 반증

사실 한국전쟁 이후 소극적인 자기규정으로서 반공과, 간접적인 자기 긍정으로서 친미가 주축을 이룬 남한 사회의 정체성은, 외국에서도 그렇지만 스스로에게도 패망한 월남 정도의 수준에서 평가되었다. 남한 사회의 정체성 문제는 역설적으로 유신정권의 성립을 가능하게 했는데, 북과의 체제 경쟁에서 승리하려면 정치적 자유를 유보하고 경제성장을 추구해야 한다는 방향의 —비록 엄청난 저항도 있었지만— 사회적 동의를 이끌어 낼 수 있었다. 경제주의를 통한 자기 정체성의 확인이 안고 있는 문제가 이미 여러 측면에서 드러난 오늘날에도 여전히 이른바 '박정희 신드롬'으로 불리는 현상이 존재한다는 사실은, 무엇보다도 경제 영역에서 시작된 남쪽의 자기 정체성의 구조적 한계를 보여 주고 있다. 경제적 영역에서 비롯된 이러한 정체성은 곧 정치적 영역으로도 확장되었다. 1970년대 말부터 이른바 신흥공업국이라는 새로운 정치경제학적 범주가 OECD나 세계은행(World Bank)에 의해 소개되었고 남한은 그 선두 주자로 항상 거론되었다. 물론 이러한 이론의 뿌리는 냉전의 시작과 함께 득세한 근대화이론에 있지만 과거 이론 전개에서 나타난 약점들이 보강되기도 했다. 그러나 이러한 성공 일화에도 불구하고 한국 모델은 1980년 5월의 광주라는 정치적 위기에 이어 1990년대 중반에는 IMF사태라는 경제적 위기를 맞았다. 이러한 위기들은 정치와 경제의 상호 관계가 단선적인 것이 아니라 좀 더 복합적인 문제라는 것을 보여 주었다.

연속과 불연속의 정치문화

한국 모델이 갖는 이러한 한계상황들은 김대중 정부를 탄생시킨 동인으로 작용했다. 그러나 전체적으로 보면 과거와의 연속적 측면도 강했는데, 오랜 민주화 투쟁의 상징적 인물이 집권한 후에도 지역주의에 기초한 정당 간의 합종연횡(合從連衡)이 반복되었다는 사실은 그 대표적인 예이다. 그럼에도 그동안 성장한 시민사회의 다양한 요구나 주장도 강해졌기 때문에 '강한 국가'에 의존한 통치 형태 역시 자주 한계에 봉착하기도 했다. 이 과정에서 특기해야 할 변화는 남북관계의 새로운 설정이라고 할 수 있다. 정상회담이라는 극적인 형식은 민주화 투쟁이 분단과 함께 스스로 설정한 임계선(臨界線)을 넘을 수 있는 계기도 마련해 주었다.

그러나 이러한 불연속이 반세기에 걸쳐 익숙해 온 정치문화의 벽을 무너뜨릴 수 없는 한계는 곧 나타나게 되었다. 이른바 〈대북송금특별법〉이 여소야대의 국회에서 통과된 것이 그 대표적인 예이다. 그리하여 후임자가 거부권을 행사하지 않은 상황에서 햇볕정책은 심각하게 훼손되는 상황이 발생했다. 과거 결손(缺損)된 법치국가의 조선에서 고통받으며 성장한 시민운동의 일부도 투명성이나 적법성을 요구하며 공세를 취하는 보수 야당과 언론에 대하여 침묵으로 동조할 수밖에 없었다.

이는 분단이라는 예외적인 상황을 극복하는 문제에 정치가 오히려 새로운 규범을 창출할 수 있다는 단호한 결정주의보다는 법에 의존한 정치를 논거의 틀로 삼았음을 의미한다. 민주주의는 법치주의여야만 한다는 강박은 기득권자들에게 좋은 구실을 주었다. 그리하여 이들은 과거의 멍에로부터 해방되었고 이제 그 멍에를 사회개혁에 씌우고 있다. 이러한 전도(顚倒)는 단순히 남북관계에서만 아니라 노동, 복지, 교육, 언론 등 사회 모든 영역에서 나타나고 있다.

제도 속으로의 장정

'국민의정부'로부터 시작된 민주화가 '참여정부'의 등장으로 5년 더 지속하게 된 현실은 기득권에는 엄청난 박탈감과 불안감을 안겨 준 것으로 보인다. 이제 또 다시 정권 쟁취에 실패한다면 결국 15년이라는 공백 기간이 생기는 셈인데 이는 상상하기조차도 싫은 극단적 상황일 것이다. 일반적으로 보수정당이든 진보정당이든지 간에 정책정당과 대중정당으로 성장한 유럽에서는 가령 15년의 야당 역할 이후에도 다시 정권을 잡는 예가 많고 당연한 일인데 한국처럼 인물 중심으로 꾸려진 정당은, 15년 뒤에 정권에 다시 복귀하는 것이 상당히 어려운 일이다. 이는 정당의 이념과 대중적 기반이 지속적이지 못하기 때문이다. 바로 이러한 이유에서 남남 갈등이라고 불리는 첨예한 대립이 현재 사회 각 방면에서 나타나고 있다.

민주화운동의 주역을 담당했던 세력이 상당수 참여정부에 참여했지만 전체적인 힘 관계로는 아직 열세이다. 또 비판과 저항이 아닌 긍정과 참여가 요구되는 상황은 그 내용이 상당히 다르므로 많은 시행착오도 있다. 더욱이 이른바 지구화 또는 세계화로 표현되고 있는 새로운 국제관계적 체계 환경은 더 넓은 안목을 요구하고 있기에 과거보다 어려운 조건에서 일할 수밖에 없게 되었다. 이러한 객관적인 조건과 정세 속에서 개혁 세력이 '민주화 이후의 민주주의'의 구심점 구성에 광범하게 참여하는 문제는 그 어느 때보다 절박하게 제기되고 있다.

민주화운동이 제도 속으로 진입해서 성공적인 개혁정책을 달성한 예는 적지 않다. 이와 관련해서 독일 녹색당의 경우가 종종 이야기되고 있지만 한국에서는 이보다는 더 광범한 스펙트럼이 제시되어야 할 것이다. 즉, 남쪽 사회의 총체적 개혁은 물론 한반도에서 전쟁을 방지하고 평화체제를 수립하는 중장기적 해결 과제에 동의하는 모든 세력을 결집하는 촉매제로 민주화운동은 제도 속에서도 지속해야 한다.

신자유주의의 피안(彼岸)

민주화운동의 제도권 진입은 단순히 주관적인 의도만으로는 불가능하고 위에서도 말한 것처럼 객관적인 조건과 정세 속에서 그의 성공과 실패가 규정된다. 국내적으로는 성장 촉진과 분배 평등의 갈등, 밖으로는 국민경제와 '국경 없는 경제' 사이의 긴장, 그리고 민족 분단으로부터 제기되는 민족 공조와 국제 공조라는 지향점 간의 상충은 본질적으로는 민주주의와 시장의 관계를 어떻게 설정하는가의 문제로 집약된다. 신자유주의는 시장이야말로 민주주의의 이상적 모델이며 '더 많은 지구화'가 '더 많은 민주주의'로 통하는 지름길이라고 설파하지만, 국내적으로는 심화하는 빈부 격차로 민주주의는 도전받고, 밖으로는 부국과 빈국 간의 심화하는 격차로 말미암아 세계 평화와 안전은 더욱더 위협받고 있지 않은가.

과거처럼 철권을 휘두르는 방식의 '강한 국가'가 이러한 신자유주의에 대한 대안이 될 수 없다. 그러나 서구보다는 국가의 적극적 역할이 아직 소진되지 않은 조건에서 이의 역동적 역할이 긍정되고, 이와 동시에 그간 성장한 시민사회가 이러한 국가의 기능을 보완하는 것이 신자유주의에 대한 대안의 방향이라고 볼 수 있다. 이러한 조건에서만 민주화운동은 '민주화 이후의 민주주의'가 지니는 연속과 불연속이 만들어 내는 긴장을 긍정적인 힘으로 전화시킬 수 있다고 생각된다. 이는 구체적이고 맥락적인 사회정의가 구현될 수 있는 '그물망 사회'는 비록 아니지만, 적어도 통합적인 '국가'와 경쟁적인 '시장' 사이에서 제3의 영역이라고 할 수 있는 '조직된 사회'의 역할을 극대화하는 과정인 동시에 현재 진행 중인 민주화의 성공과 실패를 가르는 시금석이 될 것이다.

이러한 과정이 표출하는 이념은 일본의 이른바 '창조적 보수주의'처럼 보일 수도 있지만, 연속과 불연속 속에서 부침하고 있는 한국의 강렬한 민주화운동의 현재적 특성에 비추어 볼 때 나는 이를 '보수적 진보주의'라고 부르고 싶다.

2. 구속을 앞둔 강연
분단의 체험 공간과 통일의 기대지평

'탈민족'의 유럽적 맥락

독일의 통일 이후 '탈민족'(postnational)이라는 개념을 정치나 경제적 의미에 한정하지 않고 보다 더 광의의 담론으로 발전시킨 하버마스는 이 개념이 지니고 있는 특징을 현재 유럽 사회의 맥락에서 대체로 다음과 같이 설명한다. 즉, 국경의 의미가 점차 사라지고 있지만 '탈민족'이라는 개념은 아직도 정부보다는 시민사회나 시민운동이 선호하고 있다. 그러한 개념이 지향하는 과제는 미래를 새롭게 설계하고 건설하려는 의지와 능력을 지니고 있는 각 국가의 '정당'이, 현재 기능하고 있는 민족국가적인 행동반경을 기반으로 해서 점차 사해동포적 연대성까지 포괄할 수 있는 '사회적 유럽'(Soziales Europa)을 건설한다는 목표 아래서 해결될 수 있다.[1]

· · · · · · · · · · · · · · · · ·

2003년 10월 10일 서강대학교에서 "탈민족 시대의 민족 담론"을 주제로 열린 '한국철학자대회'에서 발표한 원고이다. 검찰의 심문이 계속되는 중에 잠시 참석이 허용된 학회에서 귀국 후 처음으로 가진 강연이었다. 이 강연이 결국 서울에서의 처음이자 마지막 강연이 되고 말았다.

그러나 가령 하버마스의 강력한 비판자였던 루만(Niklas Luhmann)은 『사회체계』(*Soziale Systeme*)에서 지리적인 의미의 '경계'(Grenze) 대신 접근하면 또 멀어지는 '지평선'(Horizont)을 이야기하면서 이미 '세계사회'(Weltgesellschaft)가 성립되었음을 주장하고 있다. 그는 또 '역사'와 '지리'의 의미를 계속 고집하는 태도를 지나치게 낭만주의적이라고 비판한다.2 하버마스도 역사나 전통에 대한 충실한 믿음을 통해서 현대성 속에 내재하는 모순이나 결손 부분을 극복할 수 있다고 믿는 보수주의와는 일정한 거리를 두고 있다. 이렇게 볼 때, 현재의 유럽적 맥락에서 '탈민족'을 이미 현실로서 보려는 입장, 이보다는 '민족국가'를 매개로 해서 새로운 구성이 가능한 역동적인 미래 사회의 모습으로 보려는 입장, 그리고 이러한 두 입장과는 반대로 '민족국가'는 결코 사라질 수 없다는 견해에서 '탈민족'이라는 개념 자체를 부정하는 흐름이 있다고 할 수 있다. 이는 이미 바이마르공화국 시절 '민주주의의 중심 개념은 국민이지 인류가 아니다'라는 도발적인 주장을 전개한 독일의 공법학자 슈미트(Carl Schmitt)에게서 분명히 드러나는데3 전체적으로 보아 유럽의 (신)보수주의자들이 이러한 입장을 취하고 있다.

이러한 입장의 차이는 이라크전을 둘러싼 갈등 속에서 다시 나타나고 있는데, 주로 '지구화'나 '세계화'의 과정 속에서 더욱 좁아져 가는 세계 및 이와는 반비례해서 더욱 커지는 미국의 위상 및 역할과 관련된 논쟁들과 연결되어 진행되고 있다. 미국이 보여 주는 도덕적·문화적 수준에 대한 회의와 불신으로부터 미래의 '새로운 유럽'(Neues Europa)의 적극적 역할을 강조한 가령 데리다(Jacques Derrida), 하버마스, 로티(Richard Rorty) 등의 입장이나, 특히 독일이나 프랑스와 같은 '핵심 유럽'(Kerneuropa)의 역할을 강조해서 너무 서구 중심적이라고 비판을 받는 하버마스의 입장은 냉전체제의 붕괴와 함께 다시 돌아온 대서양을 사이에 둔 '옛 유럽'(Old Europe)과 '신대

류'의 애증의 한 면도 보여 주고 있다. 이와 더불어 과거 동구권이 예외 없이 미국의 이라크전을 찬성한 사실에서도 유럽의 통합 과정에 서유럽과 동유럽 사이에 걸려 있는 '비동시성'의 문제가 드러나고 있다.4

30년 전쟁을 마감한 1648년의 베스트팔리아 조약 체결 이후 민족국가 의 기본 요소는 대체로 영토, 주권 그리고 합법성으로 인식되었다. 그러나 이러한 공통점에도 불구하고 유럽 안에는 오랫동안 민족국가의 성립이 지 체되었던 독일 및 이탈리아와 같은 나라들도 있었다. 후에 이들은 이미 성립된 기본 구조를 폭력적으로 재편하려 시도했고, 이는 마침내 두 차례 에 걸친 세계대전으로 연결되었다. 이러한 비극이 막을 내린 지도 이미 반세기가 넘었지만 이러한 '비동시성'의 문제는 위에 지적한 동구권뿐만 아니라 북부 스페인의 바스크 지방, 북부 이탈리아, 북부 아일랜드, 코르시 카 등 여러 지역에서 여전히 나타나고 있다.

이론적으로 말해서 오늘날 유럽적 맥락에서 이야기되는 '탈민족적 구 도'(postnationale Konstellation)는 이미 완성된 어떤 상태가 아니라, 시민사회 를 매개로 한 민족국가에 기틀을 둔 삶의 양식이 점차 '하나의 유럽'이라 는 보편주의적인 삶의 형식으로까지 발전할 수 있는 가능성을 의미한다. 물론 이 가능성이 현재 '유럽헌법'을 논의할 정도로 상당히 구체화되고 있지만, 위에서 말한 '비동시성'의 해결 과제까지 감안한다면 상당히 긴 과정을 거쳐야 할 것으로 예견된다. 루만은 하나로 통일된 세계지평은 새 롭고 동시에 또 되돌릴 수 없을 정도로 확실한 현상이라고 지적했다. 그러 나 포르투갈의 농민과 스웨덴의 노동자가 공유할 수 있는 동일한 세계지 평 대신에, 하버마스는 그동안 민족국가라는 틀 안에 갇혀 있던 국가시민 적 연대성을 유럽의 시민으로 확장하는 '타자의 포용'(Einbeziehung des Anderen)5이라는 상당한 노력이 선행되어야 한다고 주장하고 있다.

'탈민족'의 동아시아적 맥락

노무현 정부의 출범과 더불어 국가 발전의 전망으로 동북아에 있어서 '물류 중심 국가' 건설이라는 발전 전략이 자주 논의되고 있다. '탈민족'이라는 해체의 시대에 다시 '중심'을 설정하는 논리도 그렇고, 그러한 '중심'이 재화나 금융 또는 정보만이 흐르는 '중심'만을 의미하고 있지는 않은지, 더구나 분단된 한반도가 과연 그러한 튼튼한 중심의 역할을 할 수가 있을지 하는 의문도 생긴다. 유럽의 통일 없이는 독일의 통일이 있을 수 없다는 이야기들이 오랫동안 있었지만, 독일은 유럽의 통일 이전에 소련과 동구의 내파(內破)로 통일되었다. 독일의 통일은 유럽의 통일을 가져올 것이라는 낙관도 있었다. 그러나 통일 독일의 미래에 내심 경계하는 목소리는 유럽 곳곳에서 아직도 들리고 있다. 어떻든 독일과 유럽의 통일을 단선적으로 설명할 수 없는 점은 바로 위에서 지적한, 유럽이 지닌 '동시성'과 '비동시성'의 복합적이고 중층적인 구조 때문이라고 할 수 있다.

유럽의 이러한 구조에 비추어 볼 때, 그렇다면 동아시아는 어떤가? 또 이러한 구조 속에서 '탈민족'과 '민족'이라는 담론이 지니는 의미는 우리의 분단 극복 문제에 어떤 방향을 제시하고 있는가? 대체로 볼 때 서세동점(西勢東漸) 속에서 중국, 일본, 조선 사회의 반응 양식들은 어느 정도는 비슷해 보이기조차 한다. 전통주의자, 근대화주의자, 절충주의자들이 투쟁을 벌이면서, 또 국내뿐만 아니라 외국의 여러 세력과도 이해관계에 따라 합종연횡했던 동아시아 삼국 중에서, 일본만이 그러나 근대화에 성공했고, 중국은 반식민지, 조선은 식민지의 운명을 감수해야 했다는 의미에서 '비동시성'의 차이만 있었던 것은 아니다. 근대의 기획에 '천황'이라는 근본 신화를 접목한 일본, 이와 비슷한 시도(김옥균)도 그리고 밑으로부터의 혁

명(동학)도 연이어 실패하고 일제의 식민지가 된 조선, 그리고 반동의 상
징인 청조를 멸하고 공화제를 선포했고 후에는 사회주의를 민족해방투쟁
과 결부시켰던 중국 사이에서 드러나는 차이점이 '비동시성'의 또 다른
측면을 보여 주고 있다.

동아시아에 있어서 이러한 차이점은 그 후 이 지역의 '동시성'적 삶의
가능성과 한계를 여러 가지로 규정해 왔다고 할 수 있다. 패전 전에는 위로
부터, 그리고 패전 후에는 밖으로부터의 힘에 의해 규정된 일본, 아래와
안으로부터 나온 힘으로 추동된 중국을 우선 우리는 생각할 수 있다. 이로
부터 가령 다케우치 요시미(竹內好)는 '타락한 민족주의'와 '건강한 민족주
의'의 차이점을 지적하면서, 일본이 아니라 중국이 곧 서구의 '동시성'에
저항할 수 있는 '비동시성'의 총체로 아시아를 대표할 수 있다고 보았다.
아시아는 일본을 필요로 하지만, 일본은 아시아를 꼭 필요로 하지 않는다
는 탈아입구(脫亞入歐)적인 비대칭적 사고 체계는 오늘날까지 일본이 지닌
한계로 남아 있다. 따라서 전체적으로 보아 '탈민족'이라는 담론이 동아시
아에서 지니는 제한성을, 시민사회의 미성숙에서만 찾을 수는 없다. 서구
의 '동시성'에 대한 저항 또는 극복의 이념으로 제시된 '중화주의'나 '일본
주의' 가운데 어느 쪽이 앞으로 미국에 대해서 '아니오'를 이야기할 수 있
는가 하는 문제는, 위에 지적한 유럽의 역할과 함께 동아시아에서도 민족
담론을 경쟁적으로 재생산할 것으로 예견된다.6

'동시성'과 '비동시성'

냉전의 질서 속으로 편입되어야만 했던 분단된 한반도는 남과 북에서

'동시성'과 '비동시성'이 경쟁적으로 대결하는 특수한 공간으로서 역동적 의미를 지니게 되었다. 1960년대 민족해방운동이 양양되었던 시기에 북쪽이 제기한 '주체'라는 '비동시성'의 강한 주장이나, 1980년대 남쪽이 제기한 '신흥공업국'이라는 '동시성'의 개발 논리는 사회 발전의 중요한 이념형으로 이해되었다. 1980년대에 '일본 모델'이 누렸던 영광이나 현재 세계가 경외의 눈초리로 바라보는 중국의 현대화 기획과도 충분히 비견될 수 있었던 남북은 이제 지구화라는 새로운 환경 속에서 많은 문제를 안게 되었다. IMF 체제에서 이루어졌던 구조조정은 사회적 갈등을 증폭시켰고, 사회 발전의 총체적 전략에도 많은 혼선을 가져 왔던 남쪽은 일본의 '잃어버린 10년'의 궤적을 밟을지도 모른다는 불안감과 함께, '동시성' 밖에 어떠한 대안도 있을 수 없다는 강박감을 안고 있다. 이로 인해 '위험사회'에 대한 예민한 촉각도 무디어진 것처럼 보인다. 사실 북핵 위기만 해도 그렇다. 외부 세계는 연일 이 문제를 대서특필하지만 한국 사회에서는 이 문제 역시 그렇게 심각하게 받아들이고 있지 않은 것 같다. 이러한 불감증이 바로 '위험사회'에 대한 자기반성의 길을 가로막고 있다.

사회주의 진영의 몰락 이후 스스로 말하듯이 '고난의 행군'을 해야만 하는 북쪽은 또 한번 북핵 위기를 맞고 있다. 민족 공조라는 '비동시성'의 전략으로 위기를 극복하려고 시도하고 있지만, 국제 공조라는 '동시성'에 기초한 남쪽의 현실과, 한반도에서 자기 이해를 관철하려는 국제질서의 압력 속에서 현재로서는 다자 회담의 틀을 받아들일 수밖에 없게 되었다. 냉전체제의 해체 이후 유일 초강대국 미국의 일방적 압력에 대항하고자 선군정치를 표방해 온 북쪽은 북의 군사적 억제력 또는 핵 억제력은 한반도에서 전쟁 재발을 막는 강력한 민족 공조의 물리적 기초라고 주장하고 있다.7 이러한 주장을 남쪽에서는 주제넘은 소리로 평가하거나 아니면 남쪽에서 이루어지는 민족 담론을 북이 과대평가하는 것이라고 보고 있다. 결과적으로 이라크와 북이 다르다는 판단 때문에 부시 행정부도 대화 이외에 다른 길이 없다는 것을 인정하고 있다. 그렇다면 북의 주체화와 민족 공조가 안고 있는 '비동시성'의 철학과, 남의 세계화 및 국제공조가 안고 있는 '동시성'의 철학은 서로 전혀 만날 수 없거나 양립할 수 없는 것인가?

'주체화'와 '세계화'

'주체화'와 '세계화'(혹은 지구화)는 양자가 근거하는 인식론적 기초와 이로부터 비롯되는 실천적 결론이 서로 다르다. 아마도 이러한 차이를 분명하게 드러내 주는 철학적 논쟁은, 1970년대 초 하버마스와 루만 사이에 있었던 『사회이론이냐, 아니면 사회공학이냐』(*Theorie der Gesellschaft oder Sozialtechnologie*)가 대표적이라고 할 수 있다.8 우선 하버마스는 합리적 의사소통이 추구하는 주체 간의 합의를 이성의 실현 과정으로 보려는 반면, 루만은 그러한 전제는 도덕적 함의를 이념화하거나 절대화하려는 위험을 안고 있다고 비판하면서 세계는 오히려 모순과 우연을 본질로 하고 있다고 본다. 따라서 모든 일이 달리 될 수도 있으며 또 주체는 아무것도 변화시킬 수 없다고 본다. 이러한 입장을 하버마스는 '이미 있는 것을 위한 변명'(Apologie des Bestehenden)이라고 공박하고 있다. 물론 하버마스도 그의 '소통행위이론'(Theorie des kommunikativen Handelns)이 표명하는 것처럼 과거의 '주관적 관념론'이 말하는 주체(Subjekt)보다는 '간(間)주관성'(Intersubjektivität), 즉 주체 사이의 문제를 분석하고 있고, 또 루만이 이야기하는 체제이론(Systemtheorie)도 부분과 전체의 관계 속에서 어떤 체제의 질서를 보려 했던 인식 틀과도 구별되지만, 기본적으로 세계를 파악하는 두 가지 서로 다른 접근 양식의 차이점들은 '주체화'와 '세계화'에서도 관통되고 있다.

또 이러한 차이는 '주체화'와 '세계화'뿐 아니라 가령 북핵 위기의 해법을 둘러싼 논쟁에서 나타나는 의견 차이에서도 드러나고 있다. 민족 내부와 외세 사이에 어떤 경계선을 설정하고 구분 짓는 민족 공조와, 그러한 공간적 의미의 경계선 대신에 경계선처럼 보이지만 사실은 다가갈수록 또다시 멀어지는 '지평선'을 국제 공조는 설정하고 있다. 따라서 민족 공조와 국제 공조를 대칭적으로 분명하게 설정하는 북과 이러한 구분은 세계화 속에서 큰 의미가 없다고 보는 남은 결과적으로 국제 공조라는 체제이론적 접근을 일반적으로 선호한다.

이러한 차이는 역시 선형적(線型的)인 분단 시대라는 역사적 개념보다는 비선형적(非線型的)인 구조적 개념인 분단체제를 과거보다 선호하는 남쪽의 분위기에서도 알게 모르게 드러나고 있다. 심지어는 통일공학이라는 말도 사용되고 있다. 그러나 기본적으로 모든 사회공학은 사회적·정치적 문제를 진리를 추구하는 실천적 질문과는 애초부터 무관한 것으로 여기고 있다는 하버마스의 비판처럼, 분단체제의 극복이나 통일공학의 설계가 통일이라는 실천적 문제를 흡사 다가가면 다가갈수록 또다시 아득히 멀어지는 지평선처럼 보이게 한다. 물론 우리 겨레는 통일 없이 살 수 없다는 절대 명제 아래 분단 극복을 위해 피나는 노력을 해 왔지만 그것만으로는 불충분하다는 비판이, 때로는 우리는 통일을 위해서 사실 아무것도 할 수 없다는 체념으로도 쉽게 연결될 수 있다.

분단 체험과 민족

민족 분단이 반세기 이상이나 지속하면서 남북 정상의 만남과 같은 극히 예외적인 사건이 일어나면 통일문제에 대한 관심이 폭발적으로 높아지지만, 어느 정도 시간이 지나면 이내 쉽게 잊히게 마련이다. 민족 분단을 개인사의 한 부분으로 직접 공유하는 세대보다 이를 이차적 경험(Erfahrung aus zweiter Hand)을 통해서만 재구성할 수 있는 세대가 남북을 통해 더 많다는 객관적 조건도 통일문제에 대한 접근 방식을 과거와는 다르게 만드는 측면이 있다. 체험과 기대라는 우리의 일상적인 언어를 역사학적인 논의의 범주로까지 발전시킨 코젤레크(Reinhart Koselleck)는, 체험은 현재화된 과거이며 기대는 현재화된 미래라고 규정하면서 이 두 범주가 만나는 현재의 중요성을 특별히 강조하고 있다. 현재 속에서 과거와 미래가 똑같은 방식으로는 아니지만 서로 물려 있고, 의식과 무의식이 상호 규정하면서 역사적인 시간은 물론 이의 변화와 가능성도 응축하고 있다.[9] 그러나 점차 체험과 기대를 하나로 만들어 묶어 왔던 진보에 대한 확신이 사라지고 이 둘 사이의 괴리 때문에 역사에 대한 회의, 심지어는 이에 대한 냉소가 일반적인 정서로 자리 잡은 현실을 볼 때, 우리의 통일 논의도 이로부터 결코 예외적인 현상은 아닐 것이다.

체험은 단순한 기억 이상으로, 기대는 또 단순한 희망 이상으로 역사를 구체적으로 규정해 왔다. 북쪽에서는 계급과 민족이라는 '집단적 단수'(Kollektivsingular)를 그러한 역사의 주체로 설정해 왔다. 남쪽도 압축 성장의 주체이자 동시에 그의 객체가 된 민중이나 민족을 설정했으나, 이것이 점차 시민으로 대치되면서 시민사회의 다양성이 우세한 담론으로 자리 잡기 시작했으며 북의 '집단적 단수'와도 거리를 두기 시작하였다. 통일을 종족(ethnos)의 문제가 아니라 민중(demos)의 문제로 보는 시각도 힘을 얻기 시작했다. 심지어는 '민족주의는 반역이다'라는 입장, 또 민족은 단지 '허구의 공동체'에 지나지 않는다고 보는 입장 등 민족 담론의 파괴성과 허구성을 들추어 이를 해체하려는 분위기가 사실 적지 않게 남쪽에 있다. 또 사회구성체 논쟁이 보여 주었듯이 민족문제와 계급문제의 상호 관계를 바라보는 견해에서 남쪽 일부 좌파는, 남의 독점자본에 의한 북의 노동력 착취를 민족 내부의 협력으로 보는 입장을 비판하고 있다. 이들은 민족문제보다는 계급문제를 강조하지만, 현실에서는 일종의 상상의 노동계급을 요청할 수밖에 없다는 딜레마를 안고 있다. 그러나 분단으로 인각(印刻)된 민족에 대해 우리가 경험한 이러저러한 체험들은 민족을 정보화 시대의 도래와 함께 흔히 이야기되고 있는 가상공동체(virtual community)와 비슷한 그러한 공동체가 아니고 피와 땀이 통하는 그러한 공동체로 인식하는 분위기를 남과 북 모두에 만들어 왔다. '6·15 남북공동선언'의 제4항에는 "남과 북은 경제협력을 통하여 민족경제를 균형적으로 발전시킨다"는 내용도 보이는데, 이는 '국경 없는 경제'(borderless economy)를 이야기하는 지구화 시대에도 여전히 민족공동체의 건설 과제를 강조할 수밖에 없는 우리의 현실을 증언하고 있다.

생산적인 긴장

사실 유럽에서 민족이라는 담론이 지니는 문제성이 지적된 것은 어제오늘 일이 아니다. 일찍이 비엔나를 중심으로 활동했던 시인 그릴파르처(Franz Grillparzer)는 "인간성은 민족을 통과하면서 야만적이 된다"고 지적한 적이 있다. 이러한 지적은 아도르노(Theodor Adorno)가 후에 서술한, 시(詩)마저 사라지게 한 아우슈비츠(Auschwitz)를 통해 이미 경고했다고 할 수 있다. 이렇게 민족은 일반적으로 야만과 광기의 동의어로 이해되었고, 민족주의라는 단어도 혐오감을 자아내는 정치 이데올로기로서 배척되었다. 따라서 냉전 시기에 동서독이 모두 민족주의 대신 애국주의를 주장하였는데, 동독에서는 '사회주의적 애국주의'(sozialistischer Patriotismus)를, 서독에서는 '헌법 애국주의'(Verfassungspatriotismus)를 이야기했다. 특히, 하버마스가 '탈관습적 정체성'(postkonventionelle Identät)의 근거로 내세우는 이러한 '헌법 애국주의'는 통합되는 유럽 안에서 함께 하는 삶의 방식을 염두에 두고 있지만 앞에서 지적한 대로 동구의 유럽연합 가입과 함께 제기되는 비동시성의 문제와 얽혀 결코 그 미래를 낙관적으로 전망할 수 없게 되었다.

역사적으로 유럽에서 독일이 점하는 위치는 동아시아에서 일본이 점하는 위치와 상당히 유사하다. 물론 전후 과거 청산에 있어서 두 나라의 차이는 크다. 니체가 독일 사람들은 "무엇이 독일적인가?"(Was ist deutsch?)라는 유치한 질문을 한시도 잊은 적이 없다고 비꼬았지만, 일찍이 독일 유학을 했던 하가 야이치(芳賀矢一)는 담백하고 섬세하고 솜씨가 좋고 온화하고 관대하다는 등의 긍정적인 일본의 국민성을 줄줄이 늘어놓았고, 이를 보다 섬세하게 발전시킨 와쓰지 데쓰로(和辻哲郎)는 일종의 문화철학적 유형론(類型論)이라고 할 수 있는 『풍토』(風土) 속에서 일본인의 특질을 분석했다. 이와 같은 일본인과 일본정신의 특이성에 대한 논거는 일본의 탈현대(postmodern)에 관한 논쟁에서도 최근 부활하고 있는데, 일본의 역사적·문화적 맥락을 특별히 강조하면서 탈몽(脫夢)한 서구적 현대의 하나의 대안으로서 일본적 현대라는 새로운 신화를 제기한다. 비교는 모든 불행의 근원이라는 쇼펜하우어(Arthur Schopenhauer)의 말처럼 '일본적인 것'을 규정하려고 '일본적이 아닌 것'을 가르다 보면 알게 모르게 과대망상이나 피해 망상이 따르게 마련이다. 이러한 유산은 오늘날 동아시아적 삶의 미래 지평을 함께 여는 작업에 큰 장애물이라는 것은 두말할 필요가 없다.

독일과 일본의 민족 담론 형성 과정과 그 결과가 보여 준 비정상성(非正常性) 그리고 야만성은 분명 우리의 민족 담론 구성에도 반면교사의 역할을 하고 있다. 그러면 민족이라는 담론은 근본악인가? 제국주의와 식민주의에 저항, 민족해방을 추구했던 많은 역사적 경험들은 그러한 일면적 평가를 거부한다. 물론 독립 이후의 민족주의가 순전히 지배 엘리트들의 통치 이념이자 도구가 된 예를 들어 반론이 제기되기도 한다. 또 분단으로 인해 국가 정통성을 둘러싸고 체제 경쟁을 벌이는 한반도의 상황 역시 그 연장선에서 비판되기도 한다.

그러나 민족이라는 담론이 남북에서 여전히 강인한 생명력을 발하는 것이 현실이라면 우리는 분단 속에서 구성된 그러한 담론의 현실적 기초에 대해서도 한번 생각해 보아야 한다. '비동시성'으로서 민족 담론이 의미하는 저항성과 부정성이, 동시성의 덕목이라 일컬어지는 보편성과 합리성 그리고 긍정성으로만 길들여질 때, 즉 '동시화된 비동시성'(vergleichzeitigte Ungleichzeitigkeit)이 될 때만 '비동시성'의 파괴적 속성은 치유될 수 있으리라고 믿는 '동시성'의 신봉자들도 있다. 그러나 이 '동시성'이 항상 전제하는 동일성의 힘, 그리고 이의 역사와 구조에 대한 물음이나 반성도 없이 요구되는 '비동시성의 순화'는 어린이가 꿈꾸는 미래를 어른의 이성 세계에서 구해보려는 태도와 다를 바 없다.

또한, 진정한 의미에서 '비동시성'의 수호자는 '동시성'에 대해서 자기 방어만이 유일한 길이라고 믿는 이른바 근본주의자도 아니다. 따라서 이의 상호 관계를 열린 태도로 바라볼 때 민족통일이라는 우리 시대의 핵심

과제가 '동시성'과 '비동시성의 동시성'이라는 새로운 긴장, 즉 생산적인 긴장을 동반하는 것임을 주목할 수 있다. 이는 동시성과 비동시성을 단순하게 화해시키는 것도 아니고, 또 두 범주가 서로 배척하여 그들의 존립 근거 자체를 부정하는 것도 아닌, 흡사 메를로퐁티가 이야기하는 것처럼 서로 섞여 생산하는 역사, 상징 또는 진리로서 혼합적 환경(le milieu mixte)일 수도 있고, 다투면서 화합하고 화합하면서 다투는 화쟁(和諍)일 수도 있다. 민족통일은 그래서 소멸시키고 싶으나 결코 소멸하지 않는 자기 안의 타자와의 끊임없는 긴장으로부터 시작된다. 동시에 이러한 긴장은 또 날로 좁아만 가는 지구촌 안에서 공존하는 삶의 방식을 터득할 수 있게끔 하는 중요한 전제이기도 하다.

주 ···

1 J. Habermas, *Die postnationale Konstellation* (Franktfurt a. M. 1998).
2 N. Luhmann, *Soziale Systeme* (Franktfurt a. M. 1991), p. 586 이하. 송두율, 『민족은 사라지지 않는다』(한겨레신문사 2000), 32-46쪽 참조.
3 C. Schmitt, *Verfassungslehre (1928)*(Berlin, 1983), p. 234 이하.
4 "Nach dem Krieg: Die Wiedergeburt Europas," *Frankfurter Allgemeine Zeitung* (2003.5.31).
5 J. Habermas. *Die Einbeziehung des Anderen* (Franktfurt a. M. 1996), p. 128 이하.
6 송두율, 『경계인의 사색』(한겨레신문사 2002), 201-216쪽 참조.
7 "Die Berechtigung der DVRK zum Besitz militaerischer Abschreckungskraft," Hyondok Choe, Du-Yul Song and Rainer Werning eds. *Wohin steurt Nordkorea* (Koéln 2005), pp. 30-36.
8 J. Habermas and N. Luhmann, *Theorie der Gesellschaft oder Sozialtechnologie* (Franktfurt a. M. 1971).
9 R. Koselleck, *Vergangene Zukunft* (Franktfurt a. M. 1985), pp. 349-375.

3. 법정에 서서

첫 공판에서의 〈모두진술〉

존경하는 판사님 그리고 국민 여러분. 오늘을 정말 오래 기다렸습니다. 지난 9월 22일, 37년 만에 가족과 함께 영종도 국제공항에 내렸을 때만 해도 전혀 상상할 수 없었던 나날들을 지금까지 보내고 있습니다. 특히 재판정에 서서 한마디도 하기 전에 이루어진 여론몰이와 여론 재판에 한 인간이 얼마나 무력할 수밖에 없는지를 절실히 경험했습니다. 이에 따른 절망감과 함께 사실 참을 수 없는 분노도 종종 느꼈습니다.

20대 초반에 유학을 떠나 학문의 길을 좇아 나름대로 정진하면서도 민족의 현실이 제기하는 절박한 과제를 늘 긴장 속에서 응시하면서 살아온 저를 그토록 비인간적으로 대하는 비민주적이고 반통일적인 구조를 고발하고 저의 진실을 밝힐 수 있는 그러한 시간을 정말 오래 기다렸습니다.

멀리서 '유신'과 '5월 광주'를, 그리고 베를린 장벽의 붕괴를 현장에서 경험하면서 민주와 통일을 화두로 삼아 살아온 저를 '해방 이후 최대 간첩'으로 둔갑시키는 현실 속에서 이 사회가 지닌 핵심적 문제를 읽을 수 있었습니다. 무엇보다도 역사 속으로 이미 사라져야만 했을 것들이 아직도 필사적으로 몸부림치고 있지만, 그래도 당연히 와야 할 것들을 하루라도 빨리 찾으려고 쏟은 엄청난 정열을 확인할 수 있었습니다. 이렇게 낡은 것과 새것이 충돌하고 있는 긴장된 상황 속에서 열리는 이번 재판을 우리 국민은 물론 전 세계가 지켜보고 있다고 생각합니다.

그리스어에서 전기(轉機)를 뜻하는 에포케(epoché)는 일단정지를 의미합니다. 새것을 맞으려고 우리는 그동안 관성적으로 달려왔던 속도를 우선 멈추어야만 합니다. 이런 뜻에서 저는 이번 재판에 역사적인 의의를 부여하고 싶습니다. 개인적으로도 현재 1평 공간에 갇혀 있는 제가 새로운 비상을 준비하는 일단정지로 받아들이고 있습니다. 감사합니다.

2003년 12월 2일

1심 재판에서의 〈최후진술〉

존경하는 재판장님. 국내외의 지대한 관심 속에서 진행된 이번 재판에 많은 노고를 기울여 주신 재판부에 우선 심심한 사의를 표합니다. 그러나 솔직히 말씀드려 여러 재판 과정을 거쳐 지금에 이른 저의 심정은 여러 가지로 착잡합니다. 한편으로는 악몽 같기만 했던 지난 일이 일단 끝난다는 기대감도 있지만, 동시에 다른 한편으로는 분단 시대를 뒤로하고 이제 바야흐로 통일 시대로 접어들었다고 기뻐하며 가슴 가득 희망에 부푼 많은 분에게 이번 재판의 결과가 어떤 의미를 던질 것인지를 가늠해 보는 일이 쉽지 않기 때문입니다.

국가 보안법의 실체 : 외국 땅에서 40년 가까이 살아 온 저로서는 지금까지 〈국가보안법〉 하면 겨우 반국가단체, 고무·찬양, 잠입·탈출, 회합·통신과 같은 단어 정도를 연상할 수 있었습니다. 그러나 지난 넉 달 넘게 국정원 조사로부터 시작해서 검찰의 심문조사를 거치며 지금까지 숨 가쁘게 이어져 온 수차례에 걸친 재판 과정을 통하여, 저는 〈국가보안법〉의 실체를 몸으로 터득할 수 있게 되었습니다. 이 〈국가보안법〉을 저에게 적용하려는 검찰의 시도가 얼마나 심각한 모순을 안고 있는지를 저의 변호인단 측에서 법적으로 충분히 지적했기 때문에 그것을 재차 여기서 반복할 필요를 느끼지는 않습니다. 그 대신 〈국가보안법〉을 바라보는 외부의 시선에 대해서는 짧은 언급이나마 절실한 듯이 보입니다. 여러 가지 가운데 우선 두 문제만 지적하고자 합니다.

베를린 시의 중심에 있는 쇠네베르거 우퍼(Schöneberger Ufer) 거리에는 주독 대한민국 대사관이 있습니다. 이곳에서부터 자동차로 겨우 10분 정도 떨어진 글린카 거리(Glinkastrasse)에는 조선민주주의 인민공화국의 대사관이 자리 잡고 있습니다. 저를 포함해서 외국인이 평양을 방문하려면 당연히 이 대사관을 방문하여, 입국사증 신청 등 필요한 절차를 밟아야 합니다. 그런데 검찰의 공소장은 제가 이 대사관을 방문한 것이 국가를 참칭(僭稱)한 반국가단체가 지배하는 지역으로 들어가 반국가단체의 성원과 회합·통신한 죄를 범했다고 주장하고 있습니다. 만약 이런 식으로 말한다면 지금 평양에 상주하는 독일대사관 직원들은 모두 〈국가보안법〉의 위반자일 수밖에 없습니다. 또한, 서울에 있는 괴테문화원 원장은 평양에 있는 괴테문화원의 독서실을 함께 관장해야 하기 때문에, 자주 평양을 방문해야 합니다. 검찰의 논리를 따른다면 이러한 행위 역시 당연히 잠입·탈출죄를 범한 것이 됩니다. 그래서 제 사건을 보고 충격을 받은 독일인들은 한국이 드디어는 〈국가보안법〉을 독일에까지 수출하려 하느냐고 비아냥거리기까지 합니다.

그뿐 아니라, 16년 전에 제가 독일어로 쓴 책의 내용을 문제 삼아 역시 국가보안법에 저촉되는 양 검찰이 논리를 세우는 것을 보고 모두 아연실색하고 있습니다. 프랑크푸르트에서는 매년 10월 세계에서 가장 규모가 큰 국제도서전시회가 열립니다. 이 행사 기간 1871년 독일제국헌법을 제정 통과시킨 제국의회가 열렸던 파울교회(Paulskirche)에서는 인류 문화의 지적 보고인 책을 통해서 평화에 이바지한 인사에게 유명한 '평화상'(Friedenspreis)도 수여합니다. 내년 2005년에는 한국이 이 박람회 측에서 특별선정한 주빈국이 되었습니다. 세계 최초로 금속활자를 발명, 『직지』(直旨)를 인쇄해서 인류 문화사에 뚜렷한 족적을 남긴 문화국에 대한 당연한 예우라고 생각합니다. 그런데 이러한 나라임에도 아직도 사상 관련 저술에 중세 때나 가능한 마녀사냥 식의 〈국가보안법〉을 적용하는 반문화적인 현실을 이 세계는 어떻게 이해하겠습니까.

　오늘의 세계는 문화를 존중하는 시대로 나아가고 있는데도, 우리의 공안 검찰은 이러한 반문화적인 작태를 태연히 자행함으로써 한국의 국위를 너무나도 심각하게 실추시키고 있습니다. 검찰은 '실정법'이라는 이유를 들어 〈국가보안법〉을 옹호하고 있습니다. 그러나 이 법은 지상 유일의 분단국가가 통일된 민족국가로 나아가는 길을 가로막는 반통일적 장애물입니다. 그뿐 아니라 이 법은 세계화 또는 지구화의 기치 아래 '세계시민사회'를 지향하는 오늘의 국제적 현실과는 너무나 동떨어져 있습니다. 제가 가르치는 대학이 있는 뮌스터 시에는 '30년 전쟁'을 종결시킨 '베스트팔리아 평화조약'이 체결된 회의실이 아직도 보존되어 있습니다. 근세 국제법적인 의미에서 최초의 평화조약이라고 불리는 이 평화조약의 정신은 칸트(Immanuel Kant)의 '영구평화론'을 거쳐 나치 독일을 피해 미국에 망명, 법을 통한 평화를 설파해서 초국가적인 평화기구인 UN의 설립 정신에 기여한 켈젠(Hans Kelsen) 법철학의 바탕을 이루었습니다. 민족국가를 기초로 해서 성립된 이러한 평화 개념은 이제 민족국가의 국경 개념을 희미하게 만드는 지구화의 과정 속에서 국가 대신에 시민사회에 근거한 보다 보편적이고 사해동포(四海同胞)적인 네트워크를 지향하는 탈현대적인 법 이해를 요구하고 있습니다. 사정이 이러한데도 〈국가보안법〉은 〈남북기본합의서〉가 이미 밝힌 원칙, 즉 남북은 통일을 지향하는 특수한 관계도 인정치 않고 있을 뿐만 아니라, 위에 말한 베스트팔리아 평화조약이 전제하고 있는 국민, 국토 그리고 주권이라는 기본 요건마저 무시하고 있습니다. 한마디로 말해서 17세기 중반의 법 수준에도 훨씬 못 미치는 법 아닌 법입니다.

나의 통일 철학 : 그러나 저는 이 기회에─걸림돌을 디딤돌로 만들어가고자 하는 심정으로─이러한 〈국가보안법〉이 이해하려고 시도하지도 않고 또 이해할 수도 없는 저의 통일 철학의 핵심을 간략히 밝히고자 합니다. 통일 문제를 말할 때, 언제나 저는 제일 먼저 상생의 원칙을 강조해 왔습니다. 불교 용어로 이해되고 있는 상생은 연기(緣起)라는 개념을 전제합니다. 즉 이것이 있으면 저것이 있고, 이것이 없으면 저것도 없다는 이 가르침은 남북으로 갈라진 우리의 민족 현실에도 그대로 적용됩니다. 이는 남이냐, 북이냐 라는 양자택일의 논리가 아니라 남과 북이 공유하는 관계를 중시하는 논리로서, 저는 큰 대나무와 작은 대나무가 실은 땅속에서 뿌리를 통하여 서로 깊이 연결되어 있다는 비유를 들어 설명합니다.

1989년 봄, 빈에 있는 유명한 '문학의 집'에서 행한 "탈현대의 고고학"(Zur Archäologie der Postmoderne)이라는 강연에서 저는 대나무와 도토리나무의 비유로 현대의 인식론적인 문제를 설명한 적이 있습니다. 어미 대나무(母竹)로부터 뿌리가 옆으로 퍼지면서 일정한 거리에 죽순이 나오는데 이들이 서로 연결되어 번식하면서 무성한 대나무밭을 형성하게 됩니다. 그러나 도토리나무는 도토리가 땅에 떨어져 떡잎이 나오고 어느 정도 성장하지만 어미 도토리나무 무성한 잎의 그늘 때문에 이 어린나무는 자라지 못하고 얼마 지나지 않아 죽습니다. 대나무는 관계철학, 도토리나무는 주관철학을 각각 상징합니다. 또 관계철학은 상생을, 주관철학은 나만이 옳다는 아만(我慢)을 은유적으로 표현하고 있습니다.

바로 이 상생의 원칙에 입각할 때, 비로소 남과 북은 서로 자기 속의 타자로 인식하는 발상의 전환이 가능하게 됩니다. 남과 북이 똑같다면 이미 통일이 이룩된 상태일 것이고, 남과 북이 완전히 다르다면 통일 이야기를 꺼낼 필요조차 없는 상황일 것이기 때문에, 같으면서도 다르고, 다르면서도 같은 남북은 긴장 속에서도 계속 여유를 지니지 않으면 안 됩니다. 그리고 바로 이러한 태도는 통일을 어떤 사건이 아니라, 끊임없이 전개되는 과정으로서 바라보는 훈련을 요구합니다. 왜냐하면, 반세기 이상 서로 이질적으로 형성되어 온 남북의 체험 공간은 서로 기대 지평을 달리 만들어 왔기 때문에, 서로 이해하는 과정은 필수적일 수밖에 없습니다. 이러한 과정은 서로 주인과 노예의 관계가 아니라, 서로 인정하는 그리하여 서로 관점을 바꾸어 보는 합리적인 대화를 가능하게 합니다. 폭력에 의해서가 아니라 평화적 수단을 통해 갈등을 해결한다는 이러한 원칙을 우리의 현실이 그 어느 때보다도 분명히 요구하고 있습니다. 비록 평화적 수단에 의한 평화체제의 수립이라는 적극적 의미의 평화는 아니더라도, 적어도 전쟁이 없다는 의미에서는 소극적인 의미의 평화 정도만이라도 절실히 요구되는 것이 오늘의 한반도 현실이기 때문입니다.

상생, 자기 속의 타자, 과정, 합리적인 대화 그리고 평화를 주된 내용으로 하는 저의 통일 철학을 실현하기 위해 '배제하고 동시에 통합하는 제3'의 무엇을 지향하고자 하는 '경계인'의 삶을 기회주의적이라고 오해하고 있는 현실을 보면서, 제 뇌리 속에는 초기 불교의 성전 『쌍윳따니까야』의 함축적인 비유 하나가 떠올랐습니다. 즉, 흰 소와 검은 소가 서로 묶여 있는 것을 보고, 대개는 검은 소가 흰 소에, 또는 흰 소가 검은 소에 묶여 있다고 보는 데, 사실은 이 두 소를 서로 묶고 있는 것은 단지 끈에 지나지 않는다는 이야기입니다. 남과 북의 관계도 마찬가지라고 생각합니다. 이 비유는 남이 북에게, 또는 북이 남에게 묶여 있는 것으로 보기보다는, 이 남북의 사이를 생각해 보라는 것을 가르치고 있습니다. 현재 남북을 가르는 휴전선이라는 제3의 공간이 전 한반도로 확장된다면, 위에서 지적했습니다만, 전쟁이 없다는 뜻에서의 소극적 평화 정도는 가능하다는 발상으로 통하기 때문입니다.

'경계인'의 의미 : 37년 만에 '경계인'으로서 제 조국 땅을 밟으면서, 저는 조직사회학에서 종종 거론되는 다섯 마리 원숭이에 대한 우화를 생각했습니다. 원숭이 사육사가 매일 아침 나무 꼭대기에 신선한 바나나를 매달고, 그 근처에 전류를 통하게 했습니다. 첫 번째 원숭이가 바나나를 따 먹으려고 나무에 오르다가 흐르는 강한 전기에 놀라 곧 포기했습니다. 두 번째, 세 번째 그리고 네 번째 원숭이도 흐르는 강한 전기에 놀라 연이어 포기했습니다. 이튿날 새롭게 우리 안에 들어온 다섯 번째 원숭이가 걸려 있는 바나나를 보고 나무에 오르려고 하자 이미 혼난 경험이 있는 네 마리 원숭이가 다 나서서 그를 말렸습니다. 그러나 이 다섯 번째 원숭이는 이 만류를 뿌리쳤습니다. 사육사가 이미 전류를 끊었는데도 네 마리 원숭이는 그 사실을 몰랐던 것입니다.

　이 우화(寓話)는 지식의 역할이 사회에서 반드시 긍정적이지만은 않다는 것을 드러내고자 한 것입니다. 즉, '지식은 조직을 멍청하게 만든다'(Intelligenz macht Organisation dumm)는 역설을 이야기하고 있는 것입니다. 그래서 사회를 항상 깨어 있게 하는 지식은 기존의 선입견을 파괴하고 새로운 의견을 제시하는 이른바 '달리 생각하는 사람들'(Andersdenkenden)을 요구합니다. 국가보안법을 신줏단지처럼 모시는 국정원과 공안검찰 및 이른바 거대 언론, 그리고 이에 덧붙여 기존의 선입견을 지식으로 포장하고 확대재생산해 온 이른바 지식인들이 바로 위에서 지적한 네 마리 원숭이가 아닐까 하고 생각해 봅니다. 그러나 저는 동시에 이 사회를 항상 깨어 있게 하는 많은 달리 생각하는 사람들을 기억하고 있습니다. 이 다섯 번째 원숭이는 '해방 이후 최대 간첩'이니, '말 바꾸는 지식인'이라고 저를 매도하는 네 마리의 원숭이가 벌이는 그 시끄러운 굿판(Affentheater) 속에서도 달리 생각하고 행동하였습니다.

그러나 어떤 사회를 건강하고 새롭게 만드는 지식 체계의 구성은 사실 그리 간단치는 않습니다. 특히, 사회의 위기를 미리 감지하고 이를 예방하는 문제는 사회가 복잡해지면 복잡해질수록 더욱 어려운 과제로서 등장합니다. 또한, 위험사회니 보험사회니 하는 말처럼, 위험이 항시적으로 곳곳에 도사리고 있으면서도 이에 대한 우리들의 감각이 둔화하기 때문에 위험을 느끼지 못하는 일도 많이 있습니다. 이러한 현상을 생태철학자 베이트슨(Gregory Bateson)은 재미있는 비유를 들어 설명합니다. 개구리를 미지근한 물에 넣어 점차 조금씩 온도를 높여서 가열하면 이 개구리는 끓는 물속에서 그만 죽습니다. 그러나 만약 끓는 물에 개구리를 집어넣으면 이 개구리는 펄쩍 뛰어 밖으로 도망치려고 시도합니다.

이 비유는 분단 시대를 오래 살아 온 우리에게도 해당한다고 생각합니다. 국가보안법이 민주화 진전에 따라 유명무실하게 되었다고 믿었던 많은 사람에게 저의 입국을 전후해서 생긴 소용돌이는 분명히 큰 충격이었을 것입니다. 민족 분단을 확대재생산해 온 우리의 의식구조 속에서 제 문제가 충격적이라면, 저는 차라리 이 충격이 지속적이기를 원했습니다. 그러나 세상을 놀라게 했던 모든 사건도 곧 잊힐 것이 현실입니다. 그래서 저는 또 한 번의 가능한 충격을 곧 있을 재판의 결과에서 기대해 봅니다. 그러면서 동시에 네 마리 원숭이가 벌였던 그 시끄러운 굿판이 결국 도깨비장난에 지나지 않았다는 사실이 몰고 올 또 한 번의 충격을 기대해 봅니다. 그러한 충격은 우리의 정신적 위기 상황을 적극적으로 깨닫게 하는 일종의 정신생태학(Ökologie des Geistes)을 가능케 할 수 있다고도 생각합니다. 이러한 정신생태학은 자연환경을 문제시하는 생태학 못지않게 중요하다고 느낍니다.

저의 문제를 계기로 해서 분단된 땅에서 살아가는 우리 모두 인간과 인간, 인간과 자연이 서로 화해할 수 있는 그러한 아름다운 나라로 한 걸음 더 다가섰으면 하고 저는 바랍니다.

최후진술을 마치면서 : 저는 부모가 난 땅을 난생처음 밟았다가 기대가 실망으로 뒤바뀐 엄청난 충격을 경험했던 저의 자식들이 재판부의 현명한 판단에 거는 기대도 같은 맥락이라고 믿습니다. 이 나라가 깨어 있고 또 건강해서 바로 그 때문에 사랑할만하다는 확신을 불러일으키는 계기를 마련해 주는 판결을 제 가족들이 기다리고 있습니다. 개인적으로는 민족과 세계를 함께 생각하면서 걸어온 지난 40년 가까운 학자 생활이 이번 사건을 계기로 새로운 전기를 맞아 또 한번 비상할 수 있는 용기와 힘을 주는 그러한 재판의 결과를 기대합니다. 온 나라와 세계가 주목하고 있는 재판부의 미래지향적인 판결에 희망을 걸면서 저의 최후진술을 경청해 주신 재판부에 거듭 감사를 드립니다.

2004년 3월 9일

7년형의 일심 선고 후에

밖에 계시는 여러 친지 분과 동료들께.

오늘 7년 징역이 선고되었습니다. 부장판사(이대경)가 선고문을 읽어 내리기 전에 선고 내용에 대해서 이러저러한 의견이 있을 수 있는데, 이는 항소심에서 다툴 수도 있으니 냉정함을 유지해 달라는 뜻으로 방청석에 주의를 환기시켰습니다. 무엇인가를 벌써 느낄 수 있게끔 하는 시작이었습니다. 사실 어제 오후 김 변호사님으로부터 큰 기대를 걸지 않는 것이 좋을 것 같다는 이야기도 들었고, 집사람과 둘째도 선고 내용에 연연치 말고 의연하게 대처하는 아빠를 바란다는 격려도 있었습니다.

무죄 부분(남북해외통일학술대회 주선, 이를 위한 방북, 베를린 주재 북한 대사관 방문)을 마치 큰 선심이나 쓰는 것처럼 먼저 재판관은 읽었습니다. 이 부분도 유죄로 한다면 지나가는 개도 웃을 노릇이니 우선 읽었겠지요. 문제는 핵심적인 유죄 부분을 읽기 시작하면서부터 분명히 나타났습니다. 사실, 여기에 대해서는 변호사님들과 나도 이미 일정한 정도 예감을 했습니다. 즉, 〈국가보안법〉에서 말하는 지도적 임무에 대한 죄형법정주의적 규정이 없으니 이를 대법원에서 밝혀야 한다는 우리 측 변호인의 주장을 재판부가 일축한 데서부터 분명했으니까요.

그래서 재판부는 '노동당 정치국 후보위원'을 우선 전제로 설정하고 유죄부분의 내용을 찾았습니다. 황장엽의 증언 내용을 우선 끌어들이고 이른바 김경필의 파일을 여기에 보강했습니다. 1998년 10월부터 2001년 8월까지 근 3년에 걸쳐 진행된 민사소송에서 증거가 없다고 한 것을 다시 끄집어내었고, 황의 증언이 오락가락하면 이는 그의 노령 때문이라고 친절하게 변호하면서까지 그의 이야기가 신빙성이 있다고 하면서 유죄 부분의 첫 단추를 달았습니다. 또 파일에는 '지도기관성원'과 '상층통일전선대상'이라는 두 개념이 나오는데 이는 다른 개념이라는—사회주의 정치 연구의 초보자도 알 수 있는—상식을 부정하면서 두 번째 단추를 달았습니다. '노동당정치국후보위원'이 아무 것도 안 했으면 이 또한 큰 문제이니 끌어들인 것이 실은 나의 저술 활동이었습니다. 저술 활동을 통해서 주체사상을 선전하고 유포시켰다는 것입니다. 누누이 제가 이야기했지만 학문은 학문의 코드에 맡겨야 한다는 논리조차 통하지 않는 것을 보고 역시 초록이 동색이라는 말이 떠올랐습니다. 사실 유죄 부분에 대한 판결 내용도 거의 공소장의 내용을 그대로 옮겨 놓은 것입니다.

검찰은 내가 개전의 정이 없기에 15년 중형을 구형한다고 했습니다만, 판사도 내가 역시 반성의 기미가 보이지 않아 7년 중형을 선고한다고 했습니다. 검찰과는 수사 과정에서도 또 법정에서도 다툴 수밖에 없었지만 재판정에서 판사와는 다툰 적도 없고 또 다툴 필요도 없었습니다. 아마도 내가 최후진술에서 원숭이에 대한 이야기를 꺼내면서 〈국가보안법〉을 신줏단지처럼 모시는 국정원과 공안검찰 이야기를 했는데 여기에 자신도 포함된 것으로 짐짓 오해했거나 아니면 자격지심 때문에 그러한 나의 표현이 반성의 기미가 보이지 않는다는 하나의 증표로서 해석했을지 모릅니다.

좌우간 나는 판사 한 사람이 나의 진실을 심판할 수 있다고는 절대 생각지 않습니다. 도도히 흐르는 역사의 방향을 느끼며 오늘 417호 법정에서 일어난 일은 물방울 하나가 바위에 튀는 것으로 느낍니다. 반년 넘게 지속한 투쟁을 함께 해 주신 여러분께 뜨거운 감사 마음을 전달하면서 lotta continua!(투쟁은 계속된다)를 다시 외칩니다. 환절기에 여러분 모두 건강관리에 유의하십시오.

2004년 3월 30일 서울구치소에서

항소심에서의 〈모두진술〉

존경하는 재판장님. 지난 3월 30일 일심 선고 공판이 끝나고 7주 만에 오늘 저는 다시 재판정에 섰습니다. 국내외의 높은 기대와는 달리 일심 재판부는 저에게 7년 징역이라는 중형을 선고했습니다. 저의 〈최후진술〉 속에서 '지식은 조직을 멍청하게 만든다'는 조직사회학에서 말하는 역설적 상황을 설명하려고 예로 들었던 네 마리 원숭이 중의 한 마리인 '조중동'을 제외한 국내 여론의 비판적 반응을 이 자리에서는 반복하지 않겠습니다. 그러나 나라 밖의 여론의 반향에 대해서는 간단하게 언급하려 합니다.

우선 한국 사회가 정말 어려운 과정을 넘어 그 어느 제3세계 나라보다도 괄목할 만한 경제 발전과 민주화를 동시에 이룩했다는 일반적 평가가 심하게 흔들리고 있다는 점을 말씀드리고 싶습니다. 예를 들면 독일의 뉴스 전문 TV인 NTV는 7년 징역형이 언도되자, "메카시가 인사를 전하다!"(McCarthy läßt grüssen!)라는 자막을 내보내면서 상상을 넘은 중형 선고에 대해서 경악했습니다. 독일의 유력한 신문의 하나인『프랑크푸르터 룬트샤우』(Frankfurter Rundschau)는 3월 31일 자에서 재판에 대한 보도기사와 함께 장문의 해설기사의 제목을 "제한될 수 있다"(kann begrenzt werden)고 달면서 "한국에서 어떻게 연구의 자유가 법정에 섰는가"(Wie die Freiheit der Forschung in Südkorea vor Gericht steht)라는 부제를 달았습니다. 베를린에서 발행되는『타게스짜이퉁』(Tageszeitung)은 같은 날 "탈냉전의 정치에 징역형"(Haftstrafe für Entspannungspolitik)이라는 기사 속에서 냉전의 유물인 〈국가보안법〉을 둘러싼 분열된 한국 사회의 모습을 전했습니다. 이상과 같은 시각의 핵심은 한마디로 말해서 이번 재판은 〈국가보안법〉이 학문과 사상, 그리고 이를 표현할 수 있는 기본적인 자유를 엄중하게 침해하고 있는 현실을 보여 주고 있다는 것을 지적하고 있습니다.

이번 재판에서도 이러한 문제에 관해 깊은 법이론적인 논쟁이 있을 것으로 생각됩니다. 더구나 〈국가보안법〉의 개폐 문제가 현재 넓은 공감대를 형성하고 있는 상황을 고려할 때 이번 재판은 '민주화 이후의 민주주의'의 바람직한 모습을 보여 줄 수 있는 교육의 장도 될 수 있다고 생각됩니다. 저는 지난 일심의 〈최후진술〉 말미에 '미래지향적 재판'을 기대한다고 말했습니다. 미래지향적 재판이라고 표현한 것은 나름대로 이유가 있었습니다. 흔히 한국의 법 체제는 대체로 보아 독일 법이 일본을 거쳐 수입, 변형된 것이라고 이야기됩니다. 특히 법실증주의에 의거해서 법을 정치로부터 독립된, 그래서 그 자체로서 자기완결적인 체계로서 보려 합니다. 그러나 이러한 입장은, 가령 이번 재판처럼 이른바 '어려운 경우'(hard case)에는 법률 해석이나 적용을 법의 권위와 등치될 수 없는 이른바 '도덕적' 잣대에 의존하려는 경향을 보여 줍니다. 검찰의 논고나 항소이유서 그리고 판결문에서도 자주 등장하고 있는 '개전의 정이 없다', '반성의 기미가 없다'는 등의 표현이 바로 그러한 문제점들을 보여 주고 있습니다.

하버마스의 지적처럼 법은 결코 자기도취적으로 자기완결을 보증하는 체계는 아닙니다. 법은 자유로운 시민의 민주적인 도덕성과 정치문화에 항상 열려 있어야 합니다. 〈국가보안법〉의 철폐, 아니면 적어도 이의 독소조항들은 폐기되어야 한다는 주장들은 과거에도 끈질기게 제기되었습니다. 최근 들어 본격적으로 제기되어 사회적으로 넓은 공감대를 형성하고 있는 〈국가보안법〉의 개폐 문제는 입법부가 곧 해결할 것으로 믿습니다. 사법부도 오늘의 사회적 현실 속에서 숨 쉬고 있고, 그래서 사회 통합 기능을 적극적으로 수행, 이를 바탕으로 민족 화해와 통일을 앞당기도록 21세기의 시대정신에 걸맞은 더욱 열린 태도로 〈국가보안법〉이라는 실정법을 적용하리라 믿습니다.

저는 일심 재판부에 걸었던 그때의 기대를 다시 되새기며 이번 재판이 우리 시대를 올바르고 또 밝게 인도하리라는 기대를 안고 짧은 〈모두진술〉을 마치겠습니다. 감사합니다.

2004년 5월 19일

항소심에서의 〈최후진술〉

존경하는 재판장님. 국내외의 커다란 관심 속에서 진행되고 있는 항소심을 맡아 보신 재판부의 노고에 우선 경의를 표합니다. 이제 항소심의 선고를 앞두고 저의 진솔한 심경을 담은 마지막 진술을 역사 앞에 남기려고 합니다.

작년 9월 22일, 3주일을 예견하고 가족과 함께 37년 만에 서울 땅을 밟았던 그때로부터 만 9개월이 넘었습니다. 귀국 다음날부터 시작된 국정원과 이에 이은 검찰의 조사를 거쳐 10월 22일 밤늦게 서울구치소에 수감되어 이미 가을, 겨울, 봄을 보내고 여름 장마철을 맞고 있습니다.

'조국은 구두 밑창처럼 아무 곳이나 끌고 다닐 수 없다'는 프랑스혁명의 비극적인 주인공 당통(Georges Jacques Danton)의 말이 있습니다만, 저는 그렇게 마음대로 끌고 다닐 수 없는 조국 땅을 37년 만에 찾았다가 지금까지 정말 기막힌 체험을 하고 있습니다. 그동안 저는 한 평의 공간에 갇혀서 솟구치는 분노와 형용할 수 없는 슬픈 감정을 억누른 적이 한두 번이 아니었습니다. 학술토론회의 주제가 되었더라면 오히려 좋았을 내용이 〈국가보안법〉의 처벌 대상으로서 법정에서 왈가왈부하는 어처구니없는 현실에서는 민족 분단으로 말미암아 일그러진 생활세계가 어떤 모습을 하고 있는 지도 직접 확인할 수 있었습니다.

또 '악법도 법이다'라고 소크라테스를 인용하면서 저에게 〈국가보안법〉을 인정하라고 야단치는 이 나라의 이른바 '중견 언론인'의 주장도 저의 귀에까지 들렸습니다. 그러나 소크라테스가 독배를 든 것은 악법을 법으로서 인정한 패배자의 행위는 아니었습니다. 그는 동시대인에게 진정한 법이 어떤 것이어야만 하는가를 보여 주었고 이를 통해서 실천적 지혜(phronesis)

로 그들을 인도한 분명한 승리자였습니다. 〈국가보안법〉의 존재이유(raison d'être)에 대해서 조금만 고민한다면 〈국가보안법〉을 소크라테스의 행위 동기에 견강부회(牽强附會) 식으로 가져다 붙이는 일은 없을 것입니다.

어떻든 저의 입국 이후로부터 시작된 〈국가보안법〉을 둘러싼 뜨거운 논쟁을 지켜보면서 이 법이 이 사회에서 어떻게 자기최면제의 기능을 하고 있는지를 저는 직접 경험할 수 있었습니다. 이 법에 의해서 지켜질 수 있다고 믿는 자유민주주의가 바로 이 법에 의하여 무자비하게 훼손되고 있다는 모순조차 바로 보지 못하게 만든다는 뜻에서 자기 최면제입니다. 그러나 이 법을 둘러싼 건강한 시민사회의 올바른 담론 형성은 머지않아 그러한 비정상적인 현실을 반드시 교정할 수 있으리라고 저는 믿습니다.

이와 동시에 반유신투쟁, 광주민중항쟁, 87년 6월 항쟁에 뿌리를 둔 이러한 담론 형성에 외국에서 살고 있었기 때문에 직접 참여할 수 없었던 제가 어렵사리 37년 만에 귀국, 이 시대가 요구하고 있는 사명을 직접 떠맡게 된 역설에서도 많은 사실을 배우게 됩니다. 아울러 89년 가을, 냉전의 상징이었던 베를린장벽의 붕괴를 현장에서 목격하면서 지구상 유일한 분단 민족의 운명을 극복하는 길이 없을까 하고 고뇌하면서 쓴 글들의 내용조차 문제 삼는 〈국가보안법〉을 아직도 철폐시키지 못하는 이 사회의 개혁적 역량에 대해서도 가끔 의구심을 갖게 됩니다.

역사의 의미에 대한 회의가 휩쓸고 있는 것이 오늘의 시대적 상황이긴 합니다만, 그래도 민족의 화해와 통일은 우리 모두의 삶을 지금보다는 더 의미 있는 것으로 만들 수 있다는 확신이 있었기에 저는 외국 땅에서도 열심히 그러한 길을 모색해 보고, 또 실천의 기회가 조금이라도 주어지면 이를 적극적으로 활용했습니다. 이제 우리 모두 머리를 맞대고 진정으로 고민해야 할 문제는 날로 복잡해지는 국제 환경 속에서 우리 민족이 어떻게 하나가 될 것이냐 라는 문제입니다. 이는 중국과 일본 사이에서 분단 한반도가 오늘 안고 있는 '중심의 괴로움'을 동북아의 '희망의 중심'으로 스스로 변화시킬 수 있을까 하는 문제라고 볼 수 있습니다. 물론, '동북아 의 집'이니 '동북아 허브'와 같은 정치적 또는 경제적 구상도 나돌고 있습니다. 그러나 저는 사회·문화적인 통합 내용이 빠진 구상들은 많은 한계가 있다고 생각합니다. 최근 중국의 동북공정(東北工程)이나 일본의 과거청산 문제가 보여 주는 것처럼 개별 민족의 역사를 현재화하는 갈등이 특히 동북아에 있어서 뿌리가 깊기 때문입니다. 또다시 강조하지만 복잡하게 얽힌 동북아의 문제를 근본적으로 해결할 수 있는 열쇠는 바로 한반도 통일이 어떻게 이루어지느냐에 달렸습니다. 남북의 상생과 평화를 구현시키는 그러한 아름다운 통일은 동북아의 안정과 번영, 나아가 날로 좁아지는 지구촌의 미래도 건강하게 만들 수 있다고 저는 확신합니다.

『논어』(論語)의 「술이편」(述而扁)에는 사각형의 한 모서리의 문제를 풀수 있는 능력을 키우면 나머지 세 모서리의 문제도 자연히 풀 수 있다는 뜻에서 계발(啓發)이라는 성어가 있습니다. 마찬가지로 이번 재판의 결과가 남남 갈등, 남북 갈등 나아가 동북아 갈등이라는 다른 세 모서리의 문제를 깨우치는 '계발'의 계기가 되었으면 하고 저는 바랍니다. 지난 반세기 넘게 정말로 유치한 상호 비방 방송이 휴전선에서 멈춘 것처럼 저는 〈국가보안법〉도 이번 재판을 끝으로 역사 속으로 사라지리라 믿습니다.

이번 항소심의 결론에 국내외에서 특별한 이목을 집중시키고 있는 것도 같은 뜻이라고 생각합니다. 역사는 저의 무죄와 함께 〈국가보안법〉의 마지막 시간을 반드시 그리고 분명하게 기록하리라고 믿습니다.

2004년 6월 30일

4. 구치소에서 띄운 편지

사랑하는 당신 그리고 린

우리가 베를린을 떠날 때만 해도 상상치 못한 상황 속에서 당신에게 처음 보내는 편지를 쓰고 있는 나 자신을 생각하니 이런 것을 '운명의 장난'이라고나 할 수 있을지……

그러나 월, 수, 금 오전에는 당신과 린이를—비록 체온을 서로 전달하지는 못할지라도—면회실 창을 넘어 바라보고 이야기할 수 있어 큰 위안이라고 생각하오.

나보다 밖에서, 그것도 아직도 서울의 지리도 익히지 못한 상황 속에서, 여러 가지로 수고도 많고, 마음고생도 많을 것으로 여겨지니 가슴이 무겁구려.

그러나 우리의 삶이 순수했고 그래서 많은 사람이 알게 모르게 우리의 삶을 지지하고 성원하는 소리를 당신도 밖에서 듣고 용기를 얻으리라고 생각하오. 이곳도 마찬가지로, 사연은 비록 달라도—구치소에 들어온 내역을 일일이 물어볼 수 없지만—만나는 사람마다 '선생님 힘내십시오'하는 인사를 들을 때마다 지금까지 나의 삶이 헛된 것이 아니었고 그러한 길을 앞으로도 당당히 걸어가야만 하는 어떤 약속을 스스로와 하게 되는구려. 네루다(Pablo Neruda)의 자서전 『내가 살았다는 것을 나는 고백한다』(*Confieso que he vivido*)의 내용처럼 나도 그러한 삶을 언젠가는 기록할 수 있기를 스스로와 약속하면서 시간 나는 대로 운동도 하고 요가(물론 아직도 책 보고 연구해 보는 단계지만)도 해 보고 독서로 빈 시간을 채우고 있지요. 너무나 잦은 검찰 출두로 본격적인 생활 리듬을 찾지 못하고 있지만, 이달 20일경을 지나고 어떤 결정이 나오면 생활 규율도 전체적으로 조정해야 할 것 같소.

그리고 당신의 인터뷰—아마도 『우먼센스』인 것 같은데—를 이발소에서 읽었다고 검사가 얼마 전에 이야기하면서 우리들의 애들 교육이 참 성공했다고 부러워하더군. 물론 이 모든 것이 당신이 씨 뿌리고, 애지중지하면서도 그래도 절도 있게 키운 덕이라고 생각하오. 준이도 그렇고, 린이도 그렇고 다행히 부모의 처지를 이해하고 오히려 자랑스럽게 생각한다니 더욱 대견스럽고 용기도 얻게 되오.

좌우간 무엇보다도 건강에 유의하고 독일 생활공간도 이곳 못지않게 —아니 이곳보다도 더—중요하니 직장 문제도 생각해보고 두 달 부재가 낳은 공백 정리도 계획해 보오. 준과 린이도 내 문제로 신경 너무 써서 각자 갈 길을 소홀히 해서도 안 된다는 이야기를 하고 싶소.

크리스만스키 교수가 그렇게 먼 길을 마다 않고 이곳을 찾아 여러 가지로 도움이 되었고, 처음 뵙는 백 선생님의 후의에도 감사의 마음을 우선 전하고 싶소. 언젠가 나가면 여러분을 꼭 찾아뵙겠다는 인사 대신 전해 주구려.

시간 나는 대로 계속 편지를 써 예상치 못했던 '생이별'의 찬 공간을 따뜻하게 채우려 하오. 그럼……

2003년 11월 9일 서울구치소에서 당신을 사랑하는 律

〈추신〉 오늘 검찰에서 돌아와 준이 편지와 자료를 받았소. 준이에게 아빠의 인사를 전해 주오.

김세균 교수님께

구치소로부터 검찰청으로 호송되어 가는 버스의 좁은 창틈으로 보였던 그 푸른 은행잎들이 어느새 황금빛을 발하더니 이제는 모두 흔적도 없이 사라지고 잔설(殘雪)이 붙은 앙상한 가지만이 눈에 들어옵니다.

오늘 새벽 불현듯이 꿈에서 깨어나 희미한 정신으로 주위를 둘러보았습니다. 방안의 모든 물건이 손에 잡히는 한 평 크기의 조그마한 공간 속에 제가 누워 있는 것을 발견했습니다. 조용히 누워 저는 지난 3개월의 서울생활을 돌이켜 보았습니다. 그 음산했던 국정원의 취조실, 수갑을 차고 또 포승으로 결박된 몸으로 공안검사실에서 조사를 받던 나날들, 거대 야당이라는 한나라당과 신문 독자의 70%를 장악하고 있다는 '조중동'의 여론몰이, 그러한 신문에 날을 세우고 말 바꾸는 지식인이라고 나를 난도질했던 이 땅의 이른바 지식인의 이름도 몇이 떠올랐습니다. 당연히 분노가 치솟았습니다. 구치소 생활 가운데 유일한 즐거움인 한 시간가량 운동 시간을 떠올리며 그러한 감정을 우선 달랬습니다. 운동장으로 나갔습니다. 정말 미치도록 깨끗한 하늘이었습니다.

이렇게 푸르고 깨끗한 하늘 아래서 그러한 야만적인 현실이 가능하리라고 믿어지지 않았습니다. 말로는 그들도 21세기를 이야기하고 있지만, 물리학자 파울리(Wolfgang Pauli)가 이미 지적했던 악마의 산술인 양자택일의 흑백논리로써 중세 때나 가능했던 마녀사냥을 이 문명 시대에도 벌이는 그들과 함께 저 푸르고 깨끗한 하늘을 함께 하려고 37년 만에 이 땅을 찾았는가 하는 자책과 같은 물음이 떠올랐습니다.

그러나 '깨끗함은 화해와 기쁨으로 통한다'(清通和樂)는 옛말처럼 생각하고 행동하는 이 땅의 사람들을 그래도 많이 만날 수 있었기에 절망과 후회를, 희망과 확신으로 바꿀 수 있었습니다. 인간과 인간, 인간과 자연이 화해하는 아름다운 세상을 갈구하고 이의 실현을 알게 모르게 앞당기는 많은 분이 우리 시대의 과제인 민족 화해와 통일운동에 동참하고 있기 때문입니다. 남이냐 북이냐가 아니라, 남과 북의 화해를 지향하는 상생의 통일 철학에 대해서는 지난 16일, 공판 때도 이야기했습니다. 부처님의 말씀을 빌려 그러한 철학 정립에 나의 역할을 간단히 표현한다면, 남북 사이의 끈과 같은 것이라고 생각합니다. 검은 소와 흰 소가 묶여 있는 것을 보고 보통 사람들은 검은 소가 흰 소에, 또는 흰 소가 검은 소에 묶여 있다고 합니다만, 사실은 검은 소와 흰 소가 끈에 의해서 서로 묶여 있는 것이지요.

어떤 분이 편지를 보내 왔습니다. 그 편지 말미에는 나의 가슴을 뭉클하게 만드는 구절이 들어 있었습니다. "이 복잡하고 문제투성이인 이 땅에 오신 것, 너무너무 고맙습니다."

이 편지를 받고 나는 나대로 베를린 지도를 가지고 서울 거리를 찾아 나설 수는 없기에 비록 늦었고 또 그간 사연도 많았지만, 이 땅에서 실망과 분노를 희망과 확신으로 바꿀 수 있는 소중한 기회를 마련해 주신 여러분께 정말 고맙다는 생각을 했습니다.

오늘 오후 집사람이 독일로 돌아갔습니다. 남편 따라 두 아들 데리고 37년 만에 고향을 찾았다가 난생처음 경험한 이 땅의 폭풍 속에서 분노로 떨고 눈물도 참 많이 흘렸습니다. 그러나 이제는 남편을 자랑스럽게 생각하는 아내로서, 또한 강한 여성으로서 독일로 돌아갔습니다.

지난 22일은 우리 결혼 30주년이 되는 날이었습니다. 아내도 나도 분명히 이날을 기억했습니다. 그러나 독일로 돌아가기 전, 마지막 면회 때 그녀는 이날에 대해 아무런 말도 꺼내지 않았고, 나도 이야기를 꺼내지 않았습니다. 오히려 침묵이 서로 위로하는 힘이었습니다. 우리는 분단된 조국을 찾았다가 이산가족이 된 셈입니다. 그러나 이번 일이 이 땅의 모든 이산가족의 아픔을 더는 그러한 계기로 삼아 더욱 열심히 살아가겠다는 각오를 굳히면서 세밑의 인사를 드립니다. 곧 밝아 오는 새해에는 밖에서 꼭 만날 수 있습니다. 그때까지 가내 건강하시기를 빕니다.

2003년 세밑에 서울구치소에서 송두율 드림

리영희 선생님

갑신년 새해 인사를 구치소에서 올립니다.

공판정에 다녀왔던 어느 분의 편지에 선생님께서 코피를 흘리셨다는 소식이 있어 더욱이 걱정됩니다. 선생님께서 몸도 불편하신데도 불구하고 공판을 지켜보셨는데 제가 불찰로 인사를 드리지 못해서 죄송합니다. 공판 전후로 어떻게나 몰아치는지, 눈인사도 제대로 나눌 수 없었습니다.

선생님께서 보내 주신 연하장에서 과거의 필적은 아니었습니다만, 선생님의 의지가 분명하게 드러나는 글자 하나하나를 읽었습니다. 선생님 염려 덕분에 마음이 안정된 가운데 공판 준비와 여러 가지 생각을 펼치고 있습니다. 눈먼 봉사들이 줄지어 서 있으면서도 앞의 봉사가 누군지, 뒤에 서 있는 봉사가 누구인지 모르는 분위기 속에서 계몽의 선도적 역할을 해 주신 선생님을 이제 갓 마흔의 '정치학도'가 검찰 측 증인으로 나와 '친북인사'로 매도하는 것이 현실인 이상 저도 최선을 다해 그러한 계몽의 대열에서 투쟁할 것입니다.

리 선생님. 무엇보다도 건강하셔야 합니다. 그래서 제가 밖에서 선생님과 사모님을 뵙고, 그동안 나누지 못한 많은 이야기를 드리고 싶습니다. 그날이 곧 올 것으로 믿습니다. 사모님께 특별한 새해 인사 대신 전해 주시기 바랍니다.

2004년 새해 첫날 서울구치소에서 송두율 드림

김진균 교수님

입춘 추위가 매섭더니 오늘부터는 조금 풀리는 것 같습니다. 그간 건강이 어떠한지 궁금합니다.

밖에서 열심히 움직이는 덕택에 용기와 건강을 얻으면서 이제 귀국 후에 소용돌이쳤던 문제의 첫 단원의 막을 내리는 시점에 서 있습니다. 다음 화요일(10일)에 예견되는 논고, 변론 그리고 저의 최후진술이 끝나면 두 주 후에 판결이 있을 것 같습니다. 이미 최후진술을 할 원고를 써 놓은 상태입니다.

이곳에 앉아 있는 저보다 밖에서 뛰는 여러분의 고통이 더 할 것 같아서 하루라도 빨리 이곳을 벗어나고 싶습니다만……

요즈음은 수감된 국회의원의 숫자가 많다 보니 운동 시간이나 면회 시간 기다리다가 이래저래 지나치게 됩니다. 역시 변화 속에서 드러나는 한국 사회의 한 모습처럼 보입니다. 봄과 더불어 한국의 정치도 정말 새롭게 시작되었으면 하는 바람을 자주 느끼게 됩니다. 곧 뵈올 수 있는 날이 하루하루 다가온다는 마음속에서 선생님의 건강을 빕니다.

2004년 2월 8일 서울구치소에서
송두율 드림

* 이 편지는 필자가 김진균 교수님께 보낸 두 번째이자 마지막 편지였다. 김 교수님이 2004년 2월 14일 타계하셨기 때문에 이 편지를 받으시지 못했을 것 같아 지금도 마음이 아프다.

사랑하는 당신

오늘은 3월 1일, 어제 일요일에 이어 오늘도 공휴일이다 보니, 밖의 세계와는 달리 이곳은 더 답답한 이틀이오. 게다가 밖의 날씨마저 화창하기까지 하여 답답함은 반비례해서 더 하는 것 같소.

어제 지난번 들여보낸 『돈명이 할아버지』를 읽어 보면서 1970년대부터 이곳 국내에서 일어난 민주화 투쟁의 흐름을 읽어 보고 나 나름대로 나의 지난 시간을 정리할 시간을 가졌소. 바로 얼마 전의 일이 이미 30년의 세월을 뒤로 한 일이니 정말 시간의 흐름이 빠르다는 것을 실감할 수 있소. 우리가 30년 전 본에서 반유신 데모를 했던 74년 3월 1일, 당신도 기억하지? 정말 추웠던 날씨여서 아직도 특별하게 뇌리에 남아있는 것 같소.

그 책을 읽으면서 국내에서도 정말 많은 고생을 했다고 느껴지면서 그래도 국내이기에 사람도 많고, 또 민주화의 성과가 가시화되어 나름대로 외롭지 않은 어떠한 공간이 생겼고 그 안에서 나름대로 과거를 이야기할 여유까지 있는 것을 느낄 수 있지요. 그런데 외국에서 나름대로 열심히 싸웠던 사람들을, 또 우리 주위에 있었던 사람들을 하나 둘씩 떠올리면서 어딘가 나의 가슴이 시려 오는 것을 느끼오.

우리 주위에도 이래저래 많은 사람이 사라지고, 사실 속내를 이야기할 사람마저 드문 외로운 외국 생활이 아닌가 하는, 그러한 외로움을 불현듯 느끼게 되오. 게다가 이번 우리가 겪는 고통까지 생각하면 분노까지 더 해지는 어떠한 묘한 감정을 속일 수 없는 것 같소. 그러니 이를 계기로 해서 지금까지 시간 속에 담지 못했던, 또는 담을 수 없었던 꿈과 희망을 차분한 마음으로 다시 그려 보고 우리 인생의 황혼이라면 황혼이라 할 남은 시간을 정말 아름답게 꾸밀 생각을 이래저래 하면서 사실 어젯밤을 설쳤소.

당신도 그럴 것이라고 믿소. 그러한 아름다운 시간을 위해서라도 당신도 건강해야 하오. 애들은 이제 자기 갈 길을 세계 어느 곳에서라도 확실히 할 수 있기에 다른 사람들보다 우리는 그래도 복 많은 것으로 생각하오. 그러니만큼 나도 건강에 앞으로 더욱 유의하면서 좋은 책들을 많이 써서 이 세상에 남길 것이오.

앞으로 우리 둘이 우리의 꿈에 대한 이야기를 더욱 집중적으로 나눌 수 있는 시간이 곧 오리라 믿소. 지난번 내보낸 '최후진술서'도 받았으리라 믿소. 김형태 변호사님의 부친 사망과 관련, 간단한 편지를 오늘 써 보냈소. 그리고 양길승 원장의 누님 한 분이 수녀님으로 계시는데, 자상한 편지를 보냈군요.

그러면 뒷바라지로 힘든 당신과 린이의 건강을 무엇보다도 기원하며.

2004년 3월 1일
서울구치소에서
당신의 律

안중근평화상 수상소감

〈안중근기념사업회〉의 여러 선생님,

그리고 이 자리를 함께하신 여러 친지 분들,

얼마 전 면회 온 아내로부터 안중근 의사의 순국 기일을 맞아 '안중근 평화상'의 수상자로서 제가 선정되었다는 소식을 들었습니다.

지난 3월 9일 검찰로부터 〈국가보안법〉 위반 혐의로 징역 15년형을 구형받고 3월 30일 선고를 기다리는 저는 그 소식을 듣고 먼저 두 가지 가정적인 질문을 스스로 던졌습니다. 만약 안 의사에게 사형을 구형하고 이를 집행한 일제의 법관이 '안중근평화상'이라는 상 이름을 들었다면 그들이 과연 어떠한 반응을 보였을까라는 질문에 이어, 안 의사가 만약 오늘 살아 계신다면 우리에게 무슨 이야기를 하실 수 있을까라는 두 번째 질문을 떠올렸습니다. 당시에도 '실정법'이라는 근거를 들어 사형을 집행한 일제 법관의 논리에 따른다면 안중근이라는 '살인자'와 '평화'는 병립할 수 없다고 분명히 주장했을 것이라는 생각이 들었습니다. 그러나 저는 안 의사의 행위와 '평화'라는 개념은 공존할 수밖에 없다는 논리를 다음과 같이 펼칩니다.

나치 독일 때 지하에서, 때로는 삶과 죽음의 경계를 넘나드는 고문실 안에서 아니면 교수대 위에서 처절한 투쟁을 벌였던 투사들의 떨림과 긴장 그리고 충격을 독일의 작가 바이스(Peter Weiss)는 『저항의 미학』(*Ästhetik des Widerstandes*)에서 그렸습니다. 허구가 아니라 사실을 기초해서 그렸기에 저는 실제 주인공의 아들을 만난 적이 있습니다. 제가 이 이야기를 먼저 꺼내는 이유는 폭력의 고리를 부수기 위한 저항은 때로는 '파괴'를 동반할 수밖에 없지만 이는 부정을 위한 부정이 아니라 새로운 긍정을 위한 부정이 담는 긴장과 충격이며, 사람들에게 아름다움까지도 전달할 수 있기 때문입니다. 안 의사의 모습에 일제 형리(刑吏)들조차 감동을 했다는 숱한 이야기도 그러한 『저항의 미학』이 가능하다는 것을 보여 주고 있습니다.

이토 히로부미의 심장을 겨냥한 총알은 '메이지유신'을 매개로 해서 일어선 근대 일본이 곧바로 펼친 제국주의의 첫 번째 제물이 된 조선을 위한 절대 긍정을 보여 준 '충격의 미학'의 핵이었습니다. 또 다른 의미에서의 '충격의 미학'을 일본의 작가 미시마 유키오(三島由紀夫)의 『우국』(憂國)이라는 소설은 보여 줍니다. 결국, 미시마는 그 후 천황을 위한 친위쿠데타를 자위대 장교들에게 호소하다가 조소를 받고 실패하자 소설의 주인공처럼 스스로 배를 갈라 할복자살했습니다. 그러나 이러한 충격의 미학은 부정과 죽음 그리고 파괴의 미학일 뿐입니다. 안 의사의 그것이 '동양평화론'이라는 창조성과 긍정성을 제시한 데 반하여 미시마는 이미 역사의 무덤 속에 들어 있는 '천황'이라는 신화를 불러내어 새롭게 포장해 보려고 시도한 것입니다. 이러한 흐름을 따라서 교과서 파동, 평화헌법 개정 운동, 고이즈미 총리의 야스쿠니신사 참배 등으로 계속 이어질 수밖에 없다는 사실을 우리는 주목해야 합니다. 서울의 일본대사관 앞에서 매주 열리는 수요집회가 600회를 맞았지만 일본 정부는 '정신대' 문제에 대하여 계속 모르쇠로 일관하는 태도도 같은 맥락 속에서 이해될 수 있습니다.

만약 안중근 의사가 현실을 경험한다면 또다시 일본을 추상같이 꾸짖을 것입니다. 그러나 동시에 안 의사는 못난 우리 자신들을 향해서는 더 매섭게 질책을 보낼 것 같습니다. 해방이 되고도 이미 반세기가 넘었는데 아직도 일제 잔재를 해소하지 못한 어리석음을 통렬히 꾸짖을 것입니다. 집안에서 매 맞는 아이는 밖에서도 매 맞기 마련이라는 말처럼 오늘의 현실은 결코 우연의 산물이 아닙니다. 사정이 이러한데도 우리의 일부 지식인들은 '국사해체', '민족주의는 반역이다', '민족은 상상의 공동체일 뿐이다'라는 구미의 담론을 복창하고 있습니다. 아마도 '지구화'를 염두에 두고 하는 이야기인 것 같습니다. 분명히 말씀드리지만, '탈민족'이라는 담론은 아직은 유럽적인 맥락을 담고 있어 이를 무비판적으로 동북아에 적용할 수는 없습니다. 일본은 말할 것도 없고 안 의사가 그의 생을 마감했던 만주도 '동북공정'(東北工程)이라는 이름 밑에서 그들의 역사 속에 완전 포섭하려는 기도를 하고 있습니다.

한·중·일의 개별적 역사가 동북아라는 보편사 속에 용해된다는 것이 여전히 어렵다는 사실을 다시 지적해 주는 대목이기도 합니다. 설사 그러한 보편사가 있었다면 그것은 일본의 '대동아 공영권'이나 구미에서 이야기되는 '중화 문화권'과 같은 허구적인 보편이 있을 뿐이고, 그것은 우리가 갖는 개체성을 파괴했거나 아니면 이를 무시한 보편사 아닌 보편사입니다. 안 의사의 '동양평화론'은 그렇게 개체가 보편에 강제적으로 동화되는 것도 아니면서, 또 보편의 가능성을 아예 부정하지도 않으면서 한·중·일의 공존 속에서 개체의 소임을 상생으로 승화시킬 수 있는 동양 평화를 주장했던 것입니다. 안중근 의사의 동양 평화에 대한 이상을 이렇게 이해한다면 우리 현실이 알고 있는 문제는 정말 심각하고 근본적이라고 말하지 않을 수 없습니다. 왜냐하면, 그러한 이상을 담지(擔持)할 한반도가 아직도 분단되어 있기 때문입니다. 안 의사는 분명히 우리에게 어떻게 되어 일제로부터 해방된 지 반세기가 넘었는데 아직도 하나가 되지 못하고 있는가라고 물을 겁니다. 그래서 저는 안 의사의 뜻을 기리는 의의는 무엇보다도 분단된 조국을 하나로 만드는 일이라고 분명하게 말씀드리고 싶습니다.

통일된 평화로운 한반도만이 동북아의 평화, 나아가 세계 평화를 담보할 수 있는 중심축의 노릇을 할 수 있기 때문입니다. 이는 요즈음 이야기되는 경제나 정보사회의 의미에서의 '허브'와는 다른 내용입니다. 그래서 저는 안 의사의 '동양평화론'을―조금 생소하게 들릴지 모르지만―'저항의 미학'이라는 예술적인 범주로써 설명해 보았습니다. 민족 분단이라는 피할 수 없는 현실을 적극적으로 인식하고 하나가 되는 조국을 위해 나름대로 성실하게 살아 왔다고 자부하는 저를 '해방 이후 최대 간첩'이라는 누명을 덮어씌워 처단하려는 기막힌 상황 속에서 '안중근평화상'을 저에게 수여한다는 쉽지 않은 결정은 바로 안 의사의 유지를 따라 제가 계속 흔들림 없이 뚜벅뚜벅 앞으로 걸어가라는 뜨거운 격려라고 생각합니다. 비록 몸은 한 평 공간에 갇혀 있지만 저의 정신을 여러분과 함께 하면서 따뜻한 우리 민족의 봄을 기다립니다. 감사합니다.

2004년 3월 26일
서울구치소에서 송두율

5. 서울을 떠나며

사랑하고 존경하는 벗들

저희는 3주가 10개월로 연장될 수밖에 없었던 서울 체류를 마치고 오늘 독일로 돌아갑니다. 그동안 저희를 따뜻하게 보살펴 주셨던 많은 분을 일일이 찾아뵙고 작별 인사를 드려야 하는 것이 도리이지만 저희의 직장 생활과 건강 문제 때문에 빨리 돌아갈 수밖에 없게 되었습니다.

지난 10개월 동안 저희를 항상 위로해 주시고 용기를 불어넣어 주신 사랑하는 그리고 존경하는 벗들이 없었더라면 정신적으로는 물론 육체적으로도 저희 자신들을 지탱할 수 없었을 것입니다. 정열적으로 변론을 맡아 주신 변호인단, 〈대책위〉를 중심으로 끈질긴 투쟁을 벌였던 여러 인권단체와 사회단체들, 그리고 한 번도 본 적이 없는 무수한 개별 인사들의 노력이 헛되지 않아 드디어 지난 7월 21일 진실이 밝혀질 수 있었습니다.

이 시대의 정신이라고 할 수 있는 관용과 상생을 바탕으로 한 우리 민족의 화해, 평화 그리고 통일을 실현히는 데에서 제 '사건'은 분명히 역사에 기록될 것이라고 믿습니다. 개인적으로나 가족적으로 잃은 것도 있습니다만 얻은 것도 반드시 있다고 생각합니다. 새로운 출발을 위한 하나의 기회라고 저희는 받아들이고 있습니다.

지난 이틀 동안 광주를 45년 만에, 제주를 40년 만에 찾았습니다. 저희의 구두 밑창에 묻혀 온 흙과 모래알의 흔적이 모두 사라지기 전에 여러분을 다시 찾아 우리 모두의 꿈과 희망에 대하여 긴 시간을 함께 나누기를 간절히 기원합니다.

독일 말에는 "Einmal ist kein Mal"(한번으로는 흡족하지 않다)이 있습니다. 두 번째, 세 번째로 계속 이어지는 여러분과의 뜨거운 만남을 기약하며 오늘 여러분의 곁을 떠납니다. 무더위에도 여러분의 가정에 건강과 행운이 늘 함께 하시기를 빕니다. 다시 만날 때까지 안녕히 계십시오.

2004년 8월 5일
송두율·정정희

3부

다시 경계의 공간을 열며

1. 학문의 길, 지식인의 길

예비 지식인에게

2005년 봄, 고려대학교 대학원 신문사로부터 '예비 지식인'을 위한 짧은 글 한 편을 써 달라는 청탁을 받은 적이 있다. 우선 '예비 지식인'이라는 단어가 조금 생소했다. 그러한 의미에 상당하는 독일어가 있는지 곰곰이 생각해보아도 곧 떠오르지 않았다. 물론 '신참내기 의사'(ein angehender Arzt)처럼 '초보'나 '신진'의 뜻을 갖는 형용사는 있으나, 이는 대체로 구체적인 직업과 관련해 사용하지, '예비 지식인'처럼 어떤 집단 전체와 추상적으로 연결해 사용하는 경우는 별로 없다. 다만 '장래 지식인'을 지향하며 학문의 길을 선택한 불특정 다수를 염두에 둔다면, 지식과 학문의 세계에 대해 필자가 중요하게 생각하는 몇 가지를 전달할 수 있으리라.

오늘날 우리는 지식인을 어떻게 규정하고 있는가? 좁은 의미의 지식인이라 하면 우리는 먼저 학자나 이른바 교수를 떠올리게 된다. 그러나 필자가 뜻하는 지식인은 이처럼 어떤 전문 분야에 갇혀 있는 집단이 아니라 주어진 전문적 경계를 자유롭게 넘나들며 사회에 관한 일반적인 표상이나 이념을 제시할 수 있는 집단이다. 이 점에서 지식인의 내포와 외연이 학자나 교수 또는 전문가로 한정될 수는 없다. 오늘날 지식인의 구체적 모습으로 자주 거론되고 있으며 또 우리 귀에도 그 이름이 익숙한 촘스키나 하버마스도 교수이자 학자다. 그러나 그들은 전문 영역에 갇혀 있지 않고 여러 가지 문제를 정치적 그리고 사회적 차원에서 언급하며 또 새로운 이념을 제시하고 그 실현을 위해서 현실 참여를 한다.

물론 전통적인 의미의 지식인 시대는 지났다는 반론도 만만치 않다. 인간 해방을 설파했던 모든 정치적 이념들은 벌써 사라졌고 오늘날 우리는 '탈이념'과 '탈역사'의 시대에 살고 있다는 것이다. '해방'이라는 이념 그 자체로부터 우리 스스로 해방해야 한다는 주장을 덧붙이기도 한다. 어딘가 계몽적인 것처럼 들리지만 지극히 냉소적이며 자조적인 여운을 주는 태도가 아닐 수 없다.

급속한 정보사회화와 세계화 시대의 변화를 강조하는 논의도 많다. 정보는 통제할 수 없는 정도로 확대되고 사회는 너무 복잡해졌다며, 이제는 보다 더 구체적이며 일상생활에 가까운 주제에 관심을 가져야 한다는 것이다. 그리하여 정치적인 이념이 사라지고 황량해진 지식인 세계에 우리의 '몸'이나 '욕망'과 같은 주제가 새로운 화두(話頭)가 되었다. 비슷한 분위기가 한국 사회에서도 감지된다. 추상적인 정치적 이념보다는 아주 구체적인 자신의 부(富)나 건강을 중심으로 사회적 이슈가 표출되고 담론화되고 있다.

취직이나 돈벌이에 직접 도움이 안 되는 학문은 퇴출(退出)될 수밖에 없다는 여러 형태의 주장이 이러한 분위기를 잘 보여 준다. '인문학의 위기'는 이 같은 분위기의 원인이면서도 또 결과이기도 하다. 이공계 분야가 상대적으로 대접을 받고 있는데 독일과는 달리 한국에서는 이 분야에서조차 위기라는 말이 나돈 지 오래다. 마치 의학, 법학, 경영학만이 대학

사회 나아가 지식사회를 지키는 교두보처럼 인식되고 있다. 이러한 분위기 속에서 '몸'이나 '욕망'에 대한 지식인의 관심은 '웰빙' 광고 수준을 벗어날 수 없게 되었다.

그렇다면 의사나 법조인 또는 CEO는 지식인이 아니라는 말인가? 그렇지는 않다. 전문 영역에만 갇혀 있지 않고 그러한 경계를 넘어 전체 사회를 향한 문제를 제기하면서 실천의 장에 섰을 때 전문인도 이미 지식인이다. 다만 우리 사회에서는 아직 그런 전문인을 많이 볼 수 없을 뿐이다.

지식인과 관련해 지금까지 서양에서는 주로 철학을 떠올렸고, 동양에서는 문사철(文史哲)을 말했다. 옥스퍼드대학의 영문학 교수 이글턴(Terry Eagleton)은 기존의 한정된 전문 영역을 넘어설 수 있는 지식 체계 즉 지식인을 필요로 하는 분야로 '문화연구'(Cultural Studies) 또는 '문화이론'(Cultural Theories)을 들고 있다. 어느 한 분야의 전문 지식만으로 다룰 수 없는 이 분야야말로 지식인의 세계에 가장 근접하고 있다는 것이다. 필자도 그렇게 생각한다. 유럽과 한국의 지식인이 처한 현재의 조건을 비교해 볼 때, 무엇보다도 문화의 건실한 뒷받침 없이 한국 사회가 앞으로 필요로 하는 새로운 지식인의 출현을 기대하기는 어렵다고 생각한다. 문화적 토양을 가꾸는 일은 우리 사회가 관심을 가져야 하는 근본적인 과제가 아닐 수 없다.

그러나 여전히 구체적 현실에서 이 땅의 지식인이 수행할 과제가 무엇인지를 확인하는 작업은 중요하다. 그러려면 지식인을 교수로, 예비 지식인을 교수가 되기 위해 준비하는 집단 정도로 이해하려는 타성에서 벗어나야 한다. 물론 교수도 되고 위에 지적한 것처럼 기존의 지식 체계가 설정한 경계를 넘어 사회의 총체적 문제에 이론과 실천으로 접근하는 지식인이 될 수 있다면 더할 나위가 없을 것이다. 그러나 교수가 모두 이 같은 속성을 지닌 지식인일 수는 없다. 교수가 되기 위해 노력하는 과정 중에도 지식인이 지녀야 할 조건을 한시도 잊어서는 안 될 것이다. 교수 자리를 얻는 것이 아무리 힘든 일이라 할지라도 더 힘든 직업이 바로 지식인이 되는 일이라 생각하고 이를 위해 이론과 실천의 폭을 꾸준히 넓혀야 한다.

지식인 밖의 세계에서 지식인을 비난할 때 대개는 이론적이긴 하나 실천이 못 따르는 것을 거론한다. 지식인 스스로도 이론보다 실천이 어렵다고 말하는 경우가 많다. 물론 이론을 실천에 옮기는 일은 힘들다. 그렇다고 해서 올바른 이론을 제대로 정립하기도 쉬운 일은 결코 아니다. 그래서 쑨원(孫文)은 앎이 행함보다 더 힘들다(知難行易)는 말을 남겼는지도 모른다. 이론적 삶을 실천적 삶으로부터 아예 분리했기 때문에 고대 그리스에서 학문이 발전했다는 주장처럼 이론의 개발에만 오로지 몰두할 수도 있을 것이다. 그러나 지식인의 활동 공간에서 사회를 배제할 수 없다면 우리는 실천의 문제를 초월한 이론만을 이야기할 수 없게 된다. 이론도 어렵고 실천도 역시 힘들다. 이 둘을 하나로 통합하려는 용기 있는 지식인의 자기 헌신적 노력 덕택에 한국 사회는 그래도 지금까지 발전해 왔다. 여전히 산적한 과제 앞에 서 있는 이 시대 이 민족의 예비 지식인은 그래서 이론과 실천을 함께 연마하며 '아닙니다'를 주장할 수 있는 사람(Nein-Sager)이지, '교수'로 얌전히 조련되어 '그렇습니다'만 복창하는 사람(Ja-Sager)은 아닐 것이다.

'사회 원로'의 조건

'예비 지식인'과는 정반대로 '사회 원로'라는 용어가 있다. 이 집단은 사회적 갈등이 첨예화된 상황 속에서 여론 형성에 비교적 큰 영향을 미친다. 그러나 이 집단에 속하는 개인이 지녀야 하는 능력이나 자질 또는 조건에 대해 명확한 규정이 있는 것은 아니다. 대개 연령, 사회적 경륜, 학식, 전문성, 직업 등을 감안해서 이미 사회적으로 일정한 영향력을 지니는 사람들을 하나의 집단으로 묶어 '사회 원로'라고 부르는 것 같다. 따라서 상황에 따라서 자칭 또는 타칭으로 이 집단에 속하게 된 사람을 두고 자격 시비도 따르고 그들의 집단적인 발언이나 행동에 대해 지지나 반대도 있으며, 아예 냉소나 무관심을 표명하는 사람도 많다.

로마제국 시기의 '원로'(senator)도 '나이 든'(senex)이라는 라틴어 어원에 유래를 두고 있고 현역에서 은퇴하고 나서도 막강한 정치적 영향력을 계속 행사한 집단을 의미했다. 그러고 보면 오늘 우리가 사용하는 '사회 원로'라는 뜻과도 그리 거리가 먼 개념은 아니다. 이런 전통은 영국이나 이탈리아처럼 상원제로 제도화되기도 했다. 특히 이탈리아에서는 '종신상원'이라는 제도를 두고 '피아트' 자동차 회장 아그넬리(Umberto Agnelli) 등 극소수 사람만이 그러한 영예를 누렸다. 일본도 메이지유신 이후 이와 비슷한 '원로원'을 두어, 가령 이토 히로부미(伊藤博文)처럼 몇 명의 비중 있는 공신에게만 '원로'의 자격을 부여했었다.

물론 우리 사회에서 이야기되는 '사회 원로'가 그렇게 직접적으로 정치적 영향력을 행사하는 것은 아니다. 주로 '나라 걱정'하면서 사회 운영의 원칙을 강조하거나 다분히 윤리 교육자적인 역할을 하는 정도이다. '68혁명'과 같은 특별한 상황을 제외하고 사회 원로들의 집단적 발언이나 행동을 보기 어려운 서구 사회와는 달리, 한국 사회에서는 하루가 멀다하고 사회 원로를 자처하는 집단의 발언이 지면을 장식하고 있다. 어떤 의미에서는 이들의 발언 과잉 때문에 그만큼 그 사회적 효과나 파장도 줄지 않나 하는 생각도 든다.

오늘의 사회는 지식의 형태, 그리고 이를 뒷받침하는 이해와 사회적 관계가 과거보다 더 복잡하게 얽혀 있다. 또 환경오염, 생명공학 또는 '지구화'가 몰고 올 여러 가지 위험 요소들에 대한 무지(無知) 자체가 '지식사회학'의 중요한 영역이 되고 있다. 한 사회의 모든 정신적 흐름을 집약해서 총괄적으로 문제를 제기하고 해법을 제시하려는, 만하임(Karl Mannheim)이 지적한 일종의 '총체적 세계관'을 무리하게 전제할 수도 없는 상황이다. 이러한 이유에서 '사회 원로'의 발언에 대한 반응이 종종 '현실과 동떨어진 이야기'라는 냉소로 나타나게 된다.

물론 '지식기반사회'(knowledge based society)에서는 지식과 정보의 다양성과 전문성이 중요하기 때문에 도덕적 당위성에 주로 의존하는 '사회 원로'의 목소리가 이제 더는 필요 없다는 식으로 이해되어서도 안 될 것이다. 실증주의 철학의 원조, 프랑스 철학자 콩트(Auguste Comte)는 인간정신의 발달을 신학적·형이상학적 그리고 실증적 단계로 점차 진화한다고 주장했지만 '지식기반사회'에서도 종교와 신화는 여전히 과학적 지식 체계와 공존하고 있다. 성직자나 철학자가 '사회 원로'로서 발언하는 내용이 비록 전문성을 결여할 수는 있지만 우리 생활세계의 근본 문제를 제기하는 것이라면 경청해야 할 것이다.

동시에 '사회 원로'의 발언을 신성불가침한 것처럼 절대화하거나 우상화해서 이에 대한 비판 자체를 아예 '무엄하다'거나 '버릇없다'는 식으로 매도해서도 안 될 것이다. 위에서 지적한 것처럼 갈수록 복잡해지는 우리의 '위험사회'는 이미 우리가 확보하고 있는 앎의 질서는 물론, 아직 모르는 영역이 있다는 사실 자체도 충분히 공론(公論) 안에 흡수할 수 있는 열린 태도를 요구하고 있기 때문이다.

나의 삶, 나의 학문

오늘날 과거와는 달리 많은 사람이 지적 작업에 참여하고 있다. 또 '평생교육'이라는 말처럼 이에 투자하는 시간도 길어졌고 그 내용도 과거와는 비교할 수 없을 정도로 다양해졌다. 예를 들면 20세기 초엽만 해도 독일에서는 20대 중반에 박사 학위를 받고, 20대 말 또는 30대 초반에 교수 자격증을 받는 것이 드문 일이 아니었다. 그러나 지금은 보통 30대 초반에 박사 학위를, 30대 말이나 40대 초반에 교수 자격증을 받는다. 또 어떤 지식이나 정보 체계가 갖는 수명도 매우 짧아 이내 다른 체계로 바뀌거나 불멸의 진리처럼 인정받던 내용도 끊임없이 도전을 받아 수정되거나 폐기처분되기까지도 한다.

독일을 대표하는 사회학자 베버(Max Weber)가 '직업으로서의 학문'이라는 강연을 통해 강조했던 '지적 성실성'은 그때나 지금이나 중요한 덕목임에는 틀림없다. 그러나 이것이 숨 쉬어야 할 환경은 상당히 복잡해졌다. 연구하고 가르친다는 학자의 전통적인 책무는 변함없지만 대학이나 연구실의 울타리는 '지구화'의 파고 속에서 이미 무너져 '상아탑'이라는 말로 상징되었던 속세 초월적 분위기는 이제 옛이야기가 되었다.

필자가 독일 유학 생활을 시작한 1967년의 하이델베르크대학은 비교적 조용했다. 그다음 해에 프랑크푸르트대학으로 옮긴 나는 세계를 흔들었던 '1968년'을 바로 그의 진원지에서 경험하게 되었다. 물론 한국에 있을 때도 현실 정치 문제에 관심이 많았지만 이때의 지적 충격은 그 이후의 내 삶과 학문에 결정적인 영향을 주었다. 중국의 문화대혁명과 베트남의 민족해방 투쟁 역시 나의 지적 호기심을 부추겼으며, 동시에 이론과 실천의 상호 관계 해명이라는 철학의 영원한 과제도 항상 내 머리를 떠나지 않았다. 이때부터 나의 강의와 연구 생활도 주로 비교사회주의와 사회철학을 중심으로 이루어졌다. 이와 더불어 미학과 예술사회학에 대한 관심도 결코 적지 않은데 이는 그림을 좋아했던 어릴 적부터의 내 취향이 작용했다.

우리가 지금 이야기하는 학문은 주로 서양의 언술 체계에 의거하고 있기에 이것이 요구하는 언어와 논리 체계의 훈련은 불가결하다. 도구 없이 맨손으로 물건을 만들 수 없기 때문이다. 그러나 이 도구를 어느 정도 숙련도 있게 다루기까지는 실로 너무나 많은 시간과 정력이 소요된다. 목적과 수단이 뒤바뀔 정도다. 전공 못지않게 부전공도 중요하기에 철학 전공에 사회학과 경제사를 부전공으로 택했으며 박사 학위는 철학 전공으로, 교수 자격은 사회학에서 받았다. 추상적인 철학과 구체적인 사회과학을 연결하기 위해서였다. 학문이란 한 우물만 파야 하는 것이란 주장이 있지만, 나는 오히려 크고 작은 많은 물줄기들이 서로 만날 수 있도록 여러 물길을 동시에 열어야 한다고 생각한다. 학자가 지상에 남기고 갈 수 있는 것 가운데 가장 값진 것은 역시 좋은 논문과 저서다. 물론 여러 분야의 지식을 통합해 좋은 책을 쓰고 논문을 쓰는 작업은 특별한 내공이 있어야만 가능하기 때문에 욕심처럼 진척되지는 않는다.

2003년 가을, 서울 땅을 꼭 37년 만에 밟고 예상치 못한 광풍에 시달렸을 때, 이른바 학계의 '원로'라고 불리는 사람에서부터 이름도 처음 듣는 젊은 교수들까지 보수 언론 매체에 동원되어 '경계인'이라는 단어를 문제 삼았다. 그들 대부분 외국 유학을 했기 때문에 누구보다도 이 단어의 의미를 잘 이해할 수 있으리라 생각했는데 사실은 전혀 그렇지 못했다. 이들의 해석에 의하면 '경계인'은 '기회주의자'에 지나지 않는다. 남과 북 어느 한쪽을—더 정확히 표현하면 남쪽만을—택하지 않고 자신에게 유리한 상황을 가늠하며 양쪽에서 이익을 취하려 든다는 것이다. 경계선의 이쪽과 저쪽,

같음과 다름을 동시에 아우르는 '생산적인 제3자'로서 '경계인'이란 개념은 애초부터 이들의 인식 세계에는 존재하지 않는 것으로 보인다.

요즈음 '유목민'이니 또는 '흐름 속의 정체성'이니 해서 한 인간이 지닐 수 있는 정체성이 일생에 걸쳐 다양하게 변할 수 있다는 사실이 강조되고 있다. 그러나 내가 강조하는 '경계인'으로서의 정체성은, 이념이 사라진 텅 빈 자리를 메우는 '정보화'나 '세계화' 시대의 '다양한 정체성'이 아니다. '탈역사'나 '탈현대'를 이야기하는 '중심부'에서는 '역사', '민족', '제3세계' 등이 대개 시대에 뒤떨어진 이야기로 치부되고 있다. 이런 분위기 속에서도 여전히 그러한 개념들을 계속 이야기하는 것이 조금은 '촌스러운 짓'인줄 알면서도 계속 강조할 수밖에 없는 이유 중 하나는 학문적 유행을 열심히 좇다가 나중에는 자신의 정체성마저 잃어버리는 학자들을 내 주위에서 많이 보았기 때문이다.

경계선 그리고 '경계인'

분단된 한반도의 남과 북, '세계사회'의 중심부와 주변부, 그리고 동서양의 사상을 연결하는 '학문공동체'를 건설하는 작업은 나에게 있어서 무엇보다도 중요한 과제다. 현재 남과 북을 잇는 '학문공동체'가 뜻하지 않게 난관에 봉착했지만 이의 빠른 복원은 꼭 필요한 일이다.

경계선은 원래 진투적인 개념이다. 이쪽과 저쪽을 가르는 선으로서 공격과 방어를 가르는 배타적 개념이다. 손가락질을 하며 가리키는 경계선의 저쪽은 이미 내가 있는 이쪽에 대립해서 존재하는 위협적인 공간이다. 이처럼 이쪽은 이성적인데 이와 반대로 저쪽은 비이성적이거나 야만적이라고만 대비시켜 보는 태도는 많은 문제와 논란을 불러일으켜 왔다.

그러한 경계가 선이 아니라 면이나 공간이라면 문제는 달라진다. 경계면이나 경계공간은 이미 이쪽과 저쪽 사이에 자리 잡을 수 있는 제3의 어떤 존재를 말하는 것이기 때문이다. 물론 서로 배타적인 이쪽과 저쪽은 대체로 이러한 제3의 존재를 애써 무시하려 들거나 아니면 그것이 자신에게 불리한 결과를 가져오지 않을까 불안해하기도 한다.

불교의 초기경전 『쌍윳따니까야』는 검은 소와 흰 소가 하나의 밧줄에 묶여 있을 때 사람들은 이를 보고 대개는 흰 소가 검은 소에, 아니면 검은 소가 흰 소에 묶여 있다고 말하지만, 사실은 두 마리의 소를 묶은 것은 밧줄이라고 가르치고 있다. 여기서 밧줄이란 것도 제3의 어떤 것이란 의미가 있다. 같은 맥락에서 프랑스의 수학자 세르(Michel Serres)는 신인가 악마인가, 배제인가 통합인가, 긍정인가 부정인가라는 질문에 대해 우리는 이 둘 사이에 있는 끈으로부터 대답을 찾아야 한다고 주장한다. 그러면서 0과 1 사이에는 무수히 많은 가치가 존재하고 있다는 사실을 거듭 강조한다. 제3의 무엇을 인정하는 이러한 태도는 불확실성이나 애매성을 전제하는 것이기도 하다. 따라서 이것이냐 저것이냐를, 그것도 당장에 빨리 결정해야 한다고 믿는 사람들에게 이러한 논거는, 현실을 모르는 이상주의자의 헛소리거나 아니면 중간에서 미적거리는 기회주의자의 억지소리처럼 들릴 수도 있다. '경계인'이 때로 비극의 주인공이 되는 것은 바로 이러한 태도로부터 비롯된다.

유감스럽게도 '경계인'이라는 개념이 바로 그렇게 곡해되는 것이 우리의 현실이다. '경계인'이라는 단어가 일상적으로 두루 사용되고 있고, 그것도 긍정적으로 이해되고 있는 유럽과는 상당히 다르다. 가령 기존의 학문 영역의 경계를 넘어 새로운 분야를 개척하거나 아니면 여러 문화의 접촉을 통해서 새로운 문화나 예술의 영역을 찾아가는 경우 늘 '경계인'이라는 개념이 뒤따른다. 이는 사회나 경제생활의 영역에서도 마찬가지다. 예를 들면 접경 지역에 사는 독일인이 매일 국경선을 넘어 이웃인 프랑스나 스위스 땅에서 일하고 퇴근해서 자기 집에 돌아오는 경우 이들을 일컬어 '경계인'이라고 한다. 우리 주변에서도 머지않아 그런 '경계인'들을 볼 수 있을지 모른다. 예를 들면 개성공단에서 일하는 남쪽사람들이 바로 그러한 '경계인'들이 아니겠는가.

　'경계인'은 기존의 경계선을 허문다. '경계인'은―시인 김지하의 말을 빌리자면―이쪽과 저쪽이 모두 숨 쉴 수 있는 틈을 만드는 사람이다. 이 틈을 열고자 경계인은 이쪽 안에서 저쪽을 발견하고 저쪽 안에서 이쪽을 발견하는, 쉽지 않은 작업을 해야만 한다. 다름이 있어야 같음이 드러나고 같음이 있어야 다름이 드러난다고 원효의 '화쟁'(和諍)은 가르치고 있다. 내 것이 이질적인 것과, 이질적인 것이 내 것과 서로 교차한다는 것을 배워야 한다고 메를로퐁티의 '애매성의 철학'은 말하고 있다. 여기에 '생산적인 제3자'로서의 '경계인'이 갖는 철학의 핵심이 놓여 있다.

　남과 북을 가르는 휴전선이라는 경계선의 틈을 열어 서로 숨 쉴 수 있는 공간이 되게 하고 이 공간을 다시 전 한반도로 확장시켜 평화로운 삶의 공간을 만들려면, 우리는 먼저 이쪽이냐 저쪽이냐는 식의 관습적으로 사용하는 일차원적 경계 개념으로부터 우리 스스로 해방해야 한다. 이제 이쪽과 저쪽 사이에 있을 수 있는 제3의 그 무엇을 생각할 수 있는 여유를 가질 때가 되었다. 물고기가 물속에서 살고 있지만 상대적으로 보면 대기 밖에 살고 있는 존재이며, 새는 대기 속에서 살지만 보기에 따라서는 물 밖에 살고 있는 존재로 바라볼 수 있다. 이렇게 경계선의 이쪽과 저쪽을 아울러 볼 수 있는 그러한 여유를 이야기해야 한다.

앞으로 여러 경계선이 더욱 많이 교차하면서 다른 분야도 그렇겠지만 학문 분야에서도 더 많은 '경계인'들이 배출될 것이다. 사실 학제 간 연구는 이제 일상적인 일이 되었다. 자연과학과 사회과학 그리고 인문과학이 서로 만나 공동체의 바람직한 미래를 위해 함께 토론하고 연구하는 것은 자연스러운 일이다. 합리적이지만 그렇다고 해서 독선적이지 않고, 학문적이지만 그렇다고 해서 개별 학문만을 맹신하지 않는 열린 '학문공동체'를 세울 수 있어야 한다.

지금까지 한국 학계를 지배해 온 오랜 관습과 타성은 합리적이고 열린 사회를 기대하는 미래의 학자들에게 여러 가지로 어려움과 실망감을 안겨주었다. '직업으로서의 학문'은 '직장으로서의 학문' 이후에나 꺼낼 수 있는 사치스러운 이야기라는 것도 잘 알고 있다. 그러나 학문이 진정한 '소명'(召命, Berufung)이 되려면 어차피 먼저 '직업'(職業, Beruf)이 되어야 하니 특별히 비관할 것까지는 없다고 생각한다. 대학 문화와 사회의 지적 분위기를 일거에 쇄신했던 유럽의 '1968년'과 같은 충격이 한국의 대학 사회에도 필요하다는 이야기를 자주 듣는다. 다른 한편, 신자유주의적 지구화의 압박이 대학이라고 해서 비켜 가지 않기 때문에 그와 같은 신선한 충격이 현실적으로 불가능하다는 체념 섞인 소리도 들린다. 그럼에도 변화는 올 것이고 그것도 내부에서 그리고 밑으로부터 나올 수밖에 없을 것이다. 이 점에서 나는 낙관하고 있다.

젊은 학자들을 주축으로 운영되고 있는 크고 작은 학회와 토론회 그리고 이 결과를 공론화하는 방법과 매체도 다양해지고 있다. 이론을 위한 이론이 아니라 사회의 민주화와 더불어 넓어진 시민사회의 활동 공간에서 제기된 문제를 풀고자 여러 사람의 이러저러한 생산적인 모색도 계속되고 있다. 물론 영어 공부와 고시 열풍이 오늘의 대학 문화를 지배하고 있다는 것을 알고 있다. 누구나 다 '직업으로서의 학문'을 택할 수 없는 것이 현실이다. 그럴수록 창조적 소수의 노력과 지성, 그리고 성실성이 대학과 학문의 미래를 좌우할 수밖에 없게 된다. 얼마 전 세계를 떠들썩하게 만들었던 배아줄기세포 연구 결과의 진위를 둘러싼 논란이 일 때, 한국의 젊은 과학자들이 밝혀낸 진실과 용기 역시 바로 그러한 낙관의 한 근거다.

학문과 정치 그리고 표절

2006년 8월, 논문을 둘러싼 시비 끝에 김병준 교육부총리가 취임 13일 만에 퇴진했다. 최근에는 시민사회운동의 지도자의 한 사람이었던 이필상 교수도 논문 표절 시비 끝에 고려대학교 총장직을 56일 만에 내놓았다. 중요한 쟁점들에 대해 본인은 사회가 납득할 수 있을 정도로 충분히 해명했으나 정치적 파장과 정상적인 업무 수행의 불가능 때문에 사퇴를 결심했다고 한다. 고금동서를 막론하고 도덕적으로 지탄의 대상이 되는 논문이나 예술 작품의 표절 시비가 정치 문제는 물론, 대학 운영의 문제에까지 직접 비화한 경우라고 볼 수 있다.

표절 문제는 특히 인터넷 문화의 확산으로 심각해졌다. 내가 가르치고 있는 학과에도 이 문제를 전담하는 동료가 표절 의혹이 제기된 학생들의 리포트나 논문을 집중적으로 검증한다. 만약 완전 또는 부분 표절 사실이 발견되면 제출된 리포트나 논문은 실격 내지 무효로 처리된다. 학생들은 그렇다손 치더라도 교수들은 표절 시비로부터 자유로운가. 표절이나 중복 게재 문제가 최근까지도 종종 제기되고 있는 것을 보면 반드시 그렇지만은 않은 것 같다.

"책 한 권에서 베끼면 표절이 되고, 두 권에서 베끼면 수필이 되고, 세 권에서 베끼면 편집이 되고, 네 권에서 베끼면 논문이 된다"는 미국의 희곡작가 미즈너(Wilson Mizner)의 풍자 섞인 지적처럼 표절과 독창적 논문 사이의 거리는 사실 그렇게 멀지 않을 수도 있다. 출처를 분명히 밝히면 될 문제를 숨기거나 또는 적당히 넘어가는 이유 중의 하나는, 표절이 남의 지적 소유물에 대한 절취 혹은 의도적 절도 행위로 여겨지지 않고 일종의 '신사(紳士)적 일탈 행위' 정도로 가볍게 취급되는 사회적 관행에 있다. 동서양을 막론하고 지적 성실성이 학자에게 가장 중요한 덕목임에는 두말할 필요가 없다. 이번 사태를 계기로 언론계나 정계도 자신의 영역에서 요구되는 윤리적 원칙들이 지금까지 얼마나 성실하게 지켜졌는지, 한번쯤은 뒤돌아보아야 한다.

1차 세계대전의 패망과 더불어 시작된 혁명의 와중에서 베버는 '직업으로서의 정치'(1919)와 '직업으로서의 학문'(1922)을 주제로 한 강연에서, 정치인에게는 '정열', '책임감' 그리고 '판단력'을, 학자에게는 영감(靈感)을 일으킬 '정열'을 중요한 덕목으로 제시한 적이 있다. 물론 당시의 독일적 상황과 오늘의 한국적 상황을 등차(等値)시킬 수도 없고, 또 그가 요구한 '가치중립적'(價値中立的)인 입장이 반드시 정당한 것만은 아니지만 '정열'을 학자와 정치인 모두에게 요구되는 덕목으로서 꼽은 점은 흥미롭다.

정열(Leidenschaft)은 어떤 의미에서 사랑이다. 진리에 대한 사랑이 학자에게는 정열을, 민족과 국가 그리고 사회에 대한 사랑이 정치인에게는 정열을 갖게 한다. 그러나 이러한 정열이 너무 지나치면 독선으로도 흐를 수 있다. 그래서 베버는 정치인의 덕목인 정열을 '사실성으로서의 정열', 학자의 덕목인 정열도 '예언자나 선동가'의 열정이 아니라 '교사'의 정열이어야 한다고 주문한다. "절제된 정열은 우리 정신을 자유롭게 만들지만 지나친 정열은 우리 정신을 오히려 소진시킨다"는 프랑스의 소설가 스탕달(Stendhal)의 이야기도 결국 같은 의미를 전달하고 있다. 긴장감과 거리감까지 자신 속에 담을 수 있는 절제된 정열이 없이는 날이 갈수록 심화되는 사회의 관료화 속에서 학계나 정계 모두 '굳어진 정신'에 의해 지배당하게 된다. 그 결과는 표절 시비에 휩싸여 생명력을 잃은 학문이나 파당 싸움으로 인해 실종된 정치만을 남기는 것이 된다.

이런 현실 때문에 필자는 민족에 대한 뜨거운 사랑과 예술적 정열을 하나로 만든 두 사람의 귀감을 기억하게 된다. 윤이상 선생과 시인 하이네이다.

예술과 정치

2005년 늦가을, 윤이상 선생의 타계 10주기를 기념하는 행사가 남과 북, 그리고 고인이 잠들고 있는 이곳 베를린에서도 있었다. 윤 선생이 영면하던 날은 찬 눈보라가 매섭게 몰아쳤었다. 이번 기념행사는 그 찬 눈보라 대신에 결코 흔치 않은 쾌청한 늦가을 날씨에 이루어졌다. 마치 지난 10년 동안 고인을 둘러싼 사회적 분위기의 급변을 상징하는 것 같은 날씨였다. 물론 국가 공권력이 고인에게 가한 부당한 박해에 대해 아직 공식적인 사과나 복권 조치가 이루어지지 않았지만, 고인의 예술 그리고 이 예술이 고귀하게 승화시킨 민족에 대한 그의 뜨거운 사랑에 대해서만큼은 폭넓은 이해가 이루어졌던 것이 그간의 사실이다. 정말 다행스러운 일이다.

필자가 고인과 나눈 숱한 대화의 대부분은 예술은 물론, 우리의 민족 현실에 대한 내용이었다. 물론 철학자와 예술가가 만나 민족문제를 논할 때는 현실 정치인들끼리 만났을 때와는 다른 흐름이 그 기저에 놓여 있다. 이 기저는 니체가 이야기했던 지배적 가치나 도덕 체계, 나아가 현실 정치의 질서를 파괴하는 철학자의 '지독한 귀족주의'나 안하무인격인 예술가의 '예술적 폭정(暴政)'이 결코 아니다. "정치는 예술을 대신할 수 없지만, 예술은 정치를 대신할 수 있다"는 서독의 초대 대통령 호이스(Theodor Heuss)의 주장에 고인이나 필자도 공감했었다. '정치의 심미화(審美化)'가 아니라 일종의 '심미적 체험의 정치화'에 대한 동의라고 볼 수 있다. 일상적 체험이 아니라 새로운 전망을 열어 주는 신선한 심미적 충격이 상상력이 결여된 지루하고 지저분한 정치를 혁파하는 것으로 이어지기를 기대했기 때문이다. 그러나 이 같은 '심미적 체험의 정치화'도 유럽에서처럼 개인주의에 기초한 것이 아니라 집단적 체험으로부터 빚어진 '충격의 미학'이었기에 우리의 대화에서 민족문제는 사라질 수 없었다.

그러나 유럽에서는 민족문제를 예술과 정치를 매개로 해서 제기한다는 것이 곧 나치의 '정치의 심미화'로 오해되는 강한 분위기가 있다. 그렇기에 고인의 〈나의 땅, 나의 민족〉이나 〈광주여 영원히〉 같은 교향시(交響詩)가 일종의 정치적인 '프로그램 음악'으로 곡해되기도 했다. 그러나 가령 스메타나의 〈나의 조국〉이나 시벨리우스의 〈핀란디아〉도 민요, 민속춤, 설화와 같은 집단적 심미적 체험을 통해서 자기정체성을 확인하려 했다는 점을 생각할 때 고인에 대한 이러한 평가는 순전히 편견에 지나지 않는다.

사실 예술과 정치의 관계는 상당히 복잡하다. 여전히 나치 독일의 '정치의 심미화'가 대표적으로 부정적인 사례로 꼽히지만, 오늘날 미국의 대통령선거가 보여 주는 정치의 상업화 내지 상징조작도 본질적으로 이와 다르지 않다. 대량 소비사회나 정보사회에서는 정치도 상품이 되어야만 하고, 정치의 내용보다는 이의 포장 기술이 예술과 정치의 관계를 규정하고 있는 것이다. 또 '아름답다'거나 '추하다'라는 전통적인 예술의 코드보다는 이제는 어떤 분위기에 '어울린다' 또는 '어울리지 않는다'라는 새로운 코드가 더 많이 작동하고 있고, 또 일상적인 모든 사물이 곧 예술로서 해석될 수 있는 예술적 코드의 인플레이션 현상도 바로 이러한 '정치의 심미화'를 강화하고 있다.

그러나 고인이 지향한 '심미적 체험의 정치화'가 그러한 상징조작을 의미한 것은 물론 아니었고, 또 미추(美醜)라는 예술의 전통적인 코드를 완전히 버린 전위적인 체험에 심취된 것도 아니었다. 바로 고인이 지향했던 '더 많은 인간성'이라는 예술적 코드는 심미적 체험과 정치를 독특하게 하나로 통일시키는 것이었다. 고인은 민족 분단으로 야기된 비인간적인 고통을 반추(反芻)하지 못하는 심미적 체험이야말로 실로 공허하고 무책임하기가 짝이 없다고 확신했기에 불편한 몸을 이끌고서도 서울과 평양에서 통일음악제를 열었다. 그때로부터 울려 퍼진 남북의 화음은 정치적인 소음을 뚫고 아직도 우리의 귓가를 맴돌고 있다.

상상력이 메마르고 둔중하기만 한 우리의 정치 세계에 던진 고인의 예술적 충격은—흡사 창공에 흐르는 구름처럼 결코 똑 같은 모습을 보여주지는 않겠지만—앞으로도 우리를 계속 깨어있게 할 것이다.

하이네를 생각하며

2006년 독일은 '월드컵'으로도 떠들썩했지만 이에 못지않게 큼직한 문화행사로 바빴다. 고전음악의 최고 정점(頂點)이었던 모차르트의 탄생 250주년이기에 많은 연주회의 레퍼토리도 그의 음악으로 가득 찼다. 또 2006

년 2월 17일은 시인 하이네의 서거 150주년이 되는 날이었기 때문에 이를 기념하는 크고 작은 행사도 곳곳에서 열렸다.

우리는 대개 "옛날부터 전해오는 쓸쓸한 이 말이 가슴속에 그립게도 끝없이 떠오른다"라는 소절로 시작하는 독일 노래 〈로렐라이〉를 음악 시간에 배웠다. 하이네의 시에 질허(Philipp Friedrich Silcher)가 곡을 붙인 이 서정적인 노래는 라인강을 따라 오르내리는 유람선이 로렐라이 암벽 밑을 지날 때면 으레 선내의 확성기를 통해 흘러나온다. 한국이나 일본에서 온 관광객들에게도 아주 친숙한 곡인 이 노래를 통해 독일 정신사에 있어서 큰 줄기의 하나인 낭만주의가 전하는 분위기까지도 쉽게 접할 수 있다. 재미있는 사실은 독일 사람들의 경우 어느 정도 이 노래에 대해서는 알고 있지만 곡과 가사를 모두 아는 사람은 그리 많지 않다는 것이다.

나치 때 이 노래는 '작사자 미상'으로 되어 있었다. 개신교로 개종했지만 하이네는 원래 유대인이었다. 게다가 그는 프러시아 제국의 배타적 민족주의와 권위주의를 신랄하게 조롱하고 비판했기 때문에 그의 저작은 기존 질서와 관습을 파괴했다는 이유로 금서 목록에 올랐다. 나치 패망 이후에도 서독에서는 하이네를 둘러싼 논란이 계속되었다. 그가 태어난 도시인 뒤셀도르프의 대학을 그의 이름을 따서 '하인리히하이네대학교'로 명명하는 문제도 근 20년을 끌다가 1989년에야 겨우 해결되었다. 비록 그에게 많은 고통을 준 독일이었지만 하이네는 "밤에 독일을 생각하면 잠을 이룰 수 없네 / 눈 붙일 수도 없이 뜨거운 눈물이 흘러내리네"라고 조국을 향한 심정을 노래하였다.

하이네는 두 번에 걸친 짧은 조국 방문을 빼놓고는 공화주의 혁명의 본거지였던 파리에서 오랜 망명 생활 끝에 59세를 일기로 사망해 몽마르트의 묘지에 묻혔다. 묘비에는 그의 시 "어디에"가 새겨져 있다. "방랑에 지친 나그네의 마지막 안식처는 어디에 / 남쪽의 야자수 아래에 있을지 / 라인강 가의 보리수 그늘 아래에 있을지 / 어떤 사막에서 모르는 사람들에 의해서 매장될는지 / 어떤 바닷가의 모래 속에서 안식처를 찾을지 / 그 곳이든 이 곳이든 어디에 있든지 하늘에 둘러싸여 있겠지 / 별들은 나의 무덤을 비추이는 등불이 되겠지."

파란만장한 하이네의 삶의 뿌리에는 여러 경계선들이 서로 엉켜 있다. 유대교과 기독교, 프랑스와 독일, 독일과 유럽, 혁명과 반동, 계몽과 반계몽, 민주주의와 권위주의를 가르는 경계선은 물론, 낭만주의와 사실주의, 시와 산문의 경계선까지도 자리 잡고 있었다. 이렇게 많은 경계선들이 부딪히는 긴장을 항상 예리하게 느끼면서도 그는 얽매이지 않는 자유스러운 정신과 착취 없는 평등한 사회를 갈구하며 투쟁했다. 그의 깊은 고뇌의 흔적들은 주옥같은 작품으로 남았다.

살아 있을 때는 말할 것도 없이 죽은 이후에도 그를 박해했던 프러시아 제국과 나치 독일의 수도 베를린은 동서독의 통일 이후 '인간성의 해방을 위한 전쟁의 용감한 전사'이자 탁월한 '혁명시인'이었던 하이네를 위해 기념 조형물을 복원해서 그가 한때 공부한 홈볼트대학교의 근처에 다시 세웠다. 여기에는 "우리가 이념을 거머쥔 것이 아니네. 오히려 이념이 우리를 거머쥐고 있네, 이념을 위해서 싸우도록 강요된 검사(劍士)로 우리들을 단련시켜 투기장(鬪技場) 안으로 밀어 넣은 것이야"라는 그의 시적인 경구(警句)도 새겨져 있다.

이념은 인간을 위해 존재하는 것이지 거꾸로 인간이 이념을 위해 존재하지 않는다는 하이네의 이 경고는, 민족 분단의 골과 사회적 갈등을 여전히 확대재생산해 온 '과잉된 이념의 시대'에 아직도 머물러 있는 우리에게 깊은 뜻의 메시지를 전하고 있다.

2. 돈의 철학, 정치의 동학 그리고 사회의 미학

돈의 철학

37년 만에 귀국했다가 뜻하지 않게 서울구치소에서 맞았던 설날 아침, 방안 스피커를 통해서 '부자 되세요', '돈 많이 버세요'라고 하는 여성 아나운서의 명랑한 목소리의 새해 인사가 흘러나왔다. 새해 덕담으로 그런 내용의 인사가 상당히 일반화되었다는 것을 후에야 알았다. '재물 불리기'나 '돈 벌 욕심' 정도로 이야기되었더라면 곧 알아들을 수 있었을 단어인 '재테크'니 '부자 마인드'도 그곳에서 처음 들었다.

인류가 돈을 교환과 지불 그리고 가치 저장 수단으로 사용한 이래 동서고금을 막론하고 돈에 대해서처럼 많은 이야기가 있는 주제도 별로 없는 것 같다. 우리말의 돈의 어원이 '돌다'에서 유래했다는 설이 있고, 또 독일에도 '돈은 물보다 더 빨리 흐르고 공기보다 더 가볍다'라는 속담이 있는 것을 보니 흐름이 돈의 본질적 속성이라는 것은 틀림없는 것 같다. 돈의 흐름 속에서 모든 것이 상품이 되고 그 돈을 사용하는 인간도 그 흐름에서 쉽게 빠져나올 수 없다는 것이다.

인간 생활에 필요해서 생긴 돈이 마침내 인간을 지배하게 된 자기모순을 지적하고 이를 극복해 보려는 종교의 가르침도 있었고, 정치적 이론과 실천도 있었다. 부자가 천국에 들어가는 것은 낙타가 바늘구멍 속으로 들어가는 것보다 더 어렵다는 성경 속의 가르침이나 착취와 비인간화의 상징인 화폐를 폐지하고 그 대신에 '프롤레타리아 현물경제'를 도입했던 러시아의 '전시공산주의'(1918~21)의 실험도 각각 그러한 예에 속한다.

"나는 어렸을 적에 돈이 삶에서 가장 중요하다고 생각했다. 그 생각이 옳았다는 것을 이제 늙어서 알게 되었다"라고 술회한 오스카 와일드(Oscar Wilde)의 솔직한 고백은 바로 돈이 가치를 잃어버릴 때만 인간성이 회복될 수 있다는 통념을 비판하고 있다. 모든 것을 가질 수 없는 그러한 돈은 애초부터 돈으로서 가치가 없기 때문이다. 또 "인간은 그가 죽는다는 것을 유일하게 아는 생물체이면서 동시에 유산(遺産)이라는 이름으로 죽은 후에도 돈을 계속 관장하려는 비밀스런 상상력을 가진 존재다"라는 볼테르(Voltaire)의 지적처럼 삶에 있어서 절대적 가치로 전제된 돈은 죽음까지도 극복하려는 엄청난 욕망을 지니고 있다.

돈의 형이상학적 본질을 '모든 가치의 가능성을 모든 가능성의 가치'로 만드는 절대적 수단에 있다고 파악한 독일의 철학자 짐멜(Georg Simmel)은 그의 방대한 저서『돈의 철학』속에서 우리는 삶의 수단이어야 할 돈이 삶의 목적이 되고 있는 현실을 받아들여야 하지만, 이 수단을 우리 삶의 심미적(審美的)인 질을 적극적으로 고양시키는 전제로서 삼아야 한다고 강조한다. 돈이 모든 것은 아니다. 그러나 돈 없이는 많은 것이 불가능하다. 단, 돈은 어디까지나 고상한 인격과 품위를 지키는 수단이 되어야지 천박스런 삶을 영위하는 수단이 되어서는 안 된다는 것을 그는 주장하면서, 돈이 만들어 내는 평준화 속에서 흔들리지 않는 높은 인격의 질(質)을 변호하고 있다.

'우리 모두 부자 마인드를 키워 부자되어 봐요'라는 말이 '돈의 철학'의 전부를 설명하는 현실 속에서 '돈의 철학'이 '삶의 철학'과 하나가 되어야 한다는 요구는 먼 나라 이야기처럼 들릴 수도 있다. 부정한 수단과 방법을 동원해서라도 돈을 벌고, 쌓아 놓은 돈을 죽음의 문턱을 뒤로하고서도 계속 관리하고 싶은 인간의 무한한 욕망을 완전히 억제한다는 것은 예나 지금이나 불가능하다. 그럼에도 불구하고 사회 구성원 사이에 '돈의 철학'과 '삶의 철학'을 최대한 서로 근접시키는 사회적 약속은 가능하다. 그러한 가능성을 그저 부자에 대한 가난한 자들의 집단적 보복 심리에 의거한 발상으로 여기는 한, 우리 사회에서 자주 이야기되는 이른바 높은 사회적 신분에 걸맞는 도덕적 의무를 요구하는 노블레스 오블리주(noblesse oblige)는 단지 그림의 떡일 뿐이다. 돈의 철학의 핵심이 바로 여기에 있다.

정치적인 것의 의미

얼마 전 서울로부터 편지가 왔다. 온갖 계층이 발산하는 불협화음 속에 이 나라가 도대체 어디로 가고 있는지 모르겠다는 내용을 담은 편지였다. 걸핏하면 우국충정을 앞세운 이른바 '보수 우익'에 속하는 사람이 아니라, 시민사회운동의 일선에서 어느 누구보다 노 대통령의 당선을 위해 많은 수고를 했던 사람으로부터의 소식이었다. 이른바 '통치불능'(Unregierbarkeit)까지는 아니더라도 적어도 사회 전반이 상당히 어수선하다는 인상을 그 편지를 통해 나는 강하게 받았다. 무엇보다도 경제가 전반적으로 어려워지고, 따라서 대졸자의 취업도 갈수록 어려워지는 상황이라고 한다. 유럽에서는 냉전의 종식과 더불어 사회적 갈등도 '탈(脫)이념적' 성격을 띠게 되었고 그러한 갈등의 해결도 정책적으로 현실화할 수 있는가 없는가하는 데 초점이 맞추어지고 있다. 그러면 한국적 상황은 어떤가? 여전히 냉전형의 이념 전선을 사이에 두고 개혁과 보수 세력은 과거처럼 대치하고 있다. 이러한 분위기는 연말 대선을 앞두고 더욱 기승을 부릴 것 같다. 정치 과잉의 해를 맞아 한국적 상황 속에서 정치의 의미를 그래서 한번 되새겨 본다.

한국에서도 사회 전체의 첨예한 이해관계가 걸린―이라크 파병 문제, 대통령 탄핵이나 수도 이전과 같은―중요한 정치적 문제들을 독일의 경험을 좇아 1988년부터 설립된 헌법재판소로 끌고 들어가는 일이 생겼다. 정치 문제도 합헌과 위헌 판결을 통해서 보다 민주적으로 순화하자는 뜻에서다. 오래 전부터 독일에서는 사회적으로 큰 문제들을 정치적으로 적극 해결하려들지 않고 걸핏하면 이를 헌법재판소로 끌고 들어가는 현상이 많았다. 이를 두고 그러면 정치와 정치인은 도대체 무엇을 위해서 존재하고 있는가 라는 혹독한 비판을 받기도 했다. 한국의 정치인들이 '헌법적'으로 정치적 문제를 해결하려 드는 몇 가지 지난 사례를 보면서 나도 비슷한 생각을 하게 되었다. 특히 정치인을 향해서 긍정적이기보다는 부정적 인식이 일반적으로 자리 잡고 있는 한국 사회에서 정치가 법에 의존한다는 발상이 어딘지 모르게 부적절하게 느껴졌기 때문이다.

정상적인 상태에서 원래 정치는 '권력'과 '무권력', 법은 '적법성'과 '불법'성'이라는 전혀 다른 양가(兩價)적 코드(Code)에 따라 다르게 작동하게 된다. 하나의 예를 들어 보자. 몇 년 전 김대중 대통령이 북에 대한 '비밀송금'을 '통치권'(統治權)적인 결정이었다고 하자 이를 마치 전제군주나 할 수 있는 행동으로 보려는 사회적 분위기가 강했다고 들었다. 이러한 분위기는 이른바 '시민사회운동'을 하는 쪽에도 마찬가지였던 것 같았다. 이러한 분위기를 전해 들었을 때 나는 독일 바이마르공화국의 혼란 속에서 '비합리성'이 지니는 혁명적 힘을 무시했던 이른바 '좌파'의 단견(短見)을 철학자 블로흐(Ernst Bloch)가 질타(叱咤)하면서 '신화(神話)를 파괴하고 또 동시에 이를 구원하는 빛'(Zerstörung, Rettung des Mythos durch Licht)에 대한 이야기를 했던 사실을 상기했다. 사실 '적법성'과는 거리가 멀게 살아왔던 우리 사회의 보수 우익이 제기했던 '사법적' 차원의 문제를 넘어서서 오히려 정치는 '예외적인 것'을 능동적으로 산출하는 것이라는 적극적인 주장을 왜 펴지 못했었는지를, 나는 아직도 이해할 수 없다.

백가쟁명(百家爭鳴)의 정치 상황은 민주적이면서도 동시에 혼돈과 불안의 상황일 수 있다. 이러한 모순적 상황을 빌미로 보수 우익은 늘 '안정과 질서'를 앞세운다. '규범적인 것'보다 '예외적인 것'을 선택한 국민이 대다수였기에 노무현 씨가 대통령에 당선되었던 것이다. 그런데 국내외적으로 이러한 '예외적인 것'을 '규범적'이고 '정상적인 것'으로 되돌리려는 시도는 집요했다. 나는 묻고 싶다. 심지어 '비정상적인 인간'으로까지 묘사되고 희화(戱畵)화된 대통령의 자리를 채울 차기 대통령은 그러면 얼마나 '정상적'이어야만 하는지를. 자유시장경제의 합리성과 이의 적법성으로 유지되는 이른바 '정상적인 상태'가 결국 얼마나 '비정상적인' 상태를 지속적으로 재생산하고 있는지를 최근의 부동산 사태나 '한미자유무역협정'이 단적으로 보여 주고 있지 않은가.

독일 바이마르공화국의 혼란기, 공법학자 슈미트는 그의 『정치신학』(Politische Theologie)의 첫 구절에서 "주권(主權)은 누가 예외적인 상태를 규정하는가에 달려 있다"라고 강조한다. 나는 우리의 현 정세도 아직은 이러한 '예외적인 상태'에 속한다고 생각한다. 따라서 정치는 일상적 관습의 벽을 부수고 새로운 규범을 창출하는 일종의 예술이 되어야만 한다. 실존적인 진지성(眞摯性)이 결여된 일상적 행위의 연장선에서 이루어지는 지루하기 짝이 없는 정치로써는 사회의 착종된 갈등도 풀 수 없고, 한반도의 평화와 통일이라는 빛도 보여 줄 수 없다.

헌법 개정 논의를 보면서

독일에서는 지금 일 년 넘게 보수 기민당과 사민당의 대연정이 집권하고 있다. 초기의 우려보다 상대적으로 안정되어 가고 있는 대연정이지만 독일에서는 대체적으로 대연정에 대해서 조심스럽게 접근하는 분위기가 아직도 강하다. 대연정은 바이마르공화국의 혼란기에 있었고, 전후에는 연방정부 차원에서 기민당의 키징거(Kurt Georg Kiesinger) 총리와 사민당의 브란트(Willy Brandt) 외상이 이끌었던 대연정이 1966년 말부터 1969년 사이에 한 번 있었다. 바로 이 대연정이 1968년 독일 사회를 송두리째 뒤흔들었던 강한 원외저항(APO)을 불러일으켰다. 서로 경쟁하는 두 거대 정당 간에 있어야 할 필수적인 정책 대결에 근거한 의회민주주의 역동성의 소멸은 결국 의회 밖으로부터 강한 압력과 도전을 받을 수밖에 없었기 때문이었다. 세계화라는 엄청난 압력 앞에서 독일적 복지국가의 총체적 개혁이라는 어려운 과제 앞에 여야가 힘을 합하는 것이 무엇이 잘못인가라는 논거로써 대연정을 옹호하지만, 정당정치와 의회민주주의의 약화에 대한 쓴 경험들은 먼저 대연정의 득보다는 실을 의식하지 않을 수 없게 만들었다.

얼마 전에 있었던 대연정에 대한 노 대통령의 구상과 이를 둘러싼 논쟁을 멀리서 바라보면서 당시 몇 가지 생각을 떠올렸다. 우선 내각책임제가 아니고 대통령중심제인 한국에서는 독일의 대연정(grosse Koalition)보다는 프랑스의 동거정부(cohabitation)라는 표현이 더 정확하다. 다른 정당 출신의 대통령과 수상이 함께 구성하는 정부 형태로서 사회당의 미테랑 대통령아래서 두 번, 그리고 시라크 대통령 집권 시기에 한 번의 동거정부 경험이 있다. 이제는 대통령과 국회 임기를 다 같이 5년으로 만들어 이러한 불편한 동거정부의 재등장을 막아 보려고도 하고 있다. 또 다른 문제는 대연정의 필요성에 대한 논의의 내용이다. 고질적인 지역감정이 정당정치의 정상적인 발전을 저해하기 때문에 지역적 구도를 넘어서는 대연정의 필요성이 이야기되고 있는 데 대하여, 정당정치가 제대로 발전하지 못했기 때문에 한국 정치가 지역 구도에 묶여 있다는, 원인과 결과에 대한 정반대의 해석이 있다. 그러나 둘 다 원인과 결과를 너무 단선적으로 파악하고 있다. 지역주의와 정당정치의 실종은 동전의 양면으로서 어디까지나 동시적인 해결 과제다.

새로운 시대의 도전에 부응할 수 없는 현재의 정치 구조를 근본적으로 혁파하기 위한 화두로서 던진 대연정이라면 무엇보다도 내각책임제 개헌과 선거법의 전면적 개정도 동시에 제기되어야만 했었다. 45년 전의 짧고, 또 부정적인 인상만을 남긴 내각제였지만 이제는 '제왕적 대통령'에 의존하는 정치문화도 꽤 약화되었다. 지역주의를 타파하고 정책정당을 육성하기 위한 방안의 하나로서 독일식의 '정당명부제'를 도입하는 것도 고려해 볼 문제다. 자기 지역구의 국회의원을 뽑는 첫 번째 칸보다는 어떤 정당에 자기 표를 던지는 지를 표시하는 두 번째 칸의 의미를 특별히 돋보이게 하는 독일의 투표용지를 다시 한번 떠올리면서 대연정의 한국적 조건에 대해서도 한번 생각해보게 된다.

최근에는 대통령 4년 연임제를 골자로 한 헌법 개정 논의를 둘러싸고 또다시 사회 여론이 분분한 것 같다. 현재의 대통령중심제의 골간을 유지하면서 정치의 지속성과 안정성을 보장하는 권력구조를 보장하려는 뜻에서 헌법 개정 문제를 제기했다고 대통령 자신은 이야기한다. 그러나 이 문제가 정략적 차원에서 제기된 것으로 보는 분위기는 대연정을 이야기할 때의 그 것과 별로 다르지 않은 것 같다. 어떻게 보면 현재의 대통령 5년 단임제는 '87년 체제'의 피치 못할 결과물이기에 이제는 보다 안정적이고 효과적인 권력 체계 구성에 대해서 진지하게 생각할 때가 되었다는 데 동의하면서도 대선을 앞둔 시점에서 헌법 개정을 이야기하는 것이 불순한 의도에서 나왔다는 의혹이 따르는 것 같다. 개헌은 필요한데 그 시점이 문제라는 것이다. 그러나 나는 개헌의 시점 문제를 따지는 것보다 개헌의 원칙적인 방향을 먼저 논의해야 하는 것이 합리적인 수순이라고 생각한다.

건전한 정당정치가 뿌리내리고 고질적인 지역주의를 타파하는 당위성을 헌법적으로 보장하는 개정이고 또 이의 필연성에 대해 사회적인 합의의 정도가 높다면 대통령 연임제보다는 오히려 내각책임제를 지향하는 헌법 개정이 훨씬 본질적인 문제 제기가 아닌가 하는 생각이 든다. 물론 정책보다 인물 중심, 그리고 지역주의의 볼모가 된 현재의 정당정치를 혁파하기에 내각책임제가 시기상조라는 반론도 만만치 않다. 그러나 지난 20년 동안 꾸준히 변화해 온, 다원화된 정치문화를 고려할 때 다양한 정치적 이해관계를 조절하는 데 있어서 현재의 대통령중심제보다는 내각책임제가 실보다 득이 더 많을 것으로 생각한다.

도덕, 법 그리고 정치

8·15나 석가탄신일, 성탄절을 맞이할 때마다 대통령의 사면권을 둘러

싸고 여론이 분분하게 표출되곤 한다. 한편에서는 국민 통합 차원에서 사면의 필요성을 강조하고 있고, 다른 한편에서는 법을 지키는 사람이 오히려 바보처럼 여겨지는 세태를 꼬집으면서 사면을 통해서 결국 부도덕하거나 불법을 자행한 이른바 사회 지도층 인사들의 부당한 복권이 이루어질 것이라고 비판한다. 도덕과 법 그리고 정치 사이의 갈등을 보여 주는 대목이기도 하다.

근대의 문턱에 들어서면서부터 그 사회의 가치 통합의 주체였던 종교나 신화가 만들어 낸 도덕적 규범이 약화되고 인간의 자율성을 강조하는 여러 가치 체계들이 경쟁하게 되었다. 이와 더불어 개인과 사회, 도덕과 법의 분화 현상도 나타났다. 부도덕한 행위를 했다고 해서 이것이 곧 법적으로도 처벌받는 것을 의미하지 않게 되었으며, 또 정치는 원래 부도덕하며 도덕은 아예 정치와 무관하다는 일반적인 통념도 강화되었다. 도덕, 법 그리고 정치가 서로 다른 원칙에 따라 달리 작동하고 있으며, 또 그렇게 되어야 한다는 주장에 대하여 미국의 법철학자 드워킨(Ronald Dworkin)은 오히려 이 세 영역 사이의 내적 연결을 강조하고 있다. 법적 규범은 도덕처럼 자체 목적이 될 수도 있지만 근본적으로 정치적 프로그램을 떠나서는 생각할 수 없고, 어떤 사회의 전체적 목적 지향과 이를 실천에 옮기는 정치는 바로 법적 형식이 전제하는 결속력 덕분이라고 그는 주장한다. 간단히 표현하면, 법은 도덕과 정치 사이의 연결 고리라는 것이다.

이와 같은 견해를 극단적으로 밀고 가서 '정치의 도덕화'가 안고 있는 위험성까지 감수하는 경우도 있다. 그러한 예를 우리는 테러와의 전쟁을 선과 악사이의 도덕적 투쟁처럼 보고, 승리를 위한 법적·제도적 장치 마련에 부심하고 있는 부시 행정부에서도 볼 수 있다. 반면에 정치적 목적 지향이나 도덕적 논거 제시를 처음부터 무시하고 있는 실증주의적 법의 운영

체계가 지니고 있는 문제점 또한 분명하다. 일반적으로 이야기되고 있는 '법의 자율성'이 안고 있는 문제도 마찬가지다. 법이 바로 의거하고 있는 도덕적 핵심과 정치적 결단을 고려하는 한에서 우리는 '법의 자율성'에 대해서 이야기할 수 있다. 법이 한편으로는 도덕, 다른 한편으로는 정치에 내적으로 연결되어 있기 때문에 법의 합리성 문제는 법에만 해당될 수 없다는 것도 우리는 알 수 있다.

그렇다면 오늘날 한국 사회에서 도덕, 법 그리고 정치의 연결 구조는 어떤가. 전통적인 도덕규범이 무너지면서 때로는 인륜에 반하는 엄청난 범죄행위에 전 사회가 전율하고 범죄자를 의법 처단하라는 목소리를 높인다. 또 정치에 대한 불신과 사회적 갈등이 크다 보니 수도 이전과 같은 정책적 선택도 법정까지 끌고 가게 된다. 머지않아 헌법재판소가 정치를 대신할 수밖에 없는 상황이 올지도 모른다. 도덕과 정치가 정작 그렇다손 치더라도 법은 과연 어떤 상태에 있는가. 입법기관인 국회가 법률에 내재하는 합리성의 기준보다는 이른바 시류나 국민 정서에 편승하는 사례도 적지 않다. 국가보안법의 개폐를 둘러싼 국회의 논쟁뿐만 아니라, 군 복무 기피 문제로부터 비롯된 〈국적법〉과 〈해외동포법〉 개정 시도, 부동산 투기 문제와 연결된 일가구 일주택을 위한 법률 제정에 대한 여론몰이 식의 구상도 그렇다.

도덕과 정치 사이에서 법을 구체적으로 적용하는 사법부의 개혁 문제도 현재 적극적으로 제기되고 있다. 민주주의의 실현 없이는 자율적인 법도 있을 수 없다는 하버마스의 지적처럼 사법부가 전 사회의 민주주의를 강화하기 위해서 그 스스로가 먼저 내부로부터 민주화되어야 한다. 차기 대법원장이나 헌법재판소장 자리를 누가 차지한다는 문제가 아니라 국민이 바라는 사법부의 개혁에 스스로가 적극적으로 나서는 것이다. 도덕, 법 그리고 정치가 각각 서로 다른 영역에 속하면서도 서로 간에 열려 있기 때문에 이들 가운데 어느 영역 하나가 제대로 작동한다면 다른 영역의 문제도 풀릴 수 있다. 사회의 도덕적 쇄신과 정치의 개혁을 선도할 수 있는 사법부의 개혁은 그래서 중요한 것이다.

정치와 적(敵)

멀리 있는 한반도의 2006년 한 해를 뒤돌아볼 때, 뭐니뭐니해도 가장 큼직한 사건은 북의 핵실험이었다. 일반적으로 이란의 핵무장 문제가 북핵 문제보다 더 절박한 과제로서 받아들여지는 유럽에서도 북의 핵실험은 한반도의 불안정한 현실을 일거에 보여 준 사건이었다. 2006년 초 전모가 밝혀졌던 황우석 교수 사건을 제외하고는 이곳 언론에 등장했던 큰 뉴스는 별로 없었던 것 같다.

그러나 간혹 서울로부터 전해 들었거나 인터넷에서 볼 수 있었던 국내 소식들을 다시 떠올려 보면 올해도 역시 결코 조용하지만은 않았던 것 같다. 무엇보다도 내년 말에 있을 대선과 연결된 '참여정부'의 공과를 둘러싼 여러 가지 논란이 격심했던 한해다. 이념 과잉, 무능과 독선으로 빚어진 현 정부의 계속된 실정으로 인해 사회적 갈등은 증폭되었으며 미일과의 동맹 관계마저 해체시키면서 핵무기를 개발한 북에게는 계속 '퍼주기'만 한다는 비난과 비판이 논란의 핵심을 이루었다. 게다가 현 정부의 개혁 의지에 많은 기대를 걸었던 사람들 사이에서조차 실망감과 냉소적 분위기도 확산되었으며, 다음 대선에서는 현재의 야당이 승리할 것으로 보는 것이 대세라는 소식을 들으면서 선거에 대해서 한번 생각해 보게 된다.

선거를 통해 권력구조가 재편되는 것이 정당민주주의의 기초이기 때문에 '국민의정부'와 '참여정부'의 시간을 합쳐 '잃어버린 십 년'으로 규정하고 그동안 와신상담(臥薪嘗膽)하면서 때를 기다려 왔던 보수 진영이 내년 대선에서 승리, 정권에 복귀한다는 사실 자체는 특기할 만한 사건은 아니다. 그러나 바로 그러한 변화가 얼마나 합리적으로 이루어지고, 또 어떻게 제도화되는가에 따라 삶의 형식으로서의 민주주의의 미래의 모습도 드러나기 때문에 앞으로의 한 해가 중요하다.

항상 지적되고 있는 사실이지만, 지역주의의 볼모가 된 정치 구조, 정책이 아니라 인물이 좌지우지하는 정당 구조는 합리적인 정치 행위의 부재나 결손을 위장하기 위해서도 정치적 상징이나 이의 조작에 과도하게 매달린다. 정치적 상징은 이렇게 정치의 내용을 은폐하는 기능도 지니고 있지만 반대로 이를 적극적으로 보여 주는 기능도 가지고 있다. 특히, 오늘날의 정보사회에 있어서 정책의 기술적인 세부 내용을 유권자에게 직접 전달하기 위해서 과거보다 더 고도로 단순화되고 도식적인 상징들이 정치에 동원된다. 그러나 현재 언론에 의해서 주도되고 전달되는 정치적 상징들은 주로 대선 주자들의 개인적 이미지를 보여 주는 수준을 넘지 못하고 있다. 연예인의 사생활 보도 수준의 정치인 행보 좇기에 바쁘다.

또 쟁점이 되고 있는 '참여정부'의 여러 정책과 이의 비판 그리고 대안 제시가 공론의 장에서 상호 경쟁할 수 있도록 하는 것이 아니라 때로는 사실사세마지 왜곡해서 유권자의 판단력을 흐리게 하는 언론도 있다. 이로 인해 선거 이후에 필요한 상호 인정(認定)의 정치 구조의 성립조차 어렵게 만든다. 예를 들면 한동안 말이 많았던 연정(聯政)도 바로 그러한 정치 구조의 하나다. 독일에서는 연정은 '사랑 때문에 맺어진 결혼'(Liebesheirat)이 아니라 '목적을 위한 결혼'(Zweckheirat)이라고 종종 설명된다. 냉정한 손익계산에 의거한 '합목적적(合目的的) 합리성'이 좋아한다거나 또는 싫어한다는 식의 감정에 좌우되는 '실체적(實體的) 합리성'보다 먼저라는 뜻이다.

'동지와 적'이라는 이분법은 선거전에 있어서 분명한 대립 구도를 만들어 준다. 그러나 여기서 중요한 사실은 독일의 공법학자 슈미트가 강조한 것처럼 정치에서의 적은 결코 사적인 의미의 적(hostis)이 아니라 공적인 의미의 적(inimicus)이며, 또 이러한 적이 자동적으로 악이 아니라는 것이다. 지금 한국의 여론 매체에는 섬뜩한 내용을 담고 있는, 그야말로 저질의 인신공격이라고 볼 수밖에 없는 주장들이 난무하고 있다. 바로 이러한 것들이 선거가 추구하는 변화의 합리화와 제도화를 그의 근본에서부터 파괴하는 공공의 적이다. '죽기 아니면 살기' 식의 정치문화에도 조용하지만 분명한 변화가 있어야 할 것이다.

'뉴라이트'가 서 있는 곳

유신체제가 뿌리 채 흔들렸던 위기와 직결된 '5·18 광주'는 당시 이른바 '민주·민중·민족'의 '삼민주의'로 압축 표현된 투쟁의 과제를 제시했다. 그때로부터 어언 25년이 지난 오늘 이 과제를 다시 상기하는 것은 부질없는 일처럼 보인다. 그런데 『조선일보』의 류근일 전 주필의 "좌우수구 뛰어넘는 새바람"이라는 칼럼은 당시의 과제를 다시 떠올리게 만들었다. 이 칼럼은 '얼치기 좌파의 우물 안 민족주의'와 '하향 평준화'를 배척하면서 '시대에 뒤처진 구태(舊態) 보수'와 자유를 공짜로 향유하려는 '얌체 보수'를 공격하고, '자유주의와 시장주의, 그리고 법치주의와 개방'을 내세운 '뉴라이트'를 격려하고 있다. 그래서 최근 국내에서 자주 나돌고 있는 여러 이념들과 25년 전의 그 것들이 서로 겹치면서 그동안 이념의 지형도가 어떻게 변화했는가 하는 의문도 생겼다. 이러한 개념들 가운데 '뉴라이트', '신보수주의' 그리고 '신자유주의'의 내용은 어떤 것인가라는 질문이 생겼고 유럽 또는 미국의 그것과 비슷한지, 아니면 어떻게 다른지 하는 물음도 뒤따랐다.

위에 말한 한국의 '뉴라이트'라는 호칭은 이른바 68년 세계를 뒤흔든 '신좌파'에 대한 대항 개념으로서 프랑스에서는 'Nouvelle Droite'(신우파)로, 독일에서는 'Neue Rechte'(신우파)로 불렸던 정치사상적 흐름들을 우선 연상시킨다. 이 흐름은 일반적으로 과거 지향적이며 이론을 경멸했던 '구우파'와는 달랐다. 그때나 지금이나 지식인 중심의 운동으로 발행 부수가 미미한 신문이나 잡지에 의존해서 주로 이론 활동을 펴고 있다. 이들의 이념적 성향은 개인주의, 자유주의, 의회주의, 다원주의를 부정하고 민족적 정체성을 특히 강조하며 인종주의적 편견도 숨기지 않는다. 이들의 사상적인 흐름을 거슬러 올라가다 보면 바이마르공화국 시기의 이른바 '신보수주의', '혁명적 보수주의' '우익의 좌익', '민족 볼셰비즘' 등으로 불렸던 일련의 움직임과도 만난다. 공법학자 슈미트, 작가 윙거(Ernst Jünger), 철학자 슈펭글러(Oswald Spengler) 등이 당시의 대표적 인물이었다.

그렇다면 한국의 '뉴라이트'와 이들의 이념 구조는 어디가 같거나 비슷하고 무엇이 다른가. 둘 다 시대에 뒤져 공부하지 않는 나태한 '구태 보수'를 공격하는 점에서는 공통점이 보인다. '하향 평준화'를 문제 삼고 '엘리트주의'를 옹호하는 점에서도 공통점이 드러난다. 그러나 독일과 프랑스의 '신우파'가 무엇보다도 경멸하는 개인주의와 자유주의를 한국의 '뉴라이트'는 반대로 적극적으로 표방하고 있다. 이들은 또 민족문제를 보는 데 있어서 '좌파의 우물 안 민족주의' 정도로 폄하(貶下), 부정적인 태도와 함께 세계화 시대에 어울리는 '개방'을 강조한다. 한국의 '뉴라이트'는 법치주의를 내세우는데 유럽의 '신우파'는 결정주의(決定主義)적 입장에서 법치(法治)보다 정치(政治) 우위를 주장한다. 이렇게 몇 가지 중요한 점들을 대비해 보면 유럽과 한국의 '신우파'는 서로 다른 면이 더 드러난다.

그러면 이들에게 '뉴라이트'보다 더 적합한 이름은 없는가. 그래서 떠올려 보는 것이 '신보수주의'(Neocon)이다. '신우파'가 유럽 대륙의 정신사 속에 그의 뿌리를 두고 있는 데 비하여 '신보수주의'는 영미의 사상사적 궤적(軌跡) 위에 있다. 후자는 전자처럼 단순한 이념으로서가 아니라, 영국의 대처 내각이나 미국의 레이건 행정부, 특히 부시 행정부에서처럼 현실 정치 속에서 그의 생명력을 보여 주고 있다. 정책적 이념은 다양하지만 이른바 '전통적인 보수주의'처럼 '작은 정부'에 적극적으로 동의하지도 않고, 또 복지국가의 이념에 대해서도 부분적으로는 수용하는 태도를 보였다. 1960년대 말과 70년대의 '신좌파'의 도전 속에서 이들은 더 반공 노선 쪽으로 굳어지면서 국내적으로는 빈부 격차를 정당화하는 사회적 다원주의, 밖으로는 공격적 군사주의를 요구하였다. 냉전의 승리를 경험하면서 이러한 정책들은 종교적 신념으로도 뒷받침되었고 '9·11사태' 이후에는 국제정치를 선과 악의 투쟁으로 단순 도식화했다. 미국의 문명사적 역할에 대한 확신을 굳히는 기독교 근본주의의 영향력도 무시할 수 없다.

한국 '뉴라이트' 주도자의 일부가 과거 학생운동 출신이라는 사실은 이들의 반공, 특히 반북적 태도를 더욱 강하게 만들고 있다. 미국의 '네오콘'의 사상적 기조에는 유럽적 맥락에서 볼 때 '사회주의적'이라고도 표현될 정서―가령 '신흥 부자'의 무절제한 생활에 대한 비판―가 적지 않게 스며들어 있는데 한국의 '뉴라이트'도 '얌체 보수'에 대한 공격을 하고 있다. 그러나 반북과 '좌파 정권'에 대한 근본적 비판에 눌려 이 점은 그렇게 크게 부각되지 않고 있다. 기독교 근본주의가 한국의 '뉴라이트'에도 일정한 자리를 차지하고 있는 점도 눈여겨 볼 점이다. 시장과 자유의 특별한 강조 그리고 대외정치에서 미국의 절대적 역할을 강조하는 미국의 '네오콘'과 특별히 다르지 않기 때문에 한국의 '뉴라이트'가 스스로를 왜 '네오콘'이라고 부르지 않는지 의아하지 않을 수 없다. 그들이 '구태 보수'라고 부르는 '전통적인 보수주의'를 완전히 배제하지 않으려는, 또는 미국의 '네오콘'과 동일시되는 것을 현 상태에서 우선 피하려는 전술적 고려인지는 불분명하지만 '뉴'보다는 한국판 '네오콘'이라 부르는 것이 보다 적절하다는 생각이 든다.

아니면 '신자유주의'라는 이름이 그들에게 더 어울리는가. 어느 누구도 시장을 이길 수 없다는 확신을 주 내용으로 하는 시장주의와 자유주의에 충실하겠다는 '뉴라이트'의 선언을 고려할 때 그들 스스로가 그러면 왜 '신자유주의'라고 부르지 않는가. 여기서도 여러 가지 이유를 생각해 볼 수 있지만, 우선 '신자유주의'가 주로 '시장경제'와 동의어로서 이해되고 있고, 한국적 상황에서도 이 개념이 지니고 있는 부정적인 이미지가 강하기 때문에 피하고 있다는 생각이 든다.

이렇게 유럽이나 미국적 맥락에 비추어 본 한국의 '뉴라이트'는 공통점과 함께 차이점도 분명히 보여 주고 있다. 유럽과 미국에서는 이미 끝났거나 아니면 상당히 약화된 냉전적 사고 틀이 한반도에서는 그래도 여전히 유효하다는 관성과 타성에 젖었던 보수 세력이 두 번에 걸친 대선 참패로 인해 생긴 위기감이 낳은 대응 방식의 하나가 '뉴라이트'의 부상이라고 할 수 있다. 과거와 달리 거리에 나서 데모도 해야 할 처지에 빠진 보수 세력의 일부가 스스로를 '전통적인 보수'와 구별하려는 점에서 유럽의 '신우파'와 미국의 '네오콘'의 엘리트주의와도 한편으로는 통하지만, 다른 한편으로는 '공부 안 하는' 전통적 보수 세력과도 완전 결별을 할 수 없기 때문에 어정쩡한 상태에 놓여 있다.

그러면 이들 '뉴라이트'가 주로 '친북 좌파 세력'으로 공격하는 세력은 스스로의 이념을 어떻게 정립하고 있는가. 뭉뚱그려 표현한다면 1980년대의 '민주·민중·민족'이 현실 사회주의의 붕괴를 거치면서 1990년대부터는 시민으로 전환되었다고 할 수 있다. 특히 1987년 6월을 지나면서 '민주'는 점차 구체적인 모습을 드러내기 시작하면서 1990년대 중반부터는 정권 창출에도 직접 영향력을 행사할 수 있게 되었다. 노동자와 농민을 근간으로 한 '민중'도 상대적으로 '시민'에 자리를 내주어야 했고 '민족'도 '시민'의 정서적 동의라는 테두리 안에서만 통일 이야기를 할 수 있게 되었다. 전체적으로 볼 때 계급이나 민족이라는 '큰 이야기' 대신에 일상생활에 뿌리를 둔 '잔잔한 이야기'가 정치적 담론의 핵심이 되었다. 이러한 상황은 지금도 전개되고 있다고 할 수 있다. 그럼에도 불구하고 보수 세력이나 이와 일정한 거리를 유지하려는 '뉴라이트'조차도 과거에 그려진 이념의 지적도에만 의거, 많은 변화를 겪어 온 세력을 단순하게 '친북 좌익 세력'으로 공격하고 있다. 바로 이 점이 그들의 한계이다.

그러면 사회변혁을 시도하는 세력이 적극적으로 자기규정을 할 수 있는 이념은 없는가. 필자는 '민주', '민중' 그리고 '민족'이라는 요소는 흡사 빨강, 파랑, 노랑과 같은 삼원색(三原色)이라고 표현하고 싶다. 삼원색의 배합으로부터 모든 색상을 만들 수 있듯이 '민주', '민중' 그리고 '민족'을 잘 배합하면 현실에 가장 적합한 새로운 이념적 색상을 표현할 수 있다. '민주'도 군부독재 때의 '민주'는 아니고 '민중'도 유신 때의 그것도 아니고 '민족'도 '6·15선언' 이전의 그것은 아니다. 특히 '민중'을 '시민'에 대칭(對稱)시키는 경향이 종종 나타나고 있는데 파란 색과 빨간 색을 어떻게 섞느냐에 따라 다양한 색상이 나타나듯이 두 개념도 충분히 넓은 '중간지대'를 공유할 수 있다. 물론 '민주', '민중' 그리고 '민족'이 병렬(竝列)되어 있다는 인상을 주기 때문에 불만족스러울 수도 있다. 그러나 종이에 여러 색이 서로 겹치고 번지면서 만들어 낸 다양한 중간 색상을 담는 수채화가 주는 은은함을 연상한다면 우리는 '민주', '민중' 그리고 '민족'의 현재적 함의를 적절하게 그리고 유연하게 살릴 수도 있다. 사상이나 이념을 고정불변의 어떠한 실체로 명확하게 드러내려고 할 때 우리는 그의 본래 모습에 접근할 수 없다는 역설을 상기하면서 '뉴라이트'의 가능성과 한계 그리고 그의 고민까지도 반추(反芻)하면서 이념의 새로운 지형도에 대해서 진지하게 생각을 서로 나누어야 한다.

언론과 정명(正名)

양극화의 원인과 이의 해결책을 둘러싸고 많은 논란이 일고 있다. 나라마다 다른 모습을 띠고 있지만 세계화가 몰고 오는 충격 속에서 '얻은 자'와 '잃은 자' 사이의 간격은 날로 벌어지고 있다. 철통같은 경비 속에 지구화의 예찬론자들이 매년 설경이 아름다운 스위스의 다보스에 모이고, 이의 비판자들도 '또 다른 다보스'를 조직해서 지구화의 심각한 결과를 경고한다. 특히 양극화 문제는 지구화의 찬성론자나 비판론자 모두가 지적하고 있는 심각한 문제로서 이의 해결을 위한 지구적 연대의 중요성도 모두 다 강조한다. 개별 국가나 정부도 자신이 처한 현실을 정확히 분석하고 이를 근거로 양극화에 대한 효과적 처방을 마련하는 것을 시급한 정책 과제로서 제기하고 있다. 그래서 다양한 문제에 접근하고 올바른 해결책을 강구하기 위해 공론의 장을 마련하는 언론의 책임도 막중해졌다. 그러나 스스로가 여론 형성에 있어서 큰 영향력을 행사한다고 믿는 언론이 사용하는 개념들이 종종 부정확할 뿐만 아니라 더 나아가 그러한 부정확한 개념들을 의도적으로 사용하고 있다.

양극화 극복 방안의 하나로 자주 제기되고 있는 부동산 투기 억제 방안과 관련해서 등장하는 토지의 공개념 문제가 그러한 예의 하나다. 이 공개념을 곧장 토지의 국유화(國有化) 개념으로 해석하고 '좌익적' 정책 발상의 증거처럼 논의를 몰고 가고 있는데 이는 근본적으로 국가와 시민사회 사이의 개념 차이를 무시하고 있다.

시민사회를 가족과 국가로부터 분리시키고 동시에 사회적인 것을 정치적인 것으로부터 구별했던 헤겔의 법철학 체계가 성립된 때가 19세기 초였다. 우리의 일상적 의식 속에서 시민사회와 국가의 구별이 아직도 모호한 상태로 남아 있는데, 이는 국가 그리고 가족과 구별되는 시민사회의 구조가 여전히 취약한 동양 사회에서 볼 수 있는 일반적인 현상이다. 그렇다고 해서 한국 사회에서는 국가가 모든 것을 좌지우지하기 때문에 사적 소유를 매개로 해서 펼쳐지는 다양한 이해관계 체계인 시민사회가 작동할 여지가 없다고 본다면, 이 또한 현실과 너무나 동떨어진 판단이다.

사유재산을 공개념의 맥락 속에서 논의하고 이를 통해 투기를 억제해 보겠다는 정책 발상을 곧 토지의 국유화 논의로 억지 해석하면 정책 논쟁이 결국 색깔 논쟁으로 될 수밖에 없다. 사회적 갈등의 근본이라고 여겼던 사유재산의 철폐는 시민사회가 성숙되지 못한 러시아적 조건하에서 1918년 6월의 국유화(ogosudarstvlenie) 결정을 통해서 단행되었고, 이러한 정책은 그 후 모든 사회주의 건설의 전형(典型)으로 제시되었다. 앞에서 지적한 것처럼 국가와 시민사회, 공과 사 그리고 정치적인 것과 사회적인 것 사이의 차이가 여전히 불충분하게 인식되고 있는 상황을 이용, 역사적 맥락이 다른 국유화 개념과 공개념을 의도적으로 뒤섞는 것은 양극화 해결을 위한 건전한 논의에 아무런 도움이 되지 않는다.

시장경제도 마찬가지다. 계획이 만능이 아닌 것처럼 시장도 결코 만능이 아닌데 시장경제에 대한 문제 제기를 종종 '좌익적' 발상으로 곧 매도하려 든다. 전후 서독의 '라인강 기적'의 철학적 핵심은 '사회적 시장경제'였다. 영어와 달리 독일어의 '사회적'이라는 단어는 규범적인 의미를 훨씬 강하게 전달한다. 바로 그러한 정책을 '좌익'이 아니라 보수적인 '기민당'(CDU)이 폈다는 사실에 시장 만능을 설파하는 언론은 한번쯤 눈을 돌려야 하지 않을까.

양극화의 극복을 위한 합리적 의사소통의 장을 마련하는 언론의 기능을 생각하며 '개념이 옳지 못하면, 그 말 또한 이치에 맞지 않는다. 말이 이치에 맞지 않으면 일 또한 이루어지지 않는다'(名不正則言不順, 言不順則事不成)라고 강조하는 정명(正名)의 뜻을 그래서 필자는 다시 한번 음미해 본다.

신자유주의와 대안언론

신자유주의의 내용은 이의 비판자와 신봉자 사이에 전혀 달리 해석되고 있다. 한편에서는 모든 악의 근원으로 해석되고, 다른 한편에서는 모든 문제를 해결할 수 있는 만병통치약으로 여겨지고 있다. 특히 세계화를 비판하는 사회운동에 있어서 신자유주의는 특별한 실천적 의미를 지니고 있다. 신자유주의는 오늘과 같은 정치, 사회, 경제 그리고 문화적 위기를 불러온 주범이 누구인지를 정치적 공간 속에서 명확히 지칭할 수 있도록 만들고 있기 때문이다. 반대로 신자유주의의 신봉자들은 스스로를 '통화주의자'나 '신고전주의자'로 부르면서 자신들이야말로 자본주의의 위기적 국면을 돌파할 수 있는 진정한 의미의 개혁을 밀고 나가는 '현대주의자'라고 자부한다. 오히려 이들은 신자유주의의 비판자들을 과거에 안주하는 보수적인 '반개혁주의자'라고까지 비판하고 있다.

물론 신자유주의는 이의 옹호자들이 주장하는 것처럼 그렇게 '현대적'인 것만은 아니다. 1973년 9월 칠레의 아옌데 정권이 유혈 쿠데타로 붕괴된 이래 영국과 미국에서 대처와 레이건 정부가 속속 들어서면서 신자유주의는 그간 '포드주의'에 기초했던 자본주의의 위기에 대처하는 효과적 처방으로 자리 잡기 시작했다. 또 신자유주의는 '신보수주의'와 결합하면서 중심부에서뿐만 아니라 주변부에서도—특히 라틴아메리카에서—1980년대에 위세를 떨치기 시작했다. 그러나 1990년대 말, 이러한 신자유주의는 금융위기—아시아(1997년 8월), 브라질(1998년 9월), 러시아(1998년)—가 보여 준 것처럼 사실 과대 포장된 만병통치약이라는 것이 드러났다. 특히 신자유주의가 큰 기대를 걸었던 신경제(new economy)가 어이없이 붕괴하고 만 것이다. 이러한 위기는 신자유주의로 하여금 잠시 그동안 통화주의에 입각한 구조조정 정책에 대하여 자기반성을 하게끔 만들었다.

전체적으로 볼 때, 동서 냉전기의 신자유주의는 체제 경쟁이라는 조건 때문에도 스스로가 자본의 이해 관철 양식을 어느 정도 제한했지만 '지구적 자본주의'와 동의어가 된 신자유주의는 이제 어떠한 한계도 설정하지 않으려 한다. 이렇게 지극히 공격적으로 된 신자유주의는 주변부의 민중은 물론, 중심부의 이른바 중산층까지도 불안 속으로 내몰고 있다. 또 신자유주의는 가령 케인스적, 마르크스적, 또는 종속이론적인 대안들 모두 다 공허한 것이라고 공격하며, 시장권(市場權)이 곧 인권(人權)이라는 철저한 경제인(homo economicus)의 철학을 설파하고 있다.

바로 이와 같은 조건에서 민중의 삶을 본질적으로 개선하기 위한 담론 체계의 개발에 있어서 넓은 의미의 공공성과 좁은 의미의 '언론'이 지니는 의미는 특별하다. 냉전이 한창이었던 1960년대 말과 1970년대 초, 서유럽과 미국에서 활발했던 '비판적 공공성'의 영역 확보를 위한 노력은 우선 자본의 이해와 직결된 공공성을 문제 삼았다. 다시 말해 자본의 이해에 기초를 둔 공공성이 시민사회의 중요한 덕목으로 여겨졌던 '시민적 공공성'마저 파괴하고 있는 것에 대한 내재적 비판으로부터 시작했다는 것이다. 그러나 이러한 비판도 시민적 공공성을 여전히 이상화하고 있다고 다시 비판되면서 '대안적 공공성'과 '대안적 매체'의 필요성이 적극적으로 제기되었다. 점차 활발해진 여러 사회운동(여성, 평화, 반핵 등)도 스스로 여러 가지의 대안적 매체를 개발하기 시작했다.

동서 냉전이 끝나고 신자유주의가 본격적으로 위력을 떨치기 시작한 1990년대 초부터 그러한 대안적 공공성이나 매체의 영향력은 가령 문화적 담론과 같은 영역에 제한되었고 '걸프전쟁', '신세계 질서', '지속적 발전'과 같은 극히 중요한 정치적 현안 문제에서는 다시 주변으로 밀렸다. 이같은 현상의 근본 원인은 어디에 있는가? 무엇보다도 지배적인 공공성이나 매체는 이전과는 달리 실제적으로 많은 문제가 현재 존재한다는 사실을 부정하는 것이 아니라, 오히려 이를 적극적으로 인정하면서 이른바 비판적인 토론의 장으로 그러한 문제들을 끌어들이기 시작했다. 스튜어트 홀(Stuart Hall)이 지적한 것처럼 지배적인 공공성이나 매체는 '경험의 구조화된 연결' 또는 '코드' 안으로 대안적 공공성이나 매체를 끌어들이기 시작했다. 이러한 상황에서 대안적 공공성이나 대안적 매체는 내용보다는 표현의 형식을 중시하면서 지배적인 공공성이나 매체가 선전하는 '사회적

합의'를 주로 희화화하거나 풍자하는 방식을 통해 '밑으로부터 새로운 매체'(indymedia)의 개발을 적극적으로 시도했다.

이와 같은 중심부의 일반적 대응과는 달리 신자유주의의 지속적인 압력 앞에 그대로 노출된 주변부의 대안적 공공성 또는 매체는 가끔 역동적인 모습을 보여 주었다. 이의 성공적인 사례로는 멕시코의 '사파티스타민족해방군'(EZLN)이 보여 주었다. 자신들만의 언어 세계, 국제적 정보망, 정치와 문화의 경계를 허무는 극적인 표현의 양식 등이 잘 결합된 이러한 대안적 공공성은 '탈식민주의(postcolonialism)적'이면서도 '탈현대적'인 공공성의 가능성도 보여 주었다. 대안적 공공성은 지배적인 공공성의 완전한 타자가 아니라, 집단적인 저항으로 개발한 일상적 삶 속에서 지배적인 여론이나 사회적 규칙마저 자기 안에서 소화시키면서도 또 이를 넘어서려는 기획이라는 뜻에서 탈식민주의적이자 탈현대적이었다.

이러한 중심부와 주변부에서 지금까지 지속적으로 전개되었던 대안적 공공성 또는 대안적 매체의 가능성과 한계는 한국 사회를 위해서도 타산지석(他山之石)이라고 할 수 있다. 이와 더불어 새로운 매체인 인터넷의 보급률이 세계 최고의 수준에 있는 사회적·기술적 조건 속에서 대안언론의 가능성에 대해서 비판적으로 재구성하기 위한 언론학적인 전제들이 무엇인지도 자세히 검토되어야 한다. 무엇보다도 자본의 이해관계로부터 언론의 논거나 논리가 깨끗이 분리되지 못한 한국적 풍토에서 사람과 사건 그리고 제도에 관한 사실과 논거들이 다양한 정치적 이해와 높은 수준에서 논쟁할 수 있도록 대안언론은 만들어져야 한다.

이를 위해서 다양한 뉴스원(源)으로부터 사실적이고 논거가 분명한 배경 설명이나 일차적 자료를 기록하는 작업은 필수적이다. 이는 동시에 매일 매일 일어나는 수많은 사건 뒤에 숨어 있는 구조적 문제를 파헤치는 노력으로 연결되어야 한다. 국내와 해외로부터 다양한 정보는 물론, 지배적 언론으로부터 배제된 민중의 이해가 무엇인지는 반드시 기록되어야 한다. 그렇다고 해서 이른바 주류 또는 사회적 강자의 문제도 배제되어서는 안 된다. 대안언론은 단지 정치적으로 옳거나 또는 그르다고 판단된 개별적인 이미지와 내용을 교묘하게 선전하는 시끄러운 확성기가 아니다. 이미 대안언론에 참여했거나 또는 앞으로 참여할 집단의 현살화될 수 있는 바람은 물론, 현실화될 수 없기 때문에 생기는 실망까지도 계몽적으로 확산시킬 수 있는 그러한 언론은 이미 수세적인 의미의 대안언론을 넘어섰다고 할 수 있다.

부동산 자본주의를 넘어

부동산 대란이 북핵 문제보다 더 무섭다는 신문 기사를 읽으며 한국적 자본주의의 현주소를 다시 한번 생각해 본다. 일종의 자연법칙처럼 시장의 법칙이 경제사회를 지배하는 것은 자본주의의 보편성이다. 그러나 역사, 사회, 문화적 배경에 따라 이러한 보편성도 일정한 제약을 갖기 마련이며 이에 따른 유형별 특징도 드러난다. 프랑스의 경제학자 알베르(Michel Albert)는 우선 영미 자본주의와 라인강 자본주의를 구별한다. '사회적 시장경제'를 지향하는 후자의 자본주의와 달리 전자는 보다 더 개인주의에 기초한 시장 철학을 신봉한다고 두 유형의 차이를 그는 풀이한다. 이 두 유형의 자본주의가 모두 침체기에 접어들기 시작했던 1980년대부터 이른바 아시아적 자본주의 또는 유교 자본주의로 불린, 또 하나의 다른 자본주의 유형에 대한 논의가 일기 시작했다.

세 가지 유형의 자본주의는 나름대로 각각 강점과 약점을 지녔으며 그에 따른 부침(浮沈)을 최근까지도 보여 주었다. IT산업을 주축으로 세계 경제의 주동력이었던 미국 경제도 주식시장의 거품이 걷히면서 어려움에 봉착했고, 재원의 고갈로 인해 유럽형의 복지사회도 위기를 맞고 있다. 아시아의 자본주의 역시 1990년대 중반부터 심한 위기에 빠졌다. 이제 '세계화'는 어떤 유형의 자본주의도 비켜 갈 수 없는 새로운 과제들을 제시하고 있다. 얼마 전 스웨덴 총선에서 보수연합이 승리하자 일부 국내 언론이 이를 시장보다 국가에, 성장보다 분배에 중점을 둔 복지정책의 실패라고 아전인수 격으로, 사회적 맥락도 무시한 해석과 주장을 폈다. 이는 새로운 과제들에 접근하는 올바른 태도는 아니다. 우리는 지금 단순히 경제 영역에 제한되어 있지 않은, 총체적인 삶과 사고도 지배하려는 새로운 자본주의의 도전을 맞고 있기 때문에 더욱이나 그렇다.

　　새로운 자본주의의 특징은 무엇보다도 국경을 넘나드는 역동적인 자본의 재생산 과정이 국가나 시민사회의 통제 영역 밖에서 상당부분 이루어지고 있기 때문에 국가의 통제가 갈수록 무력화되는 데 있다. 이윤 극대화 자체가 목적이 된, 한계를 모르는 자본과 권력의 축적 과정은 일찍이 아렌트(Hanna Arendt)가 분석한 전체주의의 전개 과정과도 흡사하다. 즉 개별적 이해관계나 전통과 문화적 특징으로부터 분출하는 저항들은 획일화하는 정치적 강제력에 의해서도 억압되지만 시장의 연옥 속에서도 사라진다.

　　이러한 현상은 문화의 영역에서 보다 더 심각하게 나타나는데 대량소비문화는 지적인, 그리고 비판적 안목을 키울 수 있는 일종의 '고급문화'를 추방하고 있다. 이는 이해하기 힘든 '고급문화'에 대한 대중의 본능적인 거부감보다 삶의 영역에서 자유로운 기획을 애초부터 파괴하는 자본의 본성에 더 기인한다. '산업자본주의'를 뒤이을 '문화자본주의'의 도래를 예견한 리프킨(Jeremy Rifkin)도 문화자본주의의 중요한 전제조건인 사회 구성원의 감정이입 문제나 신뢰성과 같은 개인의 예민한 정서 자체도 시장과 상업성으로 인해 곧바로 분해되는 현실을 지적하면서 문화자본주의의 단명(短命)을 이야기하고 있다.

　부동산이 개인이나 가정의 삶의 공간 확보라는 목적을 위해서라기보다는 순전히 재테크의 수단이 되다 보니 시장의 연옥도 이제 어찌 못하는 '부동산자본주의' 앞에서 온 세계가 주목하는 북핵 문제도 조용해질 수밖에 없다. 이러한 현상을 그저 '안보 불감증'이라고 지탄하기 전에 한국 자본주의의 현주소와 미래를 비판적으로 재구성하는 계기로 삼아야하지 않을까 하는 생각이 든다.

　독일 통일 이후 구(舊)동독 지방에서 일확천금을 기대하고 부동산 사업에 뛰어 들었던 주위의 독일인들이 많이 도산했다. 부동산 값이 뛰지 않았기 때문이다. 하와이에 밀려들었던 일본의 부동산 자금이 거품이 빠지면서 그곳에 남기고 간 앙상한 건물들도 많이 있다. 온 국민을 하나같이 신들리게 만드는 위력을 지닌, 흡사 전체주의적 모습조차 보이는 '부동산 자본주의'를 대신할 '인간적인 모습을 한 자본주의'의 길에 대해서 진지한 생각을 나눌 때다.

복지국가의 꿈과 현실

　오늘날 유럽의 복지국가가 위기에 빠져 있다는 사실은 일반적으로 인정되고 있다. 그러나 복지국가가 과연 오늘과 같은 사회 전반의 위기의 진정한 원인 제공자인지에 대해서는 의견이 엇갈리고 있다. 이를 시인하는 쪽에서는 대체로 높은 복지 수준을 유지하기 위한 과도한 부담은 결국 국가 재정 위기를 불러왔다고 주장한다. 이와 관련시켜 복지제도에 이른바 무임승차한 얌체족들의 문제도 자주 거론하고 있다. 이들은 또 낮은 출산율과 인구의 고령화는 연금 체제의 위기는 물론, 의료보험 등을 포함한 사회적 안전장치에도 많은 문제를 제기하고 있다고 주장한다. 특히, 높은 복지 수준이 결국 세계화가 요구하는 경제와 기술적 발전 조건들을 저해하고 있다고 이들은 강조한다.

이와 같은 의견에 동의하지 않는 쪽에서는 현재 국내총생산에서 차지하는 사회적 투자 비율 30퍼센트 정도는 경제위기가 있었던 1970년대 중반보다도 결코 높지 않으며, 지금과 같은 높은 실업률을 고려한다면 이 수치는 오히려 더 높아야 한다는 반론을 펴고 있다. 이른바 '무임승차' 문제도 사회적으로 흔한 현상은 결코 아니며, 이는 순전히 고소득층의 탈세나 불법적인 자본 증식에 대한 따가운 사회적 시선과 비판을 피해 나가려는 논의에 지나지 않는다고 반박한다. 이들은 또 인구 구성의 급격한 변동에 따른 사회복지의 부담과 수혜를 둘러싼 세대 간의 갈등 문제도 실은 날로 심화되는 계층 간의 빈부격차를 호도하기 위한 논거에 지나지 않는다고 주장한다. 복지국가를 옹호하는 측은 또 복지정책으로 뒷받침되고 있는 사회적 안정이야말로 바로 세계화라는 무한경쟁 시대에 승리자로 남을 수 있는 방안이라고 강조한다.

복지국가의 위기를 둘러싼 이러한 유럽적 논쟁 구도도 나라마다 서로 다른 사회·문화·종교적 그리고 국가철학의 전통 때문에 조금은 다르게 나타난다. 가령 복지 문제를 거론하면 빈곤층의 문제를 먼저 떠올리는 영국, 노동자 문제를 우선적으로 연관시켜 보는 독일, 그리고 사회적 연대 문제를 골자로 받아들이는 프랑스처럼 사회정책적 사고의 서로 다른 전통이 그러한 예다. 이와 달리 한국 사회에서 복지 문제를 이야기하면 먼저 노후 보장 문제를 떠올리게 되며 자연히 가족제도의 역할과 기능을 생각하게 된다. 그러나 이러한 가족제도도 유럽 사회 못지않게 급격한 변화와 해체 과정을 겪고 있어 순전히 이에 의존한 복지나 연대를 기대할 수도 없게 되었다. 물론 가족적인 공동체가 복지사회 구성의 중요한 요소임에는 틀림없으나 그것만으로는 복지사회 문제를 논하기에는 턱없이 부족하다.

오늘날 국가와 사회가 안고 있는 문제와 모순에 대한 올바른 이론적 접근과 함께 실현 가능한 정책도 염두에 두고 있는 총체적 관점으로부터 복지 문제는 제기되어야 한다. 성장과 분배 간의 우선순위를 둘러싼 최근의 국내논쟁도 바로 그러한 문제 제기의 하나일 것이다. 어차피 한국 사회에서도 시간이 지나면 자연히 유럽처럼 사회복지를 위한 높은 투자가 요구될 것이 뻔하니 그때를 대비, 지금은 분배보다 성장에만 신경을 써야 한다는 주장도 있다. 그러나 이 같은 견해는 분배의 정의가 동반하는 사회적 정당성이 곧 경제성장의 동력이라는 사실을 무시하고 있다. 여기서 우리는 '사회적 시장경제'의 성공적 전형이었던 '라인강의 기적'의 이론적 작업을 주도했던 뮐러 아르마크(Alfred Müller-Armack)의 "사회정책이 곧 경제정책"이라는 주장을 상기할 필요가 있다.

국민의 복지수준의 유지나 이의 향상에는 애초부터 관심이 없는 국적 없는 자본이 판치는 '세계화'의 시대에 국가는 지금까지 보다 더 분명하게 복지사회의 정책적 주체로서 나서야 하는 과제를 안고 있다. 연금이나 의료보험 문제를 무국적 자본에게 그냥 의탁할 수 없지 않은가. 오늘날 위기를 맞고 있는 유럽의 복지국가를 둘러싼 심각한 논의들은 그저 '기업하기 좋은 나라'가 아니라 정말 '살기에도 편한 나라'라는 사회적인 기본 합의가 얼마나 절실한 과제인지를 우리에게 보여 주고 있다.

'한국 모델'의 재구성

얼마 전 필자는 창간 때부터 지금까지 쭉 관여해 오고 있는 독일어권의 제3세계 문제에 관한 전문 학술지로서 '주변부'를 뜻하는 『페리페리』(*Peripherie*)의 창간 25주년을 기념하는 토론회에 참석했다. 이 잡지는 '근대화이론'과 '종속이론' 사이의 뜨거운 논쟁이 있었던 1970년대를 뒤로하고 제3세계의 발전 전망에 긴 어두운 그림자가 드리우기 시작한 1980년대 초부터 발간되어 제3세계 문제에 대한 다양한 이론의 부침을 정리해 왔다.

제3세계의 '잃어버린 10년'으로 불렸던 1980년대의 비관적인 분위기 속에서 한국을 비롯한 동아시아 국가들의 성공 신화는 물론, 민족해방과 사회주의 건설을 개발 전략의 축으로 설정했던 제3세계가 안고 있는 문제점들도 다루었다. 그러나 그러한 신화를 창출했던 동아시아의 국가들도 1990년대 중반부터 세계화를 추동하는 투기성 금융자본의 파도에 휩쓸려 고초를 겪었으며 아직도 그때의 충격에서 완전히 벗어나지 못하고 있다. 이런 와중에 중국, 인도, 브라질 등 인구와 자원이 풍부한 나라들도 세계화의 경쟁 대열에 본격적으로 뛰어들었다. 최근에 잡지는 동서 냉전의 종결과 함께 시장경제와 자유민주주의의 완전 승리를 선언한 '역사의 종말'이 전하는 메시지, 즉 제3세계에도 자본주의 이외에 어떠한 대안도 있을 수 없다는 주장을 둘러싼 많은 논쟁을 집중적으로 소개하고 있다.

세계화의 철학이라고 할 수 있는 신자유주의는 탈규제, 자유화, 사유화를 근간으로 해서 세계 도처에서 '자본주의냐, 야만이냐'라는 선택을 지금 강요하고 있다. 한때 '사회주의냐, 야만이냐'라는 질문은 '인간의 얼굴을 한 사회주의'에 대한 희망을 간접적으로 표현했다. 그러나 자본주의와 야만 사이에서 하나를 선택하라는 지금의 강요는 '인간의 얼굴을 한 자본주의'에 대하여 한번쯤 생각해 보는 여유마저 쉽게 허락하지 않는다. 자본주의가 '가능한 세계 가운데 가장 좋은 세계'라고 확신하는, 어떤 의미에서 종교적 신념에 가까운 정서가 세계를 지배하고 있기 때문인지도 모른다.

'종말 없는 자본주의'와 '세계화'는 '역사의 종말'과 동의어다. 그러나 역사가 끝난 것은 아니었다. '다른 세계는 가능하다'라는 구호 밑에 1990년대 중반부터 본격화된 '밑으로부터의 세계화'가 이를 보여 주는 하나의 증거라고 할 수 있다. 세계화에 대한 비판은 무엇보다도 사회로부터 유리된 시장이 모든 것을 좌지우지하는 '난폭한 자본주의'(capitalismo selvaje)에 대한 질타로부터 시작되었다. '밑으로부터의 세계화'의 핵심은 '지속가능한 발전'과 '사회적 연대'다. 전자는 한정된 자원과 관련된 생태계가 주된 문제이고 후자는 빈곤과 불평등을 극복하는 사회관계의 재구성 문제다. 한국에서 이 두 가지 문제는 지금 여러 가지 논쟁을 불러일으키고 있는 '새만금'과 '양극화'로서 나타나고 있다고 볼 수 있다.

1980년대 제3세계 개발이론에 있어서 특이한 위치를 점했던 '한국모델'의 비판적 재구성이 현재 절실해지고 있다. 생태계 문제와 양극화 문제를 둘러싼 갈등을 해결하는 길에 결코 왕도는 없다. 얼마 전부터 논의되고 있는 '네덜란드 모델'이니 '핀란드 모델'이니 하는 성공적인 모델도 참고는 될지언정 그대로 복사해서 사용할 수는 없다. 모델은 이를 설정하는 주체의 역사적·문화적 그리고 사회적 맥락을 떠나서 있을 수 없기 때문이다. 게다가 지상의 유일한 분단국가가 세계화의 도전과 강대국의 틈새에서 한국 모델을 재구성해야 하는 것이기에 더더욱 그렇다.

합리적 정책 선택도 중요하지만 무엇보다도 기본적인 생각의 틀을 바꾸는 일이 시급하다. 기존의 '한국 모델'은 미래를 다분히 '현재 플러스 알파'로서 생각해 왔다. '한국 모델'의 재구성은 현재가 '미래 마이너스 알파'일 수도 있다는 자기반성으로부터 시작되어야 한다. 그래서 미래는 원금은 물론, 이자까지 자동적으로 보장되는 적금이 아니라 이미 원금까지 축내고 있는 어음 할인과 비슷하다는 것을 먼저 기억하자.

사회자본의 미래

한국에서 시민사회의 목소리와 움직임이 조직적으로 표출된 때가 대략 15년 전쯤이라고 생각된다. 이러한 짧은 연륜에도 불구하고 다양한 시민사회운동의 영향력은 그동안 대단히 커졌다. 급속한 사회 변화에 따라 생긴 환경, 양성 평등, 평화, 교육, 정보 등과 같은 다양한 문제는 당연히 새로운 문제의식과 이에 근거한 새로운 형태의 사회운동을 요구했기 때문이다.

1970년대와 1980년대를 거치면서 일어난 민중운동의 자리에 시민사회운동이 들어선 배경에는 현실 사회주의의 몰락이라는 세계사적 변화도 한 몫을 했다. 그러나 지난 몇 년간 〈국가보안법〉의 철폐 문제를 둘러싸고 표출된 극심한 사회적 갈등은 시민사회운동도 남북 갈등이라는 이데올로기적 족쇄로부터 여전히 자유스러울 수 없다는 것을 보여 주고 있다. 게다가 이러한 남북 갈등은 빈부, 지역, 세대 간의 남남 갈등과도 서로 뒤엉켜 매우 복잡한 양상을 띠기까지 한다.

유럽과 미국의 사회학계는 시민사회운동이 활발해지기 시작한 1990년대에 사회적 갈등을 억제하고 사회 성원 간의 연대성을 강화하는 규범이나 사회적 연결망, 개인과 집단 사이의 상호 신뢰성과 같은 무형의 자산에 주목하기 시작했다. 그리고 이러한 자산을 '사회자본'(Social Capital)이라고 부르기 시작했다. 사회자본은 계산될 수 있는 경제적 자본과는 달리 깨끗한 공기처럼 좁은 의미의 공공의 자산으로서 사회의 발전을 지속적으로 가능하게 만드는 데 없어서는 안될 요소로 보았다. 이러한 추세에 발맞추어 '세계은행'도 사회자본의 축적을 후진사회 개발에 있어서 하나의 중요한 과제로 평가하고 있다.

노동조합이 강한 스웨덴, 프랑스, 독일과 같은 서유럽형 시민사회, 이태리나 스페인처럼 시민사회와 가족과 교회와 같은 전통적인 사회관계가 공존하고 있는 남유럽형 사회, 교회나 클럽, 자치단체의 공익 활동이 활발한 미국의 사회자본 분석과 함께 일본이나 한국과 같이 혈연, 지연, 학연에 기초한 연고 집단의 뿌리가 깊은 사회의 사회자본과의 비교연구도 활발해졌다. 연구 결과는 대체로 서유럽형이 개인보다 제도에 대한 신뢰가 더 강하며 사회복지정책으로 인해서 사회자본이 감소되었다고 보지 않고 있다. 이에 비하여 신자유주의적 정책의 결과로 빚어진 빈부 격차의 심화로 인해 미국의 사회자본은 그동안 상당히 손실되었다고 평가하고 있다. 이태리나 스페인에서는 제도에 대한 신뢰도가 아직 낮으며 국가나 정당, 교회도 오히려 가족과 친지 중심의 비공식적인 연결망에 의지하고 있는 것으로 나타나고 있다.

최근 한국 사회에서도 사회적 유대와 연대가 급속히 무너지고 있다는 한탄과 자성의 소리가 여러 곳으로부터 흘러나오고 있다. 이러한 이유에서인지는 몰라도 '연대'라는 단어를 조직 이름의 앞이 아니면 뒤에 붙인 사회운동단체들이 많이 등장하고 있다. 시민사회운동이 양질의 사회자본을 확충할 수 있다고 보는 데 대해 물론 비판적 시각도 있다. 이른바 '시민 없는 시민운동'에 대한 지적이 바로 그러한 시각의 한 예라고 할 수 있다. 기본적으로 한국의 시민사회는 지난 시기의 압축적 성장이 남긴 사회적 문제와 세계화와 정보화의 충격이 끊임없이 몰고 오는 새로운 사회문제가 서로 얽혀 있는 복잡한 구조 속에 갇혀 있다.

따라서 과거처럼 혈연, 지연, 학연 등에 의거한 폐쇄적인 연고 집단의 '신뢰성'이나 노동자나 농민조직의 '집단성'에만 기대어 사회자본을 확충하는 것은 힘들게 되었다. 또 뿌리 깊은 정치 불신과 신앙생활의 굴절된 세속화 때문에 정당이나 종교적 자성에 의지한 사회적 연대에 거는 기대도 어렵게 되었다. 그렇기 때문에 끼리끼리의 닫힘이 아니라 모두에게 열림으로 다가서는 건강한 시민사회운동이 더욱 절실하게 요구되고 있는지도 모른다. 남남 갈등과 남북 갈등이 뒤섞인 한국적 상황을 타개하는 데 있어서 열려 있으면서도 다양한 시민사회운동은 사회자본의 축적에 있어서 앞으로 좀 더 중요한 역할을 수행할 수 있을 것이다.

3. 일상의 철학적 성찰

멜랑콜리와 사회

2006년 추석의 만월은 구름에 가려 볼 수 없었다. 이국에서 보는 한가위의 둥근 달은 오히려 이를 바라보는 이방인의 심사를 더 심란하게 만들기에 잘된 일인지도 모른다.

동서양을 막론하고 무겁고 우울한 감정을 문학이나 예술 작품은 인간존재의 본질로 승화시켜 왔다. 2005년 말 파리에 이어 2006년 봄 베를린에서 열린 '멜랑콜리'라는 주제의 전시회는 바로 서양의 정신사를 관통하여 왔던 특이한 개념의 깊이와 폭을 종합적으로 보여 주었다. 턱을 고이고 앉아 깊은 생각에 잠겨 있는 여성의 모습을 담은 뒤러(Albrecht Dürer)의 〈멜랑콜리아 I〉(Melencolia I)이라는 제목의 동판화나 같은 모티브를 소재로 한 뭉크(Edvard Munch)의 동일한 제목의 그림은, 사람의 우울한 감정을 유발시킨다고 믿어졌던 '검은 담습(膽汁)'의 뜻을 담고 있는 그리스어로부터 유래하는 멜랑콜리의 분위기를 잘 표현하고 있다.

무한한 우주와 유한한 인간 사이의 불균형은 우리에게 깊은 절망감을 가져다주지만, 다른 한편으로는 세계를 비밀스러운, 그리고 환상적인 아름

뒤러의 〈멜랑콜리아 I〉

백남준의 〈부처〉

다움으로 바라볼 수 있도록 만드는 감정도 선사한다. 멜랑콜리는 그러나 서양의 중세에 일반적으로 종교적인 신념을 좀먹는 병적인 현상으로서 죄악시되었다. 이와 반대로 르네상스 시기의 의사이자 철학자 피치노(Marsilio Ficino)는 멜랑콜리 속에 담겨 있는 깊은 자기성찰이 천재적 발상으로 이어질 수 있는, 긍정적인 것으로 해석하기도 했다. 전체적으로 보아 근대 이성에 대한 확신 위에 선 계몽의 철학은 멜랑콜리를 부정적으로 평가하는 반면에 근대 이성의 어두운 측면을 고발한 사상적 흐름은 이의 기능을 긍정적으로 바라본다.

위에 말한 전시회에는 백남준 씨의 비디오 화면에 비친 〈부처〉라는 잘 알려진 설치미술 작품도 전시되었다. 우리에게는 마음을 비우게 만들고 편하게 만드는 불상이 전시 기획자에게 우수(憂愁)의 감정을 전달하는 작품으로 보인 점이 조금 이상하게 느껴졌다. 우리는 오히려 '성불사'의 노래 가사처럼 인적 없는 산속에 호젓이 있는, 쇠락해 가는 조그마한 산사(山寺)에서 그러한 감정을 느낄 수 있다. 물론 서양의 바로크나, 최근에는 탈현대적인 건축도 그리스나 로마 유적에서 볼 수 있는 앙상한 돌기둥이나 무너진 성벽을 살린 건축물의 조성을 통해서 그러한 감정을 불러일으킨다.

18세기 이후 서양에서 근대에 대한 하나의 반동으로 개인이 자연이나 인간 내면의 세계로 도피하는 과정 중에 본격적으로 논의되었던 멜랑콜리와 완전히 등치될 수 있는 개념을 동양에서는 발견하기 힘들다. 물론 서양의 정신병리학이나 정신분석학이 동양 사회에 수입되면서부터 같거나 비슷한 개념 또는 용어를 사용해 보려 했으나, 일본의 정신병리학자 기무라 빈(木村敏)은 동양에서 인간은 원자적(原子的) 개인이 아니라 인간 개념이 이미 담고 있는 동적인 '사이'(間)를 전제하는 사회성 그 자체라고 지적하고, 시인 김지하도 바로 '틈'을 여유, 여백, 관용, 자비, 공경, 사랑의 요건이라고 강조한다.

그러나 유례없는 압축적 산업화를 동반했던 초(超)도시화 과정은 인간 사이의 그러한 틈을 만드는 것에 인색했고 한국 사회는 지금 OECD 국가 가운데 자살률 1위를 기록하고 있다. 그러면서 추석을 맞아 고향을 찾아 이어지는 끝없는 행렬은 적어도 인간적인 소통의 길을 열어 보려는 오랜 관습이나 노력이 여전히 살아 있다는 사실을 보여 주고 있다. 문제는 우리 삶이 추석과 같은 명절의 연속일 수 없기 때문에 현재 사는 삶의 공간 속에서 착실하게 틈을 만드는 것이 더 중요한 일이 아닌가 하고 생각한다.

멜랑콜리는 분명 불행한 감정이지만 우리를 깊은 자기반성의 사유로 인도하는 반면에, 행복한 감정은 우리를 들뜨게 만들며 사고력도 흐리게

만든다는 프랑스의 시인 발레리(Paul Valéry)의 지적을 떠올리며 멜랑콜리의
역설적인 유용성을 음미해 본다.

'짝퉁 시대'에 생각나는 것들

자주 듣는 단어지만 그 어원이 무엇인지 모르겠는 것 가운데 '짝퉁'이
라는 단어가 있다. 이의 어원을 여러 곳에 수소문해 알아보았으나 확실한
답을 아직 나는 듣지 못했다. '가짜'를 거꾸로 해서 '짜가'가 '짝'이 되었고
여기다 '퉁'(同)이라는 중국어 발음을 덧붙인 한국식 조어(造語)라는 설명을
들었다. 재미있는 해석이라고 느껴졌다. 베이징 거리는 물론, 뉴욕의 '차이
나타운', 바르셀로나의 뒷골목, 심지어는 지중해의 작은 섬 몰타의 조그마
한 재래식 장터에도 세계적 명품을 그대로 복사한 중국산 '짝퉁'이 버젓이
손님을 유혹하고 있다.

이미 가짜라는 사실을 알고 부르는 값을 민망할 정도로 흥정해서 싸게
살 수 있으니 나중에 사기당했다고 분통을 터뜨릴 일도 없다. 가짜지만
'애교 있는' 가짜 정도로 보여서 그런지 '짝퉁' 시장들은 대개 관광 코스에
속할 정도로 유명해졌다. 물론 상표를 도용해 위조품을 생산, 유통시키는
범죄행위에 대해서 국내법은 물론, 국제법적인 제재가 날로 심해지고 있
지만 이른바 '짝퉁'과의 전쟁의 끝은 아직도 요원하게만 보인다.

장인(匠人)들이 높은 기술과 온 정성을 들여 만든 제품을 복제한다는
것은 결코 간단치 않았다. 상품의 대량 생산 체제가 본격적으로 들어서면
서부터 복제 생산의 기술도 일반화되었고 이에 따라 특허권이나 소유권
에 근거한 법적인 대처도 집요해졌다. 특히, 우리의 경제활동에서 지적

소유권이라는 무형 자산이 차지하는 비중이 커지는 조건에서 원형(原型, Original)과 복제(複製, Copy), 또는 진짜와 가짜의 싸움은 갈수록 치열해질 수밖에 없게 되었다.

그래도 아날로그 시대는 원형과 복제의 차이를 쉽게 알아낼 수 있는데 디지털 시대에 와서는 이 둘 사이의 차이가 사라졌기 때문에 문제는 더 복잡해지고 있다. 복사기로 책을 복사하다 보면 그래도 복사본과 원본의 차이를 구별할 수 있는데 디지털 카메라로 잡은 사진은 원본과 복사를 아예 구별할 수 없게 되어 있다. 그래서 디지털 시대에 걸맞는 지적 소유권 보호를 앞세운 이른바 '디지털권 경영'(DRM)이라는 새로운 체제도 도입되었다. 물론 신자유주의 반대 운동은 이러한 체제가 앞으로 더욱 심각하게 소비자의 정보 자율권과 의사 표현의 자유를 침해하고, 전 지구적 범위에서 문화생활의 하향 평준화를 낳는다는 논지를 펴고 있다.

우리가 살고 있는 과학과 기술 그리고 정보의 시대는 어떤 의미에서 '짝퉁의 시대'라고 할 수 있다. 복제 양 돌리의 탄생으로부터 시작해서 온 한국 사회를 달구었던 황우석 교수팀의 줄기세포 연구가 보여 준 인간 복제의 가능성도 따지고 보면 신이나 자연만이 지닐 수 있는 원형을 그대로 모방하고 싶어하는 인간적 욕망의 한 표현이라고도 볼 수 있다. 이러한 인간의 본성적 욕망 없이는 사실 과학과 기술은 물론, 예술 작품도 존재할 수 없었을 것이다.

일찍이 『기술적 복제 시대의 예술 작품』이라는 저서 속에서 벤야민 (Walter Benjamin)은 예술 작품은 바로 그의 일회성으로 인해 공간과 역사 속에 뿌리를 내리고 있다고 지적하면서 '비록 가까이 있는 것처럼 보여도 먼 곳에 있는' 유일무이한 '숨결'(Aura)이 깃든 것이 예술 작품이라고 정의 했다. 그러나 기술 복제 시대에 이르러 '이곳에서 그리고 지금' 숨 쉬는 진정성의 의미는 계속 퇴색했으며 아무 곳에서나 또 아무 때나 이루어지는 복제는 그저 '흔적'(Spur)만을 남길 뿐이라고 그는 지적했다. '흔적'은 '숨결'과는 반대로 '멀리 있는 것처럼 보여도 실은 가까이 있는 환영'일 뿐이라고 그는 덧붙였다.

그렇다면 '짝퉁 시대'에는 살아 있는 '숨결' 대신에 죽은 '흔적'만이 남아 있는 것은 아닌지. 살아 숨 쉬는 '원형'에 대한 갈증이나 갈망은 사라지고 너나 할 것 없이 진짜처럼 보이는 '짝퉁'으로 요란스럽게 온몸을 휘감고 있지는 않은지. 진짜와 가짜를 구별할 수 없도록 만들고 있는 이 디지털 시대에 인간의 원형과 그의 숨결마저도 사라지는 그러한 황량한 시대를 우리 모두 함께 보내고 있지는 않은지. 우리 모두 한번 돌이켜 볼 때다.

몸과 사회

최근 한국의 인터넷 매체에 가장 많이 등장하는 단어들 가운데 '몸짱'과 '얼짱'이 있다. 거의 매일 날씬한 몸매나 멋진 남녀들의 사진과 함께 등장하는 '몸짱'과 '얼짱'에 관한 기사 없이는 신문이나 포탈이 존재할 수 없을 것처럼까지 보인다. 물론 이런 현상이 유독 한국적 현상은 아니지만 정도가 지나치다는 생각이 들 때가 많다.

몸은 부모로부터 물려받아 죽을 때까지 우리의 존재를 지탱하는 유일한 장소다. 따라서 몸의 생물학적 의미는 우선적이라 할 수 있다. 그러나 우리의 몸은 동시에 사회적 그리고 문화적 상징으로서도 특별한 의미를 지니고 있다. 몸은 건강이나 질병과 연관되어 일차적으로 문제가 되지만, 사회·문화적 가치와 규범, 그리고 이념 체계에 의하여 생산되며, 또 몸은

작자 미상의 〈아름다움을 위한 학교〉

일을 통해서 사회적 현실을 적극적으로 구성한다. 즉, 몸은 사회적 산물이며 동시에 사회관계를 새롭게 구성하는 힘이다.

그러나 몸의 사회적 의미는 동서양을 막론하고 오랫동안 잊혀졌다. 1970년대에 들어서서 몸의 문제는 격리나 감금, 또는 고문과 같은 체벌(體罰)과 관련시켜 근대이성의 폭력적 구조를 고발한 프랑스의 철학자 푸코의 연구를 필두로, 1980년대에 들어서서 여성해방운동과 접목되면서 사회·문화·정치적 맥락 속에서 본격적으로 논의되었다.

여성의 몸이 사회적으로 생산되는 데 있어서 남성 위주의 몸에 대한 이해가 자리 잡고 있음은 의심할 여지가 없다. 런던의 빅토리아앨버트박물관(Victoria and Albert Museum)에는 1800년경에 그려진 작자 미상의 〈아름다움을 위한 학교〉(Tyrannei der Schoenheit)라는 그림이 걸려 있다. 이 그림은 우락부락한 남성들이 여성을 천장에 매달고 목을 강제로 늘리기도 하고 여성들의 몸매를 자로 재어 보고 야단치며 조련시키는 장면을 보여 주고 있다.

몇 년 전 어느 일본의 대기업이 영국에서 여직원을 채용할 때 미모를 최우선으로 고려했다가 사회적으로 말썽을 일으킨 적이 있고, 중국과 한국에서도 많은 여성이 직장을 얻으려고 성형수술까지 한다는 내용의 기사가 이곳 언론 매체에 종종 등장하는 것도 여성 몸의 사회적 생산이 아시아 사회에서 여전히 심각한 문제라는 생각을 들게끔 한다.

한국적 맥락에서 여성의 몸을 구성하는 데 있어서 전통적인 가부장적 사회에서 살아온 남성의 욕망이 지배적이라는 사실에 대해서는 의심의 여지가 없다. 그러나 우리는 동시에 민족국가 단위의 경계를 허물고 오늘날 지구적 범위에서 움직이는 자본과 이를 연결하고 있는 정보의 그물망이 한국 여성의 몸을 엮고 있다는 사실을 잊어서는 안 된다. 한국 여성의 몸을 서양의 유행 산업이 경쟁적으로 개발해온 여성 미학이 지배하고 있기 때문이다. 인간의 욕망을 포함한 모든 상징적인 것들이 상품과 정보로써 생산되고 소비되고 있는 오늘날, 지구적 범위에서 우리의 삶을 생산하는 '제국'(Empire)의 '생물학적 권력'을 문제 삼는 하트(Michael Hardt)와 네그리(Antonio Negri)의 견해에 주의를 돌릴 필요가 있다.

건강과 아름다움을 표출하는 몸이 사회적 생산 과정에서 심하게 왜곡되고 있는 경향에 맞서서 진정한 '몸의 귀환'을 내세우며 여성 주체로서의 몸을 성립하려는 서양의 않은 남론이, 한국 사회에서 몸의 사회적 의미를 비판적으로 재구성하는 노력에 적지 않은 도움이 되겠지만, '몸짱'과 '얼짱'으로 현재 도배되는 정보와 광고의 바다를 헤쳐 나가는 일이 결코 쉽지 않을 것처럼 느껴진다.

건강과 아름다움이라는 이름으로 몸에 가해지는 폭력과 전횡이 그리 쉽게 사라지지 않겠지만, 앞으로는 '몸짱'과 '얼짱'에 대한 공허한 이야기보다는 '맘짱'에 대한 따뜻한 이야기를 더 자주 접할 수 있기를 기대해 보며 서양과 달리 오랫동안 몸과 마음을 하나로 여기고 진정한 몸사랑(愛身)을 가르친 동양의 사상적 전통을 새삼 떠올려 본다.

상징의 의미

뮌스터에서 강의를 마치고 베를린으로 돌아오는 길, 내가 탄 기차는 하노버 역에 잠깐 멎었다. 마침 한국의 월드컵 축구 16강 진출이 걸려 있는 스위스와의 경기가 있는 날이라 역은 온통 붉은색으로 물들었다. 한국과 스위스를 응원하는 그 많은 사람이 공교롭게도 모두 붉은색 셔츠를 입었기 때문이다. 독일에서 열렸던 1974년 월드컵도 이번처럼 개최국인 독일의 국기가 그렇게 많이 눈에 띄지 않았던 것으로 기억된다. 이를 두고 우려하는 소리도 있지만 이러한 현상을 그렇게 심각하게 정치적으로 해석할 필요까지는 없다는 여론이 우세했다.

'붉은 악마'의 셔츠든, 역사적 맥락에서 종종 부정적으로 보이는 독일의 국기든지 간에 우리가 일상적으로 사용하는 상징은 이를 사용하는 개인이나 집단의 일체감을 시각적으로 직접 보여 준다. 그리스어로 상징(symbolon)은 '결합한 것'이라는 뜻이 있다. '나누어진 것'(diabolon)은 이의 반대 개념이며 이는 또 악마(diabolos)와도 어원을 같이하고 있다. 즉, 하나로 만드는 '상징'은 편을 가르고 이간질하는 '악마'와 대립하고 있다.

사실 우리는 단 하루도 상징과의 만남이 없는 생활을 상상할 수 없다.

광고나 교통 표지판이 아마 대표적인 예일 것이다. 또 교통 표지판이나 자연과학에서 사용하는 기호나 부호처럼 누구나 공통적으로 정확한 이해를 전제한, 규범화된 상징도 있지만, 반대로 종교나 신화 또는 예술에서는 명확하게 해석될 수 없는, 신비스러운 그 어떤 여운을 남기는 상징도 있다. 바로 이러한 이유에서 상징은 반이성적이고 비합리적인 것으로 여겨졌으며 철학적 탐구에서도 오랫동안 배제되었으나 독일의 철학자 카시러(Ernst Cassirer)나 프랑스의 사회학자 부르디외(Pierre Bourdieu) 등에 의해서 이 상징의 세계가 지니는 근원적인 의미와 사회적 기능은 다시 적극적으로 제기되었다.

월드컵과 관련해서 상징이 제기하는 문제의 하나로서 필자는 최근의 한 기사를 떠올리게 된다. 어떤 맥주 회사가 월드컵을 맞아 자사 상품을 선전하려고 푸른색의 한반도기가 부착된 선수복을 입은 축구 선수 박지성을 등장시켰다. '박지성 가슴에 왜 한반도기냐?'라는 보수 단체들의 거센 항의를 받고 광고기획사는 한반도기를 삭제해서 광고를 내보냈다는 내용이었다. 한반도기를 둘러싼 이런 식의 논란이 물론 처음은 아닌 것 같다.

상징은 기본적으로 인과관계를 전제하지 않는다. 예를 들면 연기는 불의 상징이 아니다. 불과 연기 사이에는 인과관계가 전제되어 있다. 그러면 맥주 광고와 푸른색의 한반도기 사이에도 인과관계가 성립하는가. 해당 맥주 회사가 월드컵의 공식 후원자가 아니기 때문에 태극기를 사용할 수 없어 고육지책으로 한반도기를 사용했는데 이를 정치적으로 확대해석해서 일종의 인과관계를 설정한 잘못된 상징 해석의 전형을 보여 주고 있다.

위에서 지적한 것처럼 상징의 기능은 갈라진 것들을 서로 합하는 데 있지, 결코 악마처럼 합한 것들을 가르는 데 있지 않다. '붉은 악마'들은 그의 이름과는 달리 사상이나 이념, 출신과 성별 그리고 직업, 심지어는 연령의 벽까지도 무너뜨리며 모두를 하나로 만드는 상징이 되었다. 자신과 상대방을 편 가르는 그러한 악마의 표상은 이미 아니다.

애석하게도 우리 모두 바랐던 결과는 얻지 못했지만 월드컵에서 우리나라 선수들은 최선을 다해서 잘 싸웠고 '붉은 악마'들도 그의 열정을 남김없이 전 세계에 보여 주었다. 2010년 남아프리카공화국에서 열리는 다음번 월드컵대회에서는 남북이 하나가 되는 상징, 푸른 한반도기를 가슴에 달고 경기장을 누비는 선수들과 이들을 뜨겁게 성원하는 온 겨레의 함성을 기대해 본다. 인종 간의 갈등과 증오를 넘어 용서와 화해로서 다시 깨어나는 남아프리카 땅에 민족 분단을 넘어 하나가 되는 상징, 푸른 한반도기가 펄럭이는 장면을 떠올려 본다.

땅과 바다

뉴욕을 잠깐 다녀왔다. 서울에서 미국행 비행기를 타면 태평양을 넘지만 나는 대서양을 넘어 미국을 방문한다. 태평양과 대서양을 낀 나라는 미국과 캐나다처럼 북미의 큰 나라들도 있지만 파나마처럼 두 대양을 운하로 연결하는 중미의 작은 나라들도 있다.

땅과 바다가 지니는 정치적 의미를 세계사적 관점에서 해석한 많은 저서 가운데 독일의 공법학자 슈미트의 『땅과 바다』(Land und Meer)가 있다. 이 책에서 슈미트는 역사는 '땅을 밟는 자'와 '바다를 가르며 항해하는 자' 사이의 투쟁이었으며 프랑스와 영국 사이의 투쟁은 그의 가장 대표적인, 그리고 동시에 극히 매혹적인 역사의 장이라고 적고 있다. 또 땅과 바다의 이원론은 유럽 근세의 정치와 국가, 법과 노동을 규정했다고 보는 그는 교통과 통신수단의 비약적 발달로 인해 땅과 바다 사이의 관계가 새롭게 정립될 것으로 내다보았다. 또 『땅의 법칙』(Der Nomos der Erde)이라는 다른 저서에서 그는 미국처럼 모든 것을 지배하려는 '이기적 힘'에 의해서가 아니라 여러 강국이 형성하는 다수의 관계로서 새로운 '땅의 법칙'이 요구된다고 강조했다. 이것은 그러나 평화협정이나 국제기구에 의해서 보장되는 것이 아니라 오히려 전쟁과 같은 갈등을 통해서만 달성될 수 있을 것으로 보았다.

세계화라는 과정 속에서 민족국가가 그의 주권 행사에 여러 가지로 제약을 받고 있는 조건하에서 땅과 바다의 의미도 사실 많이 변했다. 민족국가가 땅과 바다의 경계가 만들어 내는 절대 공간을 그의 개념 구성의 핵심으로 하고 있는 데 반하여, 세계화 시대의 땅과 바다는 '흐르는 공간'에 남아 있는 과거 삶의 흔적에 지나지 않는다는 주장도 있다. 그래서 이제는 나라 사이를 가르는 국경선 대신에 흡사 지평선이나 수평선처럼 다가가면 또다시 멀어지는 경계선이 아닌 경계선이 '세계사회'를 그물처럼 연결하고 있다는 것이다. '우리 시대의 공산당선언'이라고까지 평가되고 있는 하트와 네그리의 저서 『제국』도 과거 땅과 바다의 장악을 중심으로 한 제국주의와는 달리 중심이 없는, 따라서 안과 밖도 구별되지 않는 하나의 그물망과 같은 세계로서 오늘의 제국을 보고 있다.

이렇게 우리 삶의 정치적 실체를 담고 있다고 여겨지는 땅과 바다의 의미가 세계화와 더불어 날로 변화하고 있다지만, 가령 세계화에 저항하는 비정부기구의 성격을 띤 수많은 지역적 저항과 운동늘은—그것이 실사 정치적 낭만주의에 뿌리를 내리고 있다손 치더라도—땅과 바다의 새로운 의미를 다시 생각하게 한다.

그렇다면 동아시아 대륙의 한 모서리에 자리 잡고 있으면서 광대한 태평양의 줄기와도 닿아 있는 한반도에 있어서 오늘날 땅과 바다의 의미는 무엇인가. 대륙 세력 중국과 해양 세력 일본 사이에서 오랫동안 시달렸던 한반도는 유형무형의 상품 흐름이 공간을 지배하고 있는 세계화라는 현실에도 불구하고—가령 '동북공정'이나 독도 분쟁이 보여 주고 있듯이—그것이 지금까지 숙명적으로 안고 있는 땅과 바다의 의미를 쉽사리 버릴 수 없을 것처럼 보인다. 아니 오히려 그의 의미나 비중이 앞으로 커질 수도 있는 여러 증후(症候)까지도 보이고 있다.

그래서 자주 이야기되는 '동북아의 허브'가 단순한 소망 사항이 아니라 현실로 나타나려면 남북을 다시 잇는 철도와 도로는 최우선적 과제다. 그렇게 될 때 한반도는 비록 작지만 태평양과 대서양을 서로 연결할 수 있는 대륙의 역할도 보여 줄 수 있다. 그러한 한반도는 태평양 자락에 있는 부산과 대서양 연안 포르투갈의 수도 리스본을 연결하는 '흐르는 공간'으로서 세계화 시대에 걸맞는 땅과 바다의 새로운 의미까지도 전달할 수 있다. 매년 6월이면 논란의 대상이 되는 '6·15공동선언'은 그러한 긴 이정표의 귀중한 시작이다. 이와 같은 중요한 사건을 우리는 결코 근시안적으로 접근해서는 안 된다.

여성과 정치

2006년에는 여성 국무총리가 탄생하고 서울 시장 선거에도 여성 후보가 주목을 받은 바 있었다. 여성이 야당 당수를 오랫동안 역임하기도 했으니 이 같은 일이 특별한 사건은 아닐 수도 있다. 그러나 여성의 정치 참여가 아직도 일상적인 일로 받아들여지지 않고 있는 한국 사회이기에 여러 가지로 관심을 끌 수밖에 없었다. 얼마 전 독일에서도 여성 총리가 처음으로 탄생, 지금까지 남성명사로만 있었던 총리 '칸츨러'(Kanzler)에 여성변화 어미(語尾)를 붙여 '칸츨러린'(Kanzlerin)이라는 새 단어를 만들어야만 했다.

정치의 기본 코드는 권력의 유무(有無)다. 권력 쟁취를 위한 투쟁은 모든 윤리적 규범으로부터 자유스러워야 한다는 마키아벨리즘이 지배하는 곳에 여성이 설자리가 없다는 것이 일반적인 통념이다. 여성의 아름다움, 부드러움 나아가 모성애적인 따뜻함과 평화스러움이 난폭하고 험한 정치판에 전혀 어울리지 않고 또 버텨낼 수도 없다는 것이다.

남편인 피터 3세를 살해하고 황제의 자리에 올라 터키와의 전쟁에서 승리, 크림반도 북부까지 영토를 확장했던 러시아의 카타리나 대제, 포클랜드 문제로 아르헨티나와 전쟁까지도 불사했던 영국의 대처 수상, 이웃 나라 파키스탄과 무력 충돌에 이어 전쟁을 벌였던 인도의 간디 수상처럼 그 같은 통념에 반하는 여걸들도 있지만, 동서양과 고금을 막론하고 여성과 정치는 거리가 멀다는, 아니 멀어야만 한다는 생각의 뿌리는 꽤나 깊다.

이에 대하여 사회주의자들은 무엇보다도 남녀 간의 차별 자체를 바로 자신의 구성 요소로 삼고 있는 계급사회가 타파되고 사회주의 사회가 수립되면 여성과 정치를 보는 그러한 부정적인 생각도 기본적으로 바뀔 것으로 내다보았다. 그러나 도시와 농촌의 격차, 정신노동과 육체노동의 차이, 그리고 종족 간의 갈등과 더불어 남녀 간의 차별 문제도 원만하게 해결하지 못했다는 것을 현실 사회주의는 보여 주었다. 현실 사회주의가 무너지고 나서 보다 더 어려운 처지에 놓이게 된 것이 바로 여성들의 처지임을 감안할 때 '역사의 종말'을 구가했던 자본주의도 문제 해결의 열쇠를 쥐고 있는 것은 결코 아니라는 것을 보여 주고 있다.

바로 이러한 이유에서 여성문제를 사회적 관계보다 여성 존재의 더 깊은 내면으로부터 분석한 '여성주의적' 논의들이 활발하게 전개되었다. 이런 논의들은 무엇보다도 남근, 폭력, 주체, 동일성의 표상으로서 '남성'에 의해서 일방적으로 규정되고 또 배제된 타자로서의 수동성, 부드러움, 상상력, 연대성, 비(非)동일성인 '여성'을 문제 삼았다. 자신의 이마에 자기가 누구인지를 설명하는 글이 적혀 있지만 정작 자신은 이를 읽을 수 없게 되어 있는 주체 아닌 주체가 바로 '여성'이라고 보기 때문이다. 이 같은 모순으로부터 도출된 역설적인 결론, 즉 '여성은 존재하지 않는다'는 자기 확인은 그래서 더욱 더 강렬하게 여성의 자기 긍정을 요구하게 된지도 모른다. 그러한 요구로부터 한 걸음 더 나아간 버틀러(Judith Butler)의 '탈여성주의적'(postfeminist) 담론은 여성을 하나로 묶어 보는 시각 자체도 남성에 의해서 강요된 것으로 보고, 여성 내부에 존재하는 '차이'도 문제 삼는다. 이러한 시각은 그러나 여성문제의 절박한 현실적 구조를 성의 상징적 표현의 문제로만 보려는 위험을 안고 있다.

여성 정치인의 부각과 더불어 여성문제를 사회적 맥락에서 보아야 하느냐, 아니면 '여성주의적' 또는 '탈여성주의적' 시각에서 바라보아야 하는지, 여성 정치인도 제도화된 남성 중심의 정치 구조 속에 결국 함몰되고 말 것인지, 많은 여성들이 왜 여성 정치인에게 투표하지 않는지, 모성 담론에 의거한 보다 더 인간적인 정치의 가능성과 한계 등 앞으로도 많은 질문이 제기될 것이다. 여성 정치인의 부상을 한국 사회의 크고 작은 모순을 직시하는 중요한 계기로 삼아야지 그저 정치계의 또 하나의 흥미로운 이야기로만 보고 지나쳐서는 안 된다고 생각한다.

추방된 자를 위한 변명

필자가 꼭 아홉 달 동안 간혀 있었던 서울구치소를 찾은 두 아들이 면회 시간에 나에게 독거 감방의 구조며 하루의 일과에 대해서 종종 물었다. 독일에서 태어나 자랐기 때문에 한국의 생활 풍습이 낯설기도 했지만 전혀 예기치 못한 상황 속에서 긴장된 시간을 특수한 공간에서 보내고 있는 아버지의 생활환경이 더욱 궁금했을 것이다.

사회학에서 이른바 '총체적 제도'라고 불리는 이러한 공간은 구치소나 교도소 외에도 병원 특히 정신병원, 병영, 학교 등을 의미한다. 이 모든 제도들이 안고 있는 문제가 정도의 차이는 있지만 심각하다는 사실은 일반적으로 잘 알려져 있다. 법률 위반 행위나 그에 대한 혐의로 구속된 사람, 병자나 정신이상자, 군 복무자, 학생들을 일반 사회로부터 격리시켜 엄격한 규율을 통해서 통제하는 과정 중에는 인권유린 사태도 빈번하게 발생하고 이는 내부로부터 또 다른 반항적인 폭력을 불러일으키기도 한다. 이로 인해 가끔 세간을 놀라게 하는 엄청난 사건도 발생한다. 한국에서는 남미처럼 재소자의 대대적인 폭동은 없지만 군대나 학교 또는 재활원 같은 곳에서 발생하는 크고 작은 사건이 많다.

특히, 규율과 통제는 기본적으로 몸을 매개로 해서 이루어지는데 고문과 체벌은 그의 대표적 예다. 군사정권 때와 비교하면 지금은 여러 가지로 재소자를 위한 조건들이 개선되었다고 하지만 구치소에는 아직도 징벌방이 따로 있다. 구치소 내의 규정을 어기거나 폭력을 행사하는 재소자를 일정 기간동안 이 방에 가두어 놓고 면회와 운동 시간도 제한한다. 인적이나 물적으로 열악한 조건에서 교도관이 너무나 많은 재소자를 상대하다 보니 재소자 개개인이 안고 있는 사연에 관심을 갖고 대화라도 나눌 수 있는 여유는 전혀 없다. 사회로부터 일단 배제되고 또 격리된 집단을 배려하기에는 여러 가지로 상황이 어렵다고 하지만, 이보다 더 근본적인 문제는 이들에 대한 사회적 통념이다.

범죄자와 정신병자는 대개 '비정상'이나 '비이성적' 존재이기 때문에 '정상적'인 사람들이 사는 사회로부터 격리 수용되는 것은 정당하며, 때로는 이들을 영원히 추방시켜도 된다는 주장이 있다. 이렇게 정상과 비정상, 이성적인 것과 비이성적인 것으로 나누어 보는 이분법적 시각은 동성애자, 외국노동자 등에게도 적용된다. 특히 냉전적 사고 구조 속에서 이른바 '빨갱이'를 죽여도 죄가 될 수 없다는 논리도 이러한 시각에서만 성립 가능하다. 이렇게 조건반사처럼 작동하는 선별과 배제의 논리는 주로 집단적 기억과 관습에 의존한다. 그러나 '정상'과 '비정상'을 구별하고 이를 학문적으로 뒷받침하는 법학이나 임상심리학과 같은 지식 체계 없이는 그러한 배제의 구조도 견고하게 유지될 수 없다. 그러한 지식 체계를 또 대중화시키는 정보 매체가 지배하는 오늘날 그러한 배제에 대한 저항은 저항 가요를 반복해서 부르는 식으로는 성공할 수 없다. 때로는 싸우는 대상이 하도 한심해서 싸우는 자신마저도 초라하게 느껴졌지만, 그래도 전투적 자세를 취하지 않고서는 가령 감옥과 정신병원의 비인간적이며 폭력적인 구조와 싸울 수 없었다고 푸코는 술회한 적이 있다.

그는 또 진리라는 이름으로 법이나 관습이 어떤 선을 그어 그 선을 넘어서는 안 된다고 항상 우리에게 경고를 보내고 또 우리를 처벌하지만 그것의 진정한 의도는 기존의 권력 체계 유지에 있다고 고발한다. 생산적인 것은 어느 한 곳에 정착한 사람들의 것이 아니라 유목민의 것이다. 흐르는 물이 썩지 않는 것처럼 이제는 우리 자신도 과거의 관습과 법이 정한 테두리 밖으로 나와 오늘의 세계가 필요로 하는 보편적인 사회적 약속이 어떤 것인지를 우리 모두 생각해야 한다.

'이민(移民) 시대'의 윤리

2005년 7월 외국인이 밀집해서 사는 베를린의 한 구역에서 화재가 발생, 터키와 폴란드 출신의 이주자 9명이 숨지고 많은 사람이 중화상을 입은 불상사가 발생했다. 책임 소재를 둘러싼 논란 중에 외국인들이 소방관의 지시를 이해하지 못했기 때문에 피해가 컸다면서 앞으로는 외국인의 거주를 허가할 때 독일어 해득 능력을 철저히 시험해야 한다는 주장도 나왔다. 이에 대하여 불의의 상황 속에서는 독일 사람도 사태 판단을 잘못해서 피할 수 있는 재난도 당할 수 있기 때문에 그 같은 주장들은 설득력이 없다고 반박했다. 또 9월 중순에 있을 총선에서 외국인 문제를 쟁점화해 유권자의 표를 더 얻어 보겠다는 얄팍한 발상이 낳은 무책임하고 비인간적인 작태라는 비판의 목소리도 나왔다.

물론 언어는 원활한 상호 이해를 위한 극히 중요한 수단이다. 그러나 이것만으로는 불충분하다. 필자는 뉴욕의 한국 식당을 찾을 때 그곳에서 일하는 멕시코 출신 종업원들의 능숙한 우리말 구사력에 종종 놀란다. 독일에서도 한국 식당에서 일하는 네팔 출신의 요리사를 본 적이 있다. 의사소통에 큰 문제가 없음에도 불구하고 이들과 한국인 고용주 사이의 갈등이 적지 않고, 불법 고용과 저임금 문제 때문에 현지의 경찰이나 노조와의 분쟁도 자주 있다. 문화적 요소들이 경제적 이해관계와 얽혀, 인종 간의 갈등을 증폭시키기 때문이다. 소수민족으로서 우리 동포들이 겪은 1992년 4월의 로스앤젤레스 흑인 폭동은 이러한 갈등을 보여 주었던 대표적 사건이다.

물론 외국 땅에서만 이 같은 문제가 발생하는 것은 아니다. 현재 30만이 넘는 외국인 노동자들이 살고 있는 한국에서도 임금 체불이나 인권침해로 인해 여러 가지 사회적 문제가 야기되고 있다. 최근에는 여수에서 대형 화재로 외국인 체류자가 다수 사망하고 부상당하는 참화도 발생했다. 이러한 갈등과 사고의 근저에는 물론 외국인, 그것도 특히 가난한 나라에서 온 노동자들에 대한 한국 사회의 부정적인 정서나 편견도 놓여 있다. 지하철에서 외국인 노동자가 앉아 있으면 그 옆 자리가 설사 비어 있어도 그 자리를 애써 피하려는 광경을 자주 목격했던 아내에게도 이 경험은 쉽사리 지울 수 없는 서울의 어두운 인상 가운데 하나였다.

독일의 외국인 노동자나 이주민 정책을 참고할 만하다고 해서 서울로부터 기자나 시민운동가들이 종종 독일을 방문하지만 자세히 들여다보면 이 곳 역시 문제는 많다. 특히 통일 이후 옛 동독 지역에서 외국인 이주자들에 대한 테러 사건이 아직도 발생하고 있다. 물론 옛 서독 지역의 상황이 이와 비교해서 크게 양호하다는 것은 아니다. 사실, 옛 동독 지역에서 휴가를 한번 보내고 싶었으나 아직까지 필자가 이를 실행에 옮기지 못한 이유 중에 하나도 우발적으로 발생할 수 있는 그러한 사태에 대한 우려 때문이다. 옛 서독 지역보다는 외국인들과 접촉 기회가 적었던 이 지역이 통일 이후에 누적되고 있는 상대적 박탈감 속에서 외국인 이주자들을 쉽게 속죄양으로 만들 수 있는 분위기가 아직도 있다.

현재 자국 내 취업 인구의 10% 전후를 외국인 노동자가 차지하는 서유럽 사회와 비교할 때 한국 사회에서 외국인 노동자가 제기하는 문제는 아직은 덜 심각하다고 볼 수 있다. 그러나 한국도 이제는 외국인 노동자 문제를 심각하게 고민하고 대책을 마련해야 한다. 신자유주의는 국경을 넘는 자본 이동의 자유에 대해서는 목소리를 높이지만 노동력의 이동 문제에 대해서는 아예 고개를 돌리는 모순된 모습을 보여 주고 있다. 그러나 이미 시작된 빈국에서 부국으로 향하는 인간의 대이동 행렬은 까다로운 출입국 수속 절차나 밀입국 저지를 위해서 만든 캘리포니아와 멕시코 사이의 높은 장벽 등의 물리적 수단만으로 통제할 수 없게 되었다. 오히려 현재 실시하고 있는 부국의 이주 통제 정책은 지구적 범위의 불평등을 강화하고 있다고 옥스퍼드대학의 이민 문제 전문가 스테판 카슬(Stephan Castle)은 지적하고 있다. '이민의 시대'(Age of Migration)가 제기하는 새로운 지구적 과제 해결에 한국도 이제는 동참할 수밖에 없게 되었다. 어떤 경우든지 외국인 노동자를 노동력으로서가 아니라 같은 인간으로서 바라보는 확고한 자세야말로 과제 해결의 근본이라는 사실을 잊지 말자.

도시의 미학

고층 아파트들이 빼곡하게 들어서 있는 동부 베를린의 마르찬(Marzahn)이라는 구역에는 이미 일본식, 중국식 그리고 인도네시아의 발리식 정원에 이어 지금은 이스라엘의 유대식 정원이 조성 중이다. 항상 그렇듯이 동양이라면 으레 일본과 중국이 먼저다. 이를 본 삼성이 '서울 정원'을 조성, 금년 가을에 완성해서 구역에 선사할 것이라는 소식이 들린다. 주택난으로 시달렸던 동독이 대대적으로 건설한 이 구역은 영락없이 서울의 아파트촌을 연상시킨다. 통일 이후 이곳의 아파트를 전반적으로 보수하고 새로운 녹지를 조성해서 이국적인 정취를 전하는 정원들을 연달아 꾸미고 있다.

무미건조한 조립식 아파트촌 안으로 자연을 모방한 동양의 정원 양식을 끌어들여 도시적 삶의 세계를 보다 윤택하게 꾸려 보자는 의도에서였다. 오직 수직으로 올라가는 회색빛의 건물, 그 네모난 벽과 네모난 창 등 모든 것이 철저하게 직선이 지배하는 이 엄청나게 큰 아파트단지에 기하학적으로 조성된 유럽식 공원 대신에 자연스럽고 유연한 곡선의 아름다움을 살린 동양의 정원을 조성했다. 18세기에 영국으로부터 시작해서 유럽 전역에 퍼진 이른바 영국식 정원은 숲, 들판, 샛길, 바위, 못과 같은 자연풍경을 그대로 재생하려고 했으며, 중국식 정원 조성을 그의 모범으로 삼았다. 정원이나 공원이 자연 그 자체는 분명 아니지만, 가능한 한 자연의 아름다움을 그대로 재현하고 싶었던, 당시 산업화의 선두에 섰던 유럽인의 심미적 취향에 자리 잡은 동양적 공간 미학의 위상을 보여 주는 대목이다.

이렇게 서양의 공간 미학에 있어서 중요한 발상의 근거를 제시해 주었던 동양의 오늘의 모습은 과연 어떤가. 서울, 도쿄, 베이징에서 도시와 거주 경관 문제는 대체로 주택 생산 자본의 이해가 철저히 관철되는 수요 공급의 논리에 의해서 뒤로 밀려났다. 이 도시들은 서로 다른 성장 배경과 구조를 지니고 있지만 우선 공공성을 띤 공원 녹지가 차지하는 비중이 너무 낮다는 점에서는 모두 비슷하다. 또 이미 올림픽 경기를 주최한 도쿄와 서울, 2008년에 역시 이를 주최할 베이징 모두가 부동산 자본에 의한 '거품 경제'의 구조를 지녔다는 점도 유사하다. 이와 함께 고도화되고 있는 도시 소비생활과 직접 관련된 교통 체증, 대기오염, 수질오염, 폐기물 처리 문제도 비슷한 양상을 보여 주고 있다. 국가가 직접 공공 교통수단이나 환경 시설과 같은 집단적 소비 부문에 많은 투자를 했던 서구의 경험과 달리, 도시계획 자체도 이들 도시에서는 기본적으로 개인 자본 지향적이다. 이는 이른바 사회주의 체제라는 중국에서도 크게 다르지 않다. 부동산 경제가 한 나라의 경제는 물론, 정권의 운명까지 좌지우지할 수 있는 상황에서 전체 사회 성원의 이해관계가 공평하게 고려되는 도시 개발은 따라서 어려울 수밖에 없다.

베버는 '지배사회학'의 한 부분으로 도시문제를 다루었다. 인간 사회가 숙명적으로 안고 있는 지배의 문제는 도시문제와도 직결되었기 때문이다. 그동안 중앙집권적인 정치 결정 구조 속에 갇혀 있던 도시가 지방자치제의 도입으로 중앙정부에 대하여 상대적 자율성을 행사할 수 있게 된 점은 분명히 도시 공간의 재구성에도 힘을 실어 주고 있다. 그러나 최근 행정수도 이전 문제를 둘러싼 갈등이 보여 주고 있는 것처럼 도시 정치의 논의는 아직도 지역주의 안에 갇혀 있다. 앞으로 이러한 지역주의의 한계도 극복하면서 주민의 사회, 경제 그리고 문화적 갈등을 해소하는 데 있어서 무엇보다도 시민사회운동의 적극적 역할이 기대된다.

지역 그리고 계급과 계층의 이해관계가 첨예하게 드러나고 있는 도시 공간은 생산과 소비가 집중적으로 이루어지는 단순한 지리적 단위가 아니라 역사 속에서 빚어진 사회·문화적 이미지 그 자체이기도 하다. 도시공간이 전달하는 이미지는 바로 그 사회의 꿈이기 때문에 이를 제대로 해독(解讀)하면 그 사회적 현실도 저절로 드러난다. 도시적 삶의 공간을 좀 더 인간적으로 꾸리는 작업이 쉽지 않지만, 오늘날 이 문제만큼 절박한 것도 없다. 이는 37년 만에 서울을 다시 보고 얻은 필자의 인상이기도 하다.

종교에 대한 단상

37년 만에 가족과 함께 일시 귀국했다가 예상치 못한 사나운 폭풍을 맞았기 때문에 원래 계획대로 정말 보고 싶은 많은 곳들을 직접 찾을 수 없었다. 그 와중에도 겨우 며칠 동안 들른 곳에는 절과 교회도 있다. 그러나 절도 교회도 너무나 많이 변해 있었다. 서울의 밤하늘에 붉은 네온 빛을 발하는 수많은 교회의 십자가도 1970년대 초 뉴욕의 할렘 지역에서 처음 본 흑인 교회의 네온 십자가를 연상시켜 묘한 느낌마저 들었다. 또 법정으로 가는 도중 호송 버스의 차창 밖으로 보이던 도로변 상가 건물에 붙어 있는 교회 간판들이며 중세 서양의 고딕 건축양식을 흉내 내어 지붕 위에 세운 뾰족한 종각들은 한국 기독교의 현주소의 일면을 보여 주었다.

지금 내가 살고 있는 집 근처에는 100년이 넘은 큰 개신교 교회당이 있다. 찾는 사람이 거의 없어 그 근처를 지나가다 보면 왠지 쓸쓸한 느낌마저 들 정도다. 신자 수가 점점 줄어들어 이제는 교회 건물을 유지하기조차 힘든 것이 이곳의 현실이다. 이와는 달리 한국에서 기독교는 나날이 번창하고 있는 것처럼 보였다. 슬로베니아 출신의 철학자 지젝(Slavoj Žižek)이 아시아와 유럽이 서로 맞바꾸고 있는 최고의 탈(脫)현대적인 아이러니라고 지적하고 있는 것처럼 최근 유럽에서는 불교나 샤머니즘과 같은 아시아적 신앙 체계에 대한 관심이 오히려 더 높아지고 있다.

내가 있는 대학만 해도 많은 한국 유학생이 기독교 신학을 공부하고 있고, 교민 수가 결코 많지 않음에도 불구하고 한인 교회가 여럿 있다. 독일 출신으로 현재 시카고대학에서 종교사회학을 가르치고 있는 리제브로트(Martin Riesebrodt)는 한국 사회는 물론 해외 동포 사회에서도 나타나고 있는 이러한 특이한 현상을 남미의 그것과 비교하면서 한국 기독교의 특성을 분석하고 있다. 그는 유교의 가부장적인 이념과 위계질서가 기독교에 그대로 관통되고 있다고 지적하면서, 특히 교회 내 여성의 제한된 역할과 위치를 문제 삼았다. 남미의 교회가 전통적인 남성주의(machismo)를 극

166

복하고 있는 것과 상당히 대조적이라는 것이다.

이러한 현상도 문제지만 한국의 기독교가 타 종교와 공존하기 위해 얼마나 관용을 보이고 있는가 하는 문제도 깊이 생각해 보아야 한다. 불상이 우상이라며 이를 훼손해서 사회적으로 문제된 적도 있고, 기독교를 믿지 않았기 때문에 쓰나미의 피해를 받았다는 어떤 목사의 설교처럼 종교의 다원성에 대한 인식 부재는 심각하다. 또 개인의 영적 구원에 과도하게 집착하다 보니 바람직한 사회적 관계 수립에 너무나 좁은 시각으로 접근하고 있는 것도 문제이다. 십자가가 담고 있는 보편적인 뜻이 성조기나 태극기로써 전달될 수 있겠는가. 기독교 신앙의 핵심이자 구원의 완성인 예수 부활의 뜻이 교세의 양적 확대와 배타성 그리고 반공을 통해서만 이해될 수 있겠는가.

종교가 정보와 과학기술의 시대에 살아남을 수 없을 것이라는 일반적 통념과는 달리 이제 곳곳에서 정치적·도덕적 힘의 요소로서 부활하고 있다. '종교의 복귀'라는 말이 나돌 정도로 종교는 오늘날 미국 정치에서도, 또 이슬람의 근본주의적 저항에서도 그 힘을 다시 드러내 보이고 있다. 세계화가 몰고 오는 엄청난 충격은 지구촌 곳곳에서 위기감과 무력감을 증폭시켜 종교의 형식을 빌린 위기의 예방과 처방을 요구하고 있다. 이렇게 종교의 역할이 중요해지면 중요해질수록 종교는 과거보다 더 다른 종교와의 관계를 진지하게 생각해야 한다. 또 종교만이 유일하게 사회문제를 해결할 수 있다는 식으로 지적 권위를 배타적으로 행사해서도 안된다. 종교는 이제 '시민종교'로서 민주적 공동체가 제대로 기능하기 위한 정치적 윤리규범을 설정하면서도 '비종교적인 것'에 대해 더욱 열린 태도로 임해야 한다. '종교의 복귀'는 '탈(脫)세속화'가 아니라 일종의 '재(再)세속화'의 현상이다. 천상으로 올라가기 위해서가 아니라 날이 갈수록 복잡해지고 있는 이 지상의 문제 때문에 종교는 다시 돌아온 것이다.

느림의 미학

최근 눈에 띄게 부쩍 늘은 중국 관광객을 위해서 어느 여행사가 특별 프로그램을 개발했다는 기사를 읽은 적이 있다. 이 프로그램에는 세계에서 유일하게 아직도 속도 제한이 없는 독일 고속도로 위를 독일제 최고급 승용차를 몰고 질주해 보는 일정도 들어 있다. '현대화'의 구호 밑에서 계속 고도성장을 구가하고 있는 중국의 신흥 갑부들이 드디어 속도가 주는 짜릿한 쾌감을 독일 땅에서 만끽할 수 있게 되었다. 반면에 1989년 이래 줄곧 서독의 속도에 자신의 속도를 맞추어야만 살아남을 수 있게 된 옛 동독 사람들은 가끔 '동독에 대한 향수'에 젖어 그동안 서독의 소비 제품에 밀려 상점의 진열대에서 사라졌던 상품을 다시 찾기도 한다.

이처럼 어떤 사회가 안고 있는 속도의 변화는 그 속에서 살고 있는 사람들에게 일정한 만족감이나 성취감도 주지만 불안감이나 불만감도 심어 준다. 현대사회에 있어서 속도가 지니고 있는 특성에 대한 고찰을 하나의 학문적 영역으로 발전시킨 프랑스의 비릴리오(Paul Virilio)는 무엇보다도 전쟁이 속도의 의미를 가장 명확하게 보여 준다고 지적한다. 활, 총, 대포, 미사일, 레이저로 발전해 온 무기 체제가 바로 속도가 지니는 공격성과 파괴력을 잘 보여 주고 있기 때문이다. 그는 또 전자 통신 혁명은 우리로 하여금 언제든지 또 어떤 곳에서든지 일어나는 일에 직접 또는 간접적으로 참여할 수 있게 만들고 있으나, 이로 인해 우리들의 지각 능력은 엄청난 부담을 안게 되었다고 주장한다. 인간의 시간이 아니라 기계의 시간이 우리를 지배하기 때문이다.

인간의 기동성을 높이는 자동차가 자주 교통 체증의 원인 제공자가 되고 있다. 어떤 때는 걸어가는 편이 더 빠를 수도 있다. 목적지에 한시라도 빨리 도달하기 위해서 개발된 기술 수단이 이제는 오히려 우리의 삶을 정체(停滯)시키고 있는 역설적 현상을 보여 주고 있다. 이러한 역설을 문학적으로 다룬 독일 작가 나돌니(Sten Nadolny)의 『느림의 발견』이라는 소설이 있다. 소설의 주인공은 영국의 실제 인물 존 프랭클린(John Franklin)이다. 그는 어릴 때부터 말과 동작이 극도로 느려서 주위로부터 항상 놀림을 받았다. 그러나 바로 이 점이 그로 하여금 다른 사람들보다 더 사물을 치밀하게 관찰하게 만들었으며, 또 그 때문에 그는 유명한 북극탐험가도 될 수 있었다. 성장소설이자 해양모험소설인 이 작품이 보여 주고 있는 것은, 느림이 곧 삶의 리듬에 의미를 부여하는 예술이라는 점이다. 『느림』이라는 소설 속에서 체코 출신의 작가 쿤데라(Milan Kundera)도 "어찌하여 느림의 즐거움은 사라져 버렸는가. 아, 어디에 있는가. 옛날의 그 한량들은? 민요 속의 그 게으른 주인공들, 이 방앗간 저 방앗간을 어슬렁거리며 총총한 별 아래 잠자던 그 방랑객들은? 시골길, 초원, 숲 속의 빈터, 자연과 더불어 사라져 버렸는가"라고 묻는다. 느림의 내면에 담겨 있는 인간성을 두 소설은 강조하고 있다.

사실 강박적인 속도의 굴레에서 벗어나려는 움직임은 오늘 여러 가지로 나디니고 있다. '패스트푸드' 대신에 '슬로푸드'를 위한 운동, '시간을 천천히 흐르게 하는 모임' 등도 있다. 심지어는 『바쁘면 천천히 가라』라는 제목의 책은 게으름의 필요성까지도 역설하고 있다. '빨리 빨리' 움직여도 먹고살기 힘든 판국인데 그렇게 '천천히' 움직인다면 어떻게 생존경쟁에서 살아남을 수 있는가 하는 물음이 당연히 생길 수 있다. 우리에게도 '바쁘면 돌아가라'는 속담이 있다. 그러나 지난 40년간의 압축 성장은 300년 넘은 오랜 산업화의 역사를 가진 서구 산업사회에서보다 시간이 곧 사회 관계를 효과적으로 통제하는 수단이며 동시에 재원(財源)이라는 생각을 더 굳혀 왔다. 그러나 이제는 앞만 보고 '빨리 빨리' 달려 왔던 자신의 모습을 뒤돌아볼 수 있는 시간을 갖기 위해서라도 '천천히' 걸어야 할 때가 되었 다는 생각이 든다. 시간의 비밀은 우리 모두가 그 속에 살고 있지만 소수의 사람만이 그것의 의미에 관해서 나름대로 생각해 보는 데 있다고 엔데의 소설 『모모』는 이야기하고 있다. 우리들 가운데 얼마나 많은 사람이 질주 (疾走)보다는 느림이 이제는 우리의 삶의 질을 위해서 절실해졌다고 생각 하고 있을까 하는 질문과 함께 느림의 미학을 강조해 본다.

축구의 사회학

축구는 원래 중국이 원조라고 하지만 영국을 시작으로 해서 전 세계에 빠른 속도로 확산되어 오늘에 이르고 있지만, 19세기 말까지만 해도 독일 은 체조를 국민 스포츠로 여기며 축구를 '비독일적 영국 경기'라고 폄하(貶 下)했었다. 미식축구, 야구와 농구에 비하면 변방적(邊方的)인 위치를 지녔 던 미국의 축구도 특히 중산층 자녀를 중심으로―자녀 교육에 극성스러 운 엄마를 '축구엄마'(soccer mom)라고까지 부를 정도로―그동안 꾸준히 확산되어 이제 미국의 축구 실력은 월드컵 본선에 진출할 정도로 성장했 다.

다른 어떤 운동경기보다 스포츠, 사회, 경제, 언론매체 그리고 정치가 서로 얽혀 있는 구조를 잘 보여 주는 축구는 사회의 집단적 정체성을 강하게 각인(刻印)하지만 동시에 극히 모순적인 모습도 드러낸다. 1954년 스위스대회(베른)에서 독일 팀이 세계선수권을 획득, 패전 후의 독일인들에게 큰 자신감을 심어 준 경우는 물론, 2002년 한국 축구가 4강까지 오르는 데 일조했던 '붉은 악마'의 응원은 분명 축구가 강력한 사회 통합의 효과적인 수단이라는 사실을 보여 주었다. 그러나 축구는 또 배타적인 인종주의나 편협한 애국주의를 폭발적으로 일거에 분출시켜 심지어 국가 간의 전쟁을 유발(誘發)한 경우도 있었다. 1969년에 중미 지역 예선전에서 비롯된 온두라스와 엘살바도르 간의 무력 충돌이 바로 그러한 예다.

그러나 축구는 또 자주 이야기되는 '세계화'의 특징적인 모습도 잘 보여 주고 있다. 식민주의의 경략(經略)이 비교적 오랜 영국이나 프랑스와는 달리, 독일에서는 그동안 검은 색의 피부를 지닌 선수가 독일의 국가대표가 된다는 것을 상상하기조차 힘들었는데 이제는 사정이 달라졌다. 한편, 한국은 물론, 한국과 같은 조에 속했던 토고의 감독은 백인이다. 이와 더불어 축구 선수는 이미 지역적이거나 국가적 우상(偶像)이 아니라 '지구촌'의 우상이 되었다. 또한 영국의 축구 스타 베컴처럼, 축구 선수는 젊음과 건강을 표상(表象)하는 몸이 문화적 삶의 중심에 자리 잡은 '탈현대'의 화신(化身)이기도 하다.

의심할 것 없이 월드컵 축구경기는 올림픽과 더불어 상업성이 가장 짙다. 이의 로고 사용권을 둘러싼 그치지 않는 법적 공방이 있긴 하지만 상품으로서의 월드컵 축구 경기는 경기 시작 오래 전에 이미 손익계산을 끝낸다. 축구는 또 정치와 자주 비유되어 이야기된다. 선수는 장관으로, 감독은 대통령이나 수상으로, 통치 스타일도 화려한 개인기를 바탕으로 한 남미식이냐, 아니면 팀의 조직력을 중시하는 유럽식이냐는 비유로 설명되기도 한다.

나는 독일 땅에서 두 번째로 월드컵 축구 경기를 맞이했다. 그러나 2006년 월드컵 축구 경기는 나에게 1974년 때와는 다른 느낌을 주었다. 당시 분단된 독일은 조는 달랐지만 동서독이 나란히 8강 리그에 올랐다. 서독 팀은 그 후 결승까지 진출, 네덜란드를 물리치고 1954년 스위스 대회에 이어 두 번째로 월드컵을 쟁취했다. 1972년 뮌헨올림픽 때 발생한 이스라엘 선수단에 대한 테러사건 탓에 삼엄한 경비 속에서 치렀던 1974년 대회는 아직도 내 기억에 생생하게 남아 있다.

2006년 월드컵도 테러 방지 대책 때문에 경계가 사뭇 심했다. 결국 성사되지는 못했지만 축구를 특별히 좋아하는 아마디네자드(Mahmoud Ahmadinejad)이란 대통령이 이번 대회에 진출한 자국 팀을 직접 격려하기 위해서 독일을 방문할 것이라는 소식도 큰 관심사가 되었다. 또 사방으로부터 몰려올 성 매매자의 문제로 독일 정부는 골치를 앓았다. 게다가 미 국무부가 그즈음 발표한 보고서에서 덩달아 이 문제를 지적해 독일 여론을 묘하게 자극하기도 했다. 통일된 독일로서는 처음 치른 이번 월드컵경기는 유일하게 과거 동독 지역이었던 라이프찌히에서도 열렸다. 바로 이곳에서 한국 팀이 프랑스 팀과 16강 진출을 둘러싼 경기를 가졌다. 2002년 한국과 일본에서 열렸던 월드컵 대회 때 남북이 함께 주최국이 되는 가능성을 놓고 설왕설래했던 기억이 되살아난다.

유엔 회원국 숫자보다 더 많은 회원국이 가입되어 있는 국제축구연맹(FIFA)이 주최하는 세계화된 축제, 월드컵 대회의 정신은 "세계의 손님들을 친구로!"이다. 그러나 스포츠와 상업주의의 어두운 밀착, 과도한 애국주의가 낳는 증오와 폭력 그리고 배타적 인종주의가 과거에도 그랬듯이 이번에도 그러한 이상을 파괴하거나 훼손하지 않을 것이라고 아무도 장담할 수 없다.

월드컵 대회의 이러저러한 제한성에도 불구하고 우리는 먼저 스포츠로서 축구에 내재하는 진리를 상기해 볼 필요가 있다. 1954년 스위스 대회에서 서독 팀을 우승으로 이끌어 패전 후의 독일인들에게 희망과 용기를 불어넣어 주었던 서독의 신화적 축구 감독 셉 헤어베르거(Sep Herberger)는 '공은 둥글다', '경기는 단지 90분간이다', '항상 다음 번 대적하는 팀이 가장 어려운 상대다'라는 집약적으로 표현된 그의 축구 철학을 남겼다. 물리적 법칙에 따라 어느 방향으로도 굴러가고 또 날아가는 둥근 공을 제한된 시간 안에 상대편 문안에 더 많이 집어넣어야 하는 축구에서 상대방에 대한 과대나 과소평가는 절대 금물이라는 경고는 '길고 짧은 것은 대 봐야 안다'는 우리 속담의 내용과도 같다.

　　'삶은 엄숙하나 예술은 우리를 유쾌하게 만든다'는 독일의 시인 실러(Friedrich von Schiller)의 말처럼 월드컵 축제는 분명히 우리를 들뜨게 만들고 있다. 그러나 우리의 삶이 매일 잔치일 수는 없지 않은가.

　　원래 유희(遊戱)로 시작된 축구는 마침내 '세계화' 속에서 이렇게 복잡한 과제를 안게 된 '엄중한 경기'(serious game)가 되었지만, 그래도 축구의 본원(本源)에 대해서 한번쯤 우리는 생각해 보아야 한다. 축구공은 둥글다. 심판관은 불공평할 수 있지만, 개인기와 조직력을 결합하는 전략과 전술, 그리고 경기의 행운을 좇는 둥근 축구공은 공평하다.

　　"비상(飛上) 중에도 공중에서 두 손의 온기를 계속 지닌 둥근 너, 원래처럼 서정 없구나"라는 구절로 시작해서 "그래서 높이 손으로 받쳐 든 우승컵 안에 무엇보다도 빠르고, 단순하며, 꾸밈없는 온 자연이 채워지길 기대하고 희망하네"라는 구절로 끝나는 독일 시인 릴케(Rainer Maria Rilke)의 축구에 대한 시를 떠올린다.

'화이부동'의 세계

"군자(君子)는 화이부동(和而不同)하고 소인(小人)은 동이불화(同而不和)한다"라는 『논어』(論語)의 「자로」(子路)편의 가르침을 우리는 대개 알고 있다. 다른 사람과 생각을 같이하지는 않지만 이들과 화목할 수 있는 군자의 세계를, 밖으로는 같은 생각을 가진 것처럼 보이나 실은 화목하지 못하는 소인의 세계와 대비시켜 군자의 철학을 인간이 추구해야 할 덕목이라고 공자(孔子)는 가르쳤다.

공자가 살았던 당시의 시대적 상황이 정치적으로 아주 혼란했던 때였던 만큼 공자는 인(仁)의 실천을 위해 무엇보다도 통치의 소임을 지닌 군자가 사회 내부의 통합을 위한 화합과 조화에 힘써, 절대 평등이라는 이념 하에 사회 내부의 불화와 혼란을 부추기는 소인의 세계와 맞서야 한다는 점을 강조했다.

그러나 이 같은 주장을 펼쳤던 공자는 '문화대혁명' 때 '비공비림'(批孔批林)이나 '비공비변'(批孔批邊)이라는 '홍위병'의 구호처럼 마오쩌둥의 등 뒤에서 정권 탈취를 시도했던 것으로 알려진 임표(林彪)나, 애초에는 직접 나폴레옹에게 증정할 교향곡을 작곡했다가 그가 황제의 직위에 오르자 이를 보통명사인 '영웅'(Eroica)으로 개칭했던 베토벤과 더불어 봉건적인 위계질서를 합리화하고 찬양했던 반동의 화신으로 비판받았다. '현대화' 속에서 화려하게 부활하고 있는 오늘날 공자의 모습과 비교해 보면 너무나도 다른 평가였다.

'같음'보다는 '화합'을 강조하는 것은 근본적으로 사회 성원 간의 일정한 역할 분담을 인정하고 또 상호 간에 일정한 '거리'를 취해야만 한다는 것을 의미한다. 이러한 주장은 공자만 아니라, 가령 '같음'만을 강조하는

174

것은 몰락의 시작이기 때문에 '차이'나 '거리'가 지니는 긴장과 정염(情炎)의 의미를 특별히 강조한 니체에게서도 발견된다. 한 마디로 말해서 같음보다는 다름, 또 이 다름이 전체 속에서 다시 화합할 수 있는 이상을 공자도 니체도 이야기하고 있다. 바로 이러한 이상이 요즈음 자주 이야기되고 있는 이른바 '탈현대적' 사고의 근간을 이루는 '다양성의 비폭력적인 통일'이다.

간단히 등치(等値)시킬 수도 없고, 또 환원될 수도 없는 '고상(高尙)한 질을 지닌 개인주의'가 볼품없고 또 너무나 진부한 것으로 빨리 치환되는 문제를『돈의 철학』속에서 짐멜은 비판한 적이 있다. '탈현대' 이론가의 한 사람인 제임슨(Fredric Jameson)도 모든 것을 하나로 만드는 지배적 문화에 대해서 강력하게 저항할 수 있는 '차별성'과 '거리감'이 후기 자본주의 사회에서 끊임없이 박탈당하고 있는 현실을 지적하고 있다.

최근 한국 사회에서는 양극화의 극복이 최대 현안 문제로 등장하고 있다. 이는 단순히 사회적 부의 분배에서 제기되는 문제만이 아니라 '남남갈등'이 안고 있는 이념적인 문제는 물론, 지역적 갈등 문제에 이르기까지 삶의 많은 영역에서 들리는 파열음을 염두에 두고 제기되고 있는 것 같다.

오늘날에는 사회 성원 간의 복잡한 이해관계를 극도로 단순화시켜 어떤 하나의 원칙 아래 강압적으로 통합시킬 수 없게 되었다. 따라서 개개의 사회 성원이나 그들이 몸담고 있는 조직이 다른 사회 성원이나 조직과 우선 다르다는 것을 전제하고 서로 간의 '거리'와 '여유'를 취할 수 있어야 한다. 바로 이러한 상호 인정의 바탕 위에서만 건강한 화해와 공존 그리고 상생도 가능하다.

모든 것이 이미 같다거나, 아니면 같아야 한다는 당위적 전제를 앞에 서는 이야기하면서도 뒤로는 끊임없이 공동체를 파괴하는 불협화음을 내는 '소인'의 세계가 아니라, 이해관계가 서로 다르지만 공동체 안에서 서로 화해하고 공존할 수 있다는 '군자'의 세계가 지금 우리에게는 절실하다고 느껴진다. '화이부동'의 세계가 갖는 현재적 의미가 바로 여기에 있지 않을까 하고 생각해 본다.

자동차 이야기

창밖의 눈이 벌써 녹기 시작한다. 대륙성 기후권에 속하는 이곳 베를린에는 과거에 눈도 많았고 한번 쌓이면 꽤 오랫동안 녹지 않았는데 언제부터인지 몰라도 그런 겨울 풍경은 사라졌다. 며칠 전에는 붉은 매화와 개나리의 노란 꽃망울이 산책길에 발견되기도 했다. 눈이 별로 오지 않는 대신 갑자기 불어오는 폭풍으로 엄청나게 큰 나무가 뿌리 채 뽑히는 겨울 날씨 아닌 겨울 날씨가 계속되고 있다. 독일만 그런 것 같지 않다. 고드름이 달린 따뜻한 캘리포니아 지역의 오렌지들, 쌓인 눈 속에 뒹구는 팔레스타인 어린아이들, 눈이 없어 개점휴업 중인 알프스 지방 스키장 사진들은 지구촌 곳곳에 나타나는 심각한 기후변화를 증언하고 있다.

눈에 띄게 심각해진 이러한 기후변화는 지금까지 무감각하게 대했던 지구촌의 미래에 대해 인간의 감성을 자극하고 있다. 지구의 기후변화가 가져올 무서운 재앙에 관한 여러 영상 자료도 전보다 자주 TV에 소개되고, 지구 온난화에 대한 분석과 대책을 다룬 과학기사도 과거보다 더 많이 신문지면을 채우고 있다. 최근 실시된 한 여론조사에서 독일인의 90%는 지구 온난화를 심각한 문제로 지적하고 있다. 재미있는 사실은 지구 온난화의 주범인 이산화탄소를 가장 많이 방출하는 에너지 산업에서 1/3 정도인 자동차 배기가스를 응답자의 70% 정도가 지구 온난화의 가장 중요한 요인으로 생각하고 있다는 점이다.

쾌적한 삶의 질을 유지하는 요소의 하나로 여겨지고 있는 자동차가 지구촌의 미래를 위협한다는 역설은 인간과 기술이 맺는 관계 양식을 다시 상기시킨다. 지구 온난화의 원인에 대한 객관적 사실과 주관적 인식 사이에 상당한 차이가 있지만, 그럼에도 자동차로 인해 발생하는 비극을 그저 교통사고에만 한정하지 않고 우리의 삶이 영위되는 지구촌 자체를 위협한다는 인식으로까지 확장되고 있는 것은 한편으로 다행스럽다.

자연은 인간에게도 다른 동물처럼 걷거나 뛰는 능력을 주었다. 이 점에서 인간은 다른 동물과 다를 바 없다. 그러나 새끼가 어미 몸에서 떨어지고 나서 며칠 만에 뛰어 다니는 동물세계와 비교할 때 일 년이 지나야 겨우 걸을 수 있는 인간은 동물보다 더 열등하다고 볼 수 있다. 바로 이러한 관찰로부터 인간학적인 전제를 끌어낸 독일의 철학자 겔렌(Arnold Gehlen)은 기술의 본질을 '결핍된 존재'로서의 인간의 특성에서 찾고 있다. 그는 인간은 본능적인 약점을 극복하기 위해 동물 세계와 달리 '제2의 자연'이라고 할 수 있는 '기술'을 그의 존재 영역의 본질적 요소로 삼게 되었다는 것이다.

자동차는 인간존재의 숙명인 이러한 기술의 최고 상징 가운데 하나로서, 또 소비사회의 총아로서 세계 도처에서 열리는 휘황찬란한 자동차 전시장의 늘씬한 도우미들과 하나가 되어 소비자를 유혹하고 있다. 자동차야말로 현대 소비문화 시대에 사는 인간의 본능적 욕구를 가장 잘 충족시켜 주는 기술이 되었다고 할 수 있다. 자동차는 교통수단의 하나가 아니라 상품 미학의 화신이 되었으며 계급과 계층을 가르는 사회적 징표가 되었다. 현대의 중요한 기간산업의 하나인 자동차 산업이 지구적 범위로 확산되면서 자동차 산업의 불꽃 튀는 경쟁은 더욱 더 심해졌고, 최근에는 한국과 중국을 비롯한 후발군(後發群) 나라들도 이 경쟁에 뛰어들었다.

물론, 자동차 산업의 역사가 긴 나라에서도 그렇지만, 특히 후발군에 속하는 사회에서 자동차는 그저 단순한 '물질적 재화(財貨)' 아니라—영국의 사회학자 프레드 허쉬(Fred Hirsch)가 『성장의 사회적 한계』(*Social Limits of Growth*)에서 지적한 것처럼—"사회적 지위를 규정하는(positional) 재화"의 성격을 강하게 띤다.

서울에서 이곳을 찾는 친지들은 한국보다 독일에서 소형차들이 더 많이 굴러다니는 데 놀란다. 장난감처럼 보이는 2인승 스마트(Smart)를 보며 그러한 차로는 서울 어디를 가든지 문전박대당하기 십상이라고 이야기한다. 서울구치소에 있을 때 나를 면회하러 온 한 변호사가 변호인들을 위한 통로로 '마티즈'를 운전하고 들어가려고 하니 경비원이 제지하더란다. 변호사라는 것을 밝히자 이상하게 생각하며 통과시켰다는데 아마 큰 차를 운전했더라면 달랐을 거라는 이야기를 하며 쓴웃음을 겼던 그 변호사의 모습을 나는 떠올린다.

독일에서 개인용이나 가정용 차는 소형화되었지만 관용이나 사업용 차가 여전히 주로 대형이기에 기름을 너무 많이 소비하고 환경에 친화적이지도 않다는 비판을 받아 왔다. 앞으로 그러한 차량은 소형화하거나, 아니면 지금까지 누렸던 조세 혜택을 대폭 줄이는 법안 상정을 두고 지금 여론이 분분하다. 1킬로미터의 주행 거리에 130그램 이하의 이산화탄소를 방출하는 소형차에 비해 가령 한국에서 특히 인기가 있다는 고급형의 아우디(Audi)의 방출량은 그 두 배에 달하고, 포르쉐(Porsche)의 케이엔느(Cayenne)형은 거의 3배에 달한다.

어떻든 금세기 말 인류 앞에 닥칠 전대미문의 지구촌 재앙 앞에서 현대문명의 상징 가운데 하나인 자동차가 집중적으로 논의의 대상이 되고 있는 이곳 분위기는, 기름 한 방울 나지 않는 좁은 땅에서 아침부터 저녁까지 쉬지 않고 흐르는 서울의 자동차 행렬을 잠간 경험했던 필자에게 특별하게 다가선다. 물론 지구 온난화의 주범인 이산화탄소를 가장 많이 방출하는 미국과 중국이 "교토의정서"에 아직도 서명하지 않은 상태에서 한국의 자동차가 뿜어대는 이산화탄소는 '새 발의 피'라고 할 수도 있겠지만, 하나뿐이 없는 지구촌의 삶 속에서 인류는 결국 다같이 가해자이자 동시에 피해자일 수밖에 없다. 지구 온난화에는 국경이 없기 때문이다.

앞서 이야기한 철학자 겔렌은 기술 발전에 의해서 일상적 생활수준을 고양(高揚)시키는 과제가, 높은 이상을 추구해 왔던 지금까지의 철학이나 예술적 동기들을 우리의 삶으로부터 추방시키고 나서 생긴 바로 그 빈자리를 메울 것으로 내다보았다. 이에 따라 사회도 수정체처럼 점점 투명해져서 더 이상 신비한 것이 숨어 있을 수 없는 '탈역사'(post-histoire)의 시대로 진입할 것이라 덧붙였다. 물론 이러한 결과에 대해 그도 비관적이었다. 인간의 끝없는 소비 욕망은 언젠가는 인간에게 그것을 완전히 채울 수 없다는, 어떤 공허한 감정을 남길 수밖에 없기 때문이다. 그래서 겔렌은 현란한 소비시장에 노출된 평범한 사람과 달리 자기 자신과 거리를 취할 수 있고 절제할 수 있는 엘리트에게서 대안적인 인간상을 발견했다. 물론 다분히 귀족주의적이며 보수적인 결론이었다.

그러나 목사님이나 스님조차도 고급 승용차를 굴려야 하는 한국 사회에서 이른바 엘리트에게 그러한 절제와 금욕을 요구하는 것은 실현 불가능한 이야기처럼 여겨진다. 이러한 요구보다는 오히려 하나밖에 없는 지구촌과 이곳에서 살아야만 하는 다음 세대들에 대한 책임을 늘 상기시키는 일이 더욱 절박하게 느껴진다. 이러한 책임성이 개인적 영역에서뿐만 아니라 사회적 정치적 영역에서도 다 같이 강조되어야 함은 두말할 필요가 없다.

　나치의 박해를 피해 팔레스타인과 영국을 거쳐 미국에 정착한 철학자 요나스(Hans Jonas)는 『책임의 원칙』(*Das Prinzip Verantwortung*)이라는 그의 저서에서 "인간에게 행복을 가져다주었다고 생각되는 자연의 정복은 바로 그 엄청난 성취 때문에 이제 오히려 인간의 본성을 숨막히게 만든다. 이러한 사실은 스스로의 행위를 통해 성숙해지도록 인간적 존재를 자극하고 있다"라고 강조하고 있다. 지구촌의 동시대인 그리고 앞으로 올 세대들과 연대하는 의미에서 자연에 대한 공동의 '책임윤리'가 그 어느 때보다 강조되고 있는 요즈음, 여전히 서울 거리를 꽉 메우고 있을 자동차의 행렬을, 나는 가끔 떠올린다.

4. 우리 시대의 문화적 지평

탈현대의 한국적 맥락

2003년 10월, 강남 서초동에 있는 서울 검찰청 9층의 한 공안검사실에서 하루 종일 심문을 받았던 나는 무척 피곤하기도 했지만 반복되는 똑같은 검사의 질문에 무료해지기도 했다. 그럴 때면 필자는 창 밖 멀리를 바라보며 여러 갈래 생각에 젖게 되었다. 눈에 들어오는 강남의 빌딩 숲은 내가 독일로 유학을 떠난 이후에야 생겼으니 아예 낯설 수밖에 없었다. 거의 다 비슷하게 보이는 건물들 사이에 조금 다른 모습을 보여 주는 고층 건물이 있기에 무슨 건물이냐고 심문 내용을 정리하는 사람에게 물었더니 새로 지은, 강남에서 제일 비싼 주상 복합 빌딩이라고 일러 주었다.

전격적으로 구속되기 전 두서너 번, 그리고 집행유예로 석방되고 나서 두서너 번 가 본 것이 전부인 강남이니 장님 코끼리 만지기 식의 평가였겠지만 '서울의 건축설계사들은 나 어디 있는가'라는 질문을 나는 주위 사람들에게 던진 적이 있다. 물론 땅값이 엄청나다고 하지만 공간을 채운 것은 두 점 사이에 최단거리를 의미하는, 따라서 가장 경제적인 직선으로 처리된 고층 건물이 촘촘하게 서로 얽혀 건물들의 숲을 이루고 있었다는 것이 강남에 대한 나의 인상이었다. 서울을 둘러싼 아름다운 산들의 능선에 어울리는 부드러운 곡선을 살린 건물들도 간혹 보였지만 그 곡선도 주로 전통적인 한국의 유연한 흐름이 아니라, 이제는 세계 어느 도시에서도 흔히 볼 수 있는 이른바 '탈현대적' 양식의 건축물에는 으레 등장하는 그러한 곡선이었다. 유럽의 성당 건축양식을 흉내 내어 지은 서울의 엄청나게 큰 교회당 건물 앞에서는 올림픽을 앞두고 우후죽순처럼 들어선 베이징의 초대형 건물을 보고 떠올렸던 비슷한 감정이 되살아났다. 유럽에서 간혹 금발로 염색한 동양 여성을 보고 느끼는 것과 비슷한 그러한 감정이었다.

물론, 한국의 전통적인 건축 언어를 보여 주는 지붕이나 처마, 벽과 기둥을 살린 건축물들이 강남에 없는 것은 아니었지만 생각보다 그리 자주 눈에 띄지 않았다. 이에 비하면 비록 저급한 취미(Kitsch)를 보여 주긴 했지만 중국의 전통적 건축양식과 정원 조성을 장식적 요소로서 살린 건축물들이 베이징에서는 꽤 눈에 띄었다. 그러나 뭐니 뭐니 해도 지역적이고 역사적인 맥락을 보편적인 건축 언어로 번역하는 데 있어서는 일본이 선두 주자였다. 전통적인 목재 건축양식을 '탈현대적'인 건축언어로 바꾸는 데 성공한 구로카와 기쇼(黑川紀章) 같은 건축가 덕택이라고도 할 수 있다. 일본적 '탈현대'의 특징은 서양적인 모습을 띠고 있지만 내셔널리즘을 본질로 하고 있다는 평론가 가라타니 고진(柄谷行人)의 지적이 어느 분야보다도 확실하게 드러나는 분야는 건축 분야다. 미국과 유럽에서 '탈현대'에 관한 논쟁이 제일 먼저 활발하게 전개된 분야가 실은 건축 분야였으니 일본의 '탈현대' 건축의 위상도 따라서 높을 수밖에 없다.

하버마스는 전통적 요소를 내면화하거나 장식적 요소로서 표현하는 건축 언어를 반동적이며 과거지향적이라고 비판했는데, 이러한 비판에 많은 건축가들도 사실 동의했다. 그러나 이들 중 대부분은 그러한 비판을

182

'탈현대'의 의미에 대한 근본적인 문제 제기보다는 흡사 물건을 포장할 때 나타나는 문제처럼, 일종의 기술적 문제로서 단순하게 받아들였다. 이러한 문제점을 비판한 독일의 건축 이론가 클로츠(Heinrich Klotz)는 거의 유행어처럼 사용되는 '탈현대'보다는 '현대의 수정'(Revision der Moderne)이라는 표현이 더 적절한 것으로 보았다. 현대와의 단절보다 이의 연속성에 더 무게를 두었다고 볼 수 있다.

필자도 이러한 클로츠의 평가에 대체로 동의한다. 1960년대 초에 이미 비엔나의 홀라인(Hans Hollein), 밀라노의 로시(Aldo Rossi), 쾰른의 웅거스(Oswald Mathias Ungers) 등이 중심이 되어 국제주의적 보편성을 주장하는 건축 언어를 비판하면서 지역적 맥락성과 특수성을 특별히 강조했다. 이제는 유럽의 웬만한 중소 도시에도 이른바 '탈현대' 식의 건축물이 들어설 정도로 일반화되었으나, 원래 강조된 지역적이며 역사적인 맥락은 점차 사라지고 유행이 주는 가벼움만을 선사하고 있다. 공간 미학에 대한 새로운 상상력을 제공했던 '탈현대' 건축이 점점 싸구려 장신구처럼 되어 가고 있다고 할 수 있다.

한국에서 전통적인 건축 언어를 '탈현대적'인 맥락에서 해석하는 작업도 그처럼 될 것인지. 과문(寡聞)한 탓인지는 몰라도 우선 그러한 작업 자체가 드물고, 있다면 그것은 한국적 맥락의 이해로부터 시작된 '탈현대'라기보다는 오히려 서구식의 지역성을 또 다시 복사하는 작업이라고 할 수 있다. 그래서 우리는 위에서 지적한 하버마스의 '탈현대'에 대한 비판도 그대로 한국적 맥락 안으로 옮겨 놓을 수 없다. 서구 건축의 근간을 이루는 고전 고대(古典古代)적 요소와 전통적인 한국의 건축양식이 '탈현대'의 맥락과 관련해서 같은 차원에서 논의될 수 없기 때문이다. 중심부와 주변부에서 민족주의의 기능이 달리 나타나는 것을 염두에 두면 이 차이를 우리는 비교적 쉽게 알 수 있다. 통일 독일의 수도 베를린의 중심에 있는 구동독의 상징적인 건물 '공화국 궁전'(Palast der Republik)을 헐고 그 자리에 원래 있었던 프리드리히 1세 때 지은 바로크 양식의 '도시성'(Stadtschloss)을 오랜 논란 끝에 복원하기로 결정한 것과, 서울의 광화문을 원래의 자리에 복원하는 결정이 도시 조성에 있어서 역사적 맥락을 강조한다는 점에서는 공통점이 있다. 그러나 프러시아와 독일제국, 이어 나치로 연결되었다가 사회주의 동독에 의해서 단절된 고성을 복원하는 것과 일제에 의하여 헐린 광화문을 복원하는 것이 같은 수준에서 이루어지는 역사적 맥락의 강조는 아닐 것이다.

탈현대의 빛과 그림자

'탈현대'가 강조하는 '차이'의 문화는 우선 현대가 합리성의 이름으로 알게 모르게 강요해 왔던 동일성의 논리에 대한 저항을 의미한다. 이 차이에 대한 강조는 아도르노나 제임슨이 이야기한 이른바 '다양성의 폭력 없는 통일'로서 높은 차원의 화해를 지향할 수 있다. 그러나 차이는 또 파편적이고 부분적인 요소들의 충돌이 빚어내는 무질서 그 자체를 의미할 수도 있다. 이러한 차이는—마치 우디 앨런(Woody Allen)의 영화 〈애니 홀〉(Annie Hall)에 나오는 뉴욕의 노이로제 환자처럼—사람들을 철저하게 자기 속에 가두어 밖의 세계에 대해서는 아무런 반응도 보이지 않게끔 만든다. 이와는 달리 무관심의 문화는—짐멜, 아렌트, 세넷(Richard Sennett)의 해석처럼—사람들의 주관에 좌우되지 않는, 객관적인 윤리나 원칙을 좇는 민주주의를 오히려 추동(推動)할 수도 있다. 그렇다면 이러한 차이와 무관심의 문화의 역설적인 기능은 한국 사회에서도 타당한 이야기인가. 그러나 도시 생활의 익명성에도 불구하고 가령 선거 때가 되면 잊지 않고 찾아오는 전통적 인간 관계에 근거한 거센 정치바람은 황량한 도시인의 삶을 가르고 민주주의도 위협하고 있다고 보면 이는 너무 비관적인 판단인가.

그래도 '탈현대'의 기획 가운데 한국 사회에서도 성공적으로 수행된 차이에 관한 담론은 성 담론(gender discourse)이라고 볼 수 있다. 미국이나 서구처럼 많은 이주민 때문에 필연적으로 발생하는 문화연구(cultural studies)가 결여된 한국적 조건 때문에 성 담론이 차지하는 비중이 상대적으로 커 보이는 측면도 있을 수 있다. 또 라캉(Jacques Lacan)이나 푸코 등의 이론에 직접 의존하기보다는 대개는 유럽의 성 담론이─버클리대학의 버틀러에서 보이는 것처럼─미국에서 비판적으로 수용되어 이것이 다시 국내에 소개되면서 한국적 맥락 속에서 성 담론이 개발되었다. 어떻든 익명으로 편재(遍在)하는 어떤 힘에 의하여 여성의 '육체'에 각인(刻印)되는 구성력은 단순히 사회경제적 관점으로 해명될 수 없다는 여성주의적 시각은 한국 사회에서도 이제 상당한 힘을 얻은 것으로 보인다.

남근, 이성, 동일성, 권력, 주체로 표상되는 남성에 의해 만들어진 '타자'(他者)로서의 여성이 상징하는 수동성, 모성, 부드러움이 실은 '남성의 상상력'일 뿐이라는 문제의식은, 기존의 사회주의적 관점에서 보는 여성해방 문제와도 일정하게 선을 긋는 것을 의미한다. 예를 들면 '탈북 여성'에 관한 논란에서 우리는 그 같은 문제 제기를 보게 된다. 또 '정신대'나 '기지촌' 여성문제는 물론, 남북 화해와 평화, 그리고 통일문제와 같은 '현대'의 공간에서 제기된 민족 담론과 여성주의적 담론의 접경 지역에서 제기되는 긴장감도 미국이나 서구의 그것과는 달리 나타나고 있다.

차이에 대한 예민한 감성을 키워 준 '탈현대적'인 문제의식이 한국적 조건에서 성 담론을 적극적으로 제기했으면서도, 가령 동성애자나 혼혈아 또는 이주 노동자와 같은, 또 다른 '타자'의 문제에 상대적으로 무관심했던 것은 위에 지적한 문화적 담론의 취약성에도 기인한다. 복잡하게 얽혀 빠르게 돌아가는 세상에서 차이의 문제는 무관심 속에서 지나칠 수 있다. 또 차이가 곧 관습 파괴나 사회적 혼란을 야기한다는 이유에서 차이를 애초부터 배제하는 강한 질서의 수립이 요구되기도 한다. 이는 곧 구조화된 폭력의 정당화이기도 하다.

'탈현대'는 우선 '현대'가 내걸었던 이성과 계몽이 동반하는 배제의 힘과 구조를 비판한다. 그러면 그러한 '탈현대'는ㅡ저의 적은 너의 편이라는 역설처럼ㅡ'현대'가 비판하고 결별한 '현대 이전'과 어떠한 인식관심(erkenntnisinteresse)을 공유하고 있는가. 이러한 질문은 전통과 현대 그리고 '탈현대'가 혼재하는 한국 사회에서는 특별한 의미를 지니고 있다.

'현대' 자체가 자생적이기보다 외부 세계의 힘에 의하여 강요된 사회에서는 역사적 맥락의 강조가 복잡한 반응 양식을 유발하기 마련이다. 이곳에서는 '탈(脫)현대'가 '반(反)현대'는 물론, '초(超)현대'와 같은 내용도 담을 수 있다. '탈'(脫)이 의미하는 극복(Verwindung)은 일정한 방향으로 나간다는 뜻도 있지만 또 임의의 방향으로 나아갈 수 있는 가능성도 담고 있다. 반대 방향으로 나아갈 수 있다(反)는 뜻도 있지만, 평면적이 아니라 입체적인 의미를 담아 뛰어넘는다(超)는 뜻을 나타내기도 한다. 물론 '현대'에 대한 이러한 복잡한 의미론적 접근은 '현대'의 위기를 직접 경험한 중심부에서도 가능한데, '세기말'을 거쳐 1차 세계대전을 겪은 1920년대 독일에서도, 1940년대 일본에서도 비슷한 접근이 나타났었다. 객관적인 정신(Geist)에 대하여 살아 있는 영혼(Seele)을 강조한 클라게스(Ludwig Klages)의 철학이나 선(禪)에 의거해서 '근대의 초극(超克)'을 꿈꾸었던 니시다 기타로(西田幾多郎)의 철학이 바로 그러한 기획들이었다.

탈현대와 경계인의 위치

서세동점에 이은 고통스러운 식민지 역사를 체험했던 조선의 지식인들도 '동도'(東道)나 '조선의 얼'을 강조했다. 민족 분단과 전쟁, 그리고 개발독재를 경험하면서 비판적 지식인들은 '민주'를 '현대'의 기획으로 받아들이면서도, 거기에만 머물지 않고 '민주'를 '민중'과 '민족'이라는 일종의 '탈현대적'인 기획과도 접목시키려고 시도했다. 최근에는 한국적 '현대'의 적극적인 자기 긍정을 '한류'라는 이름으로 규정하려고 한다. 이는 분명히 새로운 현상이나 몇 가지 문화 상품에 의존하고 있는 이 흐름을 정신사적 맥락으로까지 끌어들이기에는 한계가 있는 것으로 보인다. 현대적이고 동적인 이미지를 전달하는 '한류'보다는 오히려 민족 미학에서 지금까지 자주 논의되었던 한, 신명, 흥, 또는 해학이나 풍자를 '탈현대'의 기획과 연관지워 재조명해 보는 것이 더 의미 있다고 생각한다.

'탈현대'의 핵심을 장엄성(莊嚴性)으로 보는 리오타르(Jean-François Lyotard)와는 달리 로티는 '현대' 안에서 잃어버린 풍자(Irony)의 복원에서 찾는다. 그에 따르면 풍자는 상식의 반대 개념이며, 어떤 주장도 내재적인 본성이나 실질적인 내용을 담을 수 없다고 보는 '유명론'(唯名論, nominalism)이다. 독일 관념론적인 전통에서 풍자는 성스러움이나 순수함을 의미하는 엄숙(Ernst)의 반대 개념이다. 니체는 '선악의 피안' 속에서 독일 관념론의 절대 진리 추구를 '도덕적 격분이 보여 주는 우둔함'(Tölpelei der moralischen Entruestung)이라고 꼬집으면서 이념의 엄숙에 반대하는 삶의 엄숙을 주장했다. 풍자나 해학이 없거나 용인되지 않는다는 것은 전체 안에서 개체가 숨 쉴 공간이 없다는 것을 뜻한다. 독일 문학 최고의 풍자작가인 하이네가 프러시아에서 추방되어 공화주의의 본산인 파리에 망명, 그곳에 결국 묻

카스파 다비드 프리드리히의 〈바닷가의 수도승〉

힌 것은 풍자의 독일적 숙명을 단적으로 보여 준 사건이었다. 나치를 피해 파리를 거쳐 스페인으로 망명하는 도중 국경 근처에서 자살한 벤야민도 "개인의 삶이 사회의 존재와 불일치할 수 있다는 것을 요구할 수 있는, 저 유럽 정신의 최고의 재산인 풍자가 독일인에게는 전혀 허용되지 않고 있다"고 비판하였다.

우리 상황도 풍자를 오랫동안 허용하지 않았다. 김지하의 "오적"이 그 한 예다. 민주주의의 정착과 더불어 풍자에 대한 여유도 생겼다고 하지만 특히 정치적 의미를 담은 풍자에 대해서 사회적 반응은 아직도 예민하다. 정치적 패러디를 여전히 사법적 대상으로 다스리려 한다. 그러나 금지된 풍자를 다시 찾아 현대의 무게에 짓눌린 존재에 가벼움과 즐거움을 주려 는 시도가 순간의 심미적 놀이로 단순하게 끝날 수도 있다. 또 집단적인 풍자는 사회적 담론을 형성할 수 있는 풍자의 독특한 힘까지도 파괴할 수 있다. 풍자를 용인하지 않는 경직된 엄숙성도 문제지만 오늘의 삶의 세계를 단지 풍자를 통해 보려는 것 또한 문제다. 공적인 요구에 부합하는 그러한 딱딱한 이론이 모든 문제를 해결할 수 있는 것은 아니지만 모든 것을 유희로 환원시키려는 풍자는 결국 냉소주의와 만날 수밖에 없다.

절대적 진리의 담지자로서, 또 엄숙하기까지 한 주체에 대한 근본적인 문제 제기는 이미 불교나 도가사상에서도 있었다. 앞에서도 언급한 "멜랑콜리"(Melancholie)라는 주제의 특별 전시회에 백남준의 유명한 작품인 비디오 화면에 비치는 불상(佛像)도 등장했다. 우리말의 우울(憂鬱)이라는 의미에 가장 가까운 주제에 하

필이면 왜 불상이 등장하느냐는 질문을 당연히 떠올렸다. 우리에게 불상은 어둡고 무거운 감정을 전달하는 것이 아니라, 오히려 마음을 비우게, 또 편하게 만들기 때문이다. 카스파 다비드 프리드리히(Caspar David Friedrich)의 그림 〈바닷가의 수도승〉(Mönch am Meer)도 전시되었는데 검푸른 하늘과 바다를 바라보며 상념에 빠져 있는 수도승의 외로움을 그렸다. 비슷한 주제는 동양화

강희안의 〈고사관수도〉

에도 자주 등장하나, 강희안의 〈고사관수도〉(高士觀水圖)처럼 산수를 바라보며 생각에 젖어 있는 도인이나 선비의 모습은 외로워 보이기보다는 오히려 관조(觀照)가 담고 있는 여유를 보여 준다. 채움(滿)과 비움(空)의 미학이 보여 주는 동서양의 차이라고 할 수 있다.

아리스토텔레스 이후의 서양의 실체형이상학은 채움을 지향했는데 실체(Substanz)나 주체(Subjekt)는 바로 완전한 채움에 의해서만 성립 가능한 개념이었다. 이와 반대로 무아(無我)나 무위(無爲)는 비움을 지향하며 아만(我慢)과 작위(作爲)의 세계를 경고했다. 실체의 세계를 하나의 환영(幻影)의 세계라고 비판한 니체를 디딤돌로 해서 '탈현대'는 전개되었다. 불교사상에 많은 관심을 가졌던 니체를 매개로 '탈현대'가 동양사상과 다시 만나는 것은 어찌 보면 당연하기까지 하다. 이러한 사상적 조우(遭遇)를 한국적 맥락에서 해석하려는 시인 김지하는 그의 생명사상에서 특히 '틈'의 의미를 강조하면서 '새 문명은 필시 틈이 많은 질서'라고 이야기한다. 하이데거가 『휴머니즘에 관한 편지』(Brief über den Humanismus)에서 주관과 객관의 '사이'(Zwischen)를 강조한 것도 실은 같은 내용을 담고 있다.

'경계인'이 '회색분자'나 '기회주의자'에 지나지 않고, 이쪽과 저쪽 가운데 어느 하나를, 그것도 빨리 선택하도록 강요하는 사회적 분위기는 그러면 무엇을 의미하는가. '경계선'이라는 '틈'이 보여 주는 '생산적인 제3'의 의미를 탈식민주의의 중요한 논거로서 제시한 바바(Homi Bhabha), 이것이냐 저것이냐는 양자택일로 인해 파괴된 '배제 중항'(中項)의 적극적인 의미를 복원하는 세르, 이것이면서 또 저것일 수도 있는, 따라서 서로 모순되는 요소로서 보일 수 있지만 그래도 공존할 수 있는 정신을 '탈현대'의 건축 언어의 본질로서 파악한 벤츄리(Robert Venturi) 등이 추구하는 다양성의 철학은, 압축 성장을 통해서 구축된 '현대'의 한국적 공간에서는 기껏해야

『금강경』이나 『화엄경』 또는 『장자』 속에만 남아 있는 골동품인가. 이 점에서 '탈현대'가 강조하는 여유와 다양성은 우리가 지금까지 얼마나 쉴틈 없이 채우는 데 급급하게 살아 왔는가를 한번쯤은 뒤돌아보도록 하는 반성의 계기를 마련해준다.

탈현대와 민족

영국의 역사가 홉스봄(Eric Hobsbawm)은 1990년대 중반, '탈현대'를 옹호하는 지식인들이 객관적으로 존재하는 것까지도 단지 '허구'에 지나지 않는 것으로서 해석하려는 경향을 비판한 적이 있다. 카(E. H. Carr)의 『역사는 무엇인가』는 과거와 현재의 대화를 통해서 인류의 진보에 대한 믿음을 기록하였는데 지금은 회의주의와 상대주의, 심지어는 냉소주의가 역사 해석의 주축을 이루고 있다. 이러한 분위기 속에서 화이트(Hayden White)는 역사(history)는 이야기(story)라고까지 주장한다. 역사의 여신(女神) 『클리오(Clio)는 시를 쓴다』는 그의 저서 이름처럼 역사학과 문학의 경계도 사라진다. 역사학은 보통 사람이 사용하는 일상적 언어로 구성된 비유(trope)에 의존하기 때문에 정확성은 애초부터 기대될 수 없다고 주장한다.

비슷한 관점에서 '민족'은 어떤 실체가 아니라 우리의 의식을 미리 선점하는 비유가 빚어낸 '상상의 공동체'로 보아야 한다는 비판도 있고, 최근에는 미국에서 일어난 한국계 혼혈 운동선수의 성공담에 기대이 '단일민족'의 신화에 대한 비판도 있다. '세계화'와 '정보화'가 지배하는 '탈민족'의 시대에 국경은 물론, 민족이라는 개념도 더 이상 유지될 수 없다는 주장은 특히 경제나 정보 부문에서 그간 보였던 한국 사회의 괄목할 만한 발전에 힘입어 설득력도 얻게 되었다. 동시에 그동안 너무 폐쇄적이고 자기정당화하는 식으로 이해되어 온 민족 개념 때문에 이주 노동자와 같은 '타자'의 문제에 대해서 무관심했고 배타적이었다는 자기비판도 점차 사회적인 공감대를 어느 정도 형성하게 되었다.

그러나 민족 개념이나 민족주의가 안고 있는 모순을 비판하고 보다 더 열린 태도를 요구하는 것과 민족 개념 자체를 완전 폐기 처분하는 것과는 서로 다른 문제다. 동북아와는 달리 활발하게 지역 통합이 진척되고 있는 유럽에서도 민족문제는 여전히 과거완료형이 아니라 현재진행형에 속한다. 동북아에서 '일본주의'와 '중화주의'가 만나는 길목에 있는 한반도에 있어서 민족 담론은, 우리를 계속 조이는 국제정치적 분위기가 날이 갈수록 분명해지고 있는 조건에서 오히려 미래진행형으로 남을 수밖에 없다. 바람직하지는 않지만 피할 수 없는 변화다. '세계화'라는 '동시성'(Gleichzeitigkeit)이 '비동시성'(Ungleichzeitigkeit)을 그의 본질로 삼고 있는 역설을 보여 주는 대목이기도 하다.

'탈현대'의 담론은 일반적으로 보편에 대해서 개체와 특수를 변호한다. 따라서 역사 서술도 기본적으로 지역사(地域史)이지 보편사(普遍史)일 수 없다고 본다. 또 세계사(世界史)보다는 국사(國史)가 먼저 올 수밖에 없다. 따라서 '민족은 반역이다'라는 식의 문제 제기가 '탈현대'의 담론 구도를 좇지 않는다는 의외의 사실에 질문이 생길 수도 있다. 그러나 '탈현대'와 '현대 이전'이 서로 겹치는 내용이 있기 때문에 가능한 이야기다. '민족은 반역이다'라는 언명에서 '민족'은 '현대 이전'에 속하는, 극복될 대상을 뜻한다. 그럼에도 불구하고 '탈민족'이라는 이름 아래서 보편의 일방적 강조는 무엇보다도 특수로서의 한반도가 유럽의 그것과 동일하다는 전제에 기대고 있다. 특수로서의 유럽은 그러나 이미 보편의 힘을 지닌 특수지, 한반도의 그것과 같은 질을 지닌 특수는 아니다.

또 민족 없이는 살 수 있지만 자유 없이는 살 수 없다고 하면서 '남과 북, 뭉치면 죽는다'는 '탈현대적' 역설도 같은 전제 위에 서 있다. 민족통일을 이야기하면서도 민족 개념을 먼저 폐기 처분해야만 한다면 역사에서 민족통일이라는 개념은 애초부터 존재하지 않았어야 할 개념이 아닌가. 보편에 대한 특수의 자기 긍정이라는 '탈현대'가 한국 사회에서는 오히려 보편에 의한 특수의 통합이라는 전혀 반대적인 현상까지 보여 주는 이 현실이 바로 한국적 맥락 속에 나타나는 '탈현대'의 또 하나의 이상한 모습이다. 한국적 맥락의 '탈현대'는 대지에 뿌리를 내린 나무가 아니라 황량한 들판에 서 있는, 이미 푸른 잎과 꽃을 틔울 수 없는 고목과도 같다.

탈현대의 한국적 수용

1980년대 말, 필자는 '탈현대'의 한국적 수용과 관련해서 이는 보약도 될 수 있지만 독약도 될 수 있다고 경고한 적이 있다. 모든 약이 그렇듯이 잘 쓰면 양약(良藥)이 되고 잘못 쓰면 독약이 된다. 그동안 많은 번역물을 통해서 유행처럼 번진 '탈현대'는 한국 사회의 지적 작업에서 독특한 위상을 차지했다. '현실 사회주의'가 사라지고 남긴 자리를 '탈현대'가 곧 채운 것은 유독 한국적인 현상만은 아니다. 일본, 심지어는 중국도 마찬가지다. 그럼에도 불구하고 '탈현대'가 어떤 구체적 맥락 속에서 논의되어야 하는가에 대한 질문은 그리 자주 등장한 것 같지 않았다.

이제 '탈현대'의 진원지였던 유럽의 지적 분위기도 '삶의 예술'이라는 심미적인 과제보다는 '세계화'의 거친 파고 속에서 어떻게 복지국가를 유지 또는 개조하느냐 하는 과제를 더 절박하게 받아들이고 있다. 프랑스를 흔들었던 최근의 엄청난 사회적 저항이 그러한 변화를 잘 보여 주고 있다. 이는 단순히 인식관심이 사적 영역에서 공적 영역으로, 미학에서 정치경제학이나 윤리학으로 다시 이동하는 것만을 의미하지 않는다. '현대'의 계몽적 기획을 풍자하고 비판한 '탈현대'의 기능이 소진되었다면 '탈현대' 이후에는 도대체 무엇이 올 수 있는가 라는 근본적인 문제 제기이기도 하다. 이러한 질문에 '탈현대'의 중요한 이론가 중 한사람이었던 리오타르는 벌써 분명한 대답을 했다: "탈현대는 현대의 끝을 의미하지 않는다. 오히려 그의 탄생, 그의 영원한 탄생을 의미한다."

'탈현대'를 한국적 맥락에서 묻는 것도 결국 '현대'의 한국적 맥락을 묻는 것이라고 할 수 있다. 한국적 '탈현대'의 빛과 그림자를 가늠해 보는 것은 동시에 한국적 '현대'의 명암을 헤아리는 일이다. 강남의 빌딩 숲이 보여 주는 건축 언어의 부재, 무관심과 의식적 배제가 교차하는 차이의 문화, 풍자와 냉소의 위험한 동반, 채움 속에서 사라진 비움의 정신, 보편 속으로 편입되는 특수 등 한국적 '현대'가 보여 주는 복잡한 얽힘을 다시 한번 확인시켜 주는 '탈현대'는 그의 이론적 미완결성에도 불구하고 분명 하나의 반면교사다. 그러나 유럽에서 보수주의적 반공이 지배했던 1950년대, 문화혁명의 1960년대 그리고 무정부주의적인 1970년대를 뒤로하면서 탄생한 '탈현대'가 이와 다른 맥락에서, 또 문화적 주기도 다른 한국에서 어떻게 수용되었는가를 먼저 뒤돌아 보아야 한다. 그저 지적 유행을 따라잡자는 경쟁은 아니었는지. 이미 1990년대 말 유럽에서는 대체로 '탈현대'의 대차대조표 작성이 끝나고 그의 공과를 물으면서 '탈현대 이후'(Post-Post-Moderne)는 결국 '영원한 현대'가 아닌지, 조심스럽게 되묻고 있다. 연초록의 새 잎을 보이기 시작하는 베를린의 보리수를 2004년 뜨거운 여름날에 내 뇌리에 박힌 그 강남의 빌딩 숲의 가로수로 상상해 보며, '탈현대'의 한국적 맥락, 그리고 그의 빛과 그림자에 대한 이야기도 위에 지적한 반어적 결론에 도달하지 않을까 하고 생각해 본다.

탈식민주의의 문화 지평

2005년 해방과 분단 60주년을 맞이하면서 한일 간에 예민한 사안들이 연달아 제기된 적이 있었다. 독도 영유권 문제는 물론, 일본 식민지 지배의 공과(功過)를 둘러싼 뜨거운 공방이 이를 잘 보여 주고 있다. 특히 한승조 교수의 기고문 내용은 과거에 대한 분석을 넘어 오늘의 문제와 바로 연결되어 있기 때문에 사회적 파장을 일으키기도 했다. 지금까지는 '식민지 근대화론'과 '자생적 발전론'의 대립처럼, 주로 학술적 테두리 안에서 이루어졌던 논쟁들이 이제는 '친북이 친일보다 나쁘다'는 식의 직접적 표현을 빌려 오늘의 정치상황평가에까지 연결되고 있다.

1945년의 해방은 냉전체제 속에 갇혀 일본 식민지 지배 구조의 완전한 해체로 곧장 연결되지 못했다. 1965년 한일 국교 정상화는 이러한 구조의 재생산을 직접 뒷받침하는 계기가 되었다. 그러나 문화 분야에서는 정치나 경제 분야보다 더 늦게 재생산 구조가 복원되었다. 그 주된 이유는 '삶의 방식'을 근본적으로 규정하고 있는 문화가 지니는 특성 때문이었다. 그래서 한일 간에 정치나 경제 분야보다는 문화 분야에서 아직도 상당한 저항과 거부감이 남아있다. '교과서 파동'이 하나의 예라고 할 수 있다. 물론 '욘사마 열풍'과 같은 현상도 나타나지만 어디까지나 이는 일시적이고 부분적인 것에 지나지 않다. 일본은 그간 경제대국-기술대국-정치대국-군사대국-

문화대국이라는 국가경영 철학의 변화를 보여 왔다. 문화대국의 건설이 장기적 과제라는 사실이 여기서도 분명하게 드러나고 있다. 강대국보다는 차라리 높은 문화를 지닌 아름다운 나라를 건설하고 싶다는 김구 선생의 바람은 이러한 일본의 국가경영 철학에 대비될 수 있는, 그래서 분명히 값진 것이었지만 불행하게도 분단체제 속에서 실현될 수 없었다.

그동안 한일 간의 비대칭적 문화 관계는 열등감과 우월감이 서로 교차하는 모습으로 나타났다. 이러한 현상은 물론 한일 간에만 특별히 나타나는 것은 아니다. 탈식민주의의 이론가 프란츠 파농(Frantz Fanon)은 제3세계가 식민지 시대와 단절하려고 하지만 이를 위해 동원하는 수단 역시 식민지 시대의 유산이라는 자기모순을 지적한 적이 있다. 극일(克日)하기 위해서 먼저 지일(知日) 또는 친일(親日)해야 한다는 논리도 같은 선상에 놓여 있다고 볼 수 있다. 이러한 문제를 해결하기 위해서는 우선 자신의 문화가 본래적이고 순수한 것이 아니라 이미 식민주의의 문화와 뒤섞인 하나의 '잡종'이라는 사실을 빨리 인정해야 한다고 파농은 주장하고 있다. 그러나 같은 피부 색깔에다가, 게다가 과거에는 오히려 일본에게 높은 문화를 전해 주기까지 했다는 민족적 자부심 때문에 우리는 그와 같은 논리를 선뜻 받아들일 수 없게 되어 있다.

결코 쉽게 부정될 수 없는 민족 정체성에 뿌리를 둔 문화적 담론을 우회(迂廻)하면서 잘못 설정된 비교 수준에 근거하여 '친북이 친일보다 나쁘다'거나 '친일이 친북보다는 낫다'고 주장하는 것은 먼저 식민주의의 가해자와 피해자의 구별을 모호하게 만들고 있다. 또 이 같은 주장은 식민주의의 자기반성의 근본인 '기억의 문화'마저도 철저하게 희화화하고 잊게 만든다. 뿐만 아니라 그렇듯 잘못 설정된 비교 수준은 지금까지 식민주의자들에 의하여 재단된 '문명-야만', 또는 '좌익-우익'이라는 경계를 넘어

'창조적 제3'을 지향하고 있는 탈식민주의의 진지한 노력과 귀중한 성과도 아예 없었던 것처럼 여기는 무지도 드러내 보이고 있다.

　탈식민주의적 문화공동체 건설의 기본 정신은 우선 여러 문화적 주체들이 자기 색깔을 지니고 있으면서도 또 함께 어울릴 수 있는 데에 있다. '친일'과 '친북'이라는 잘못 설정된 양자택일의 막힌 사고 체계로서는 남북이 탈식민주의의 노력 안에서 만날 수 없다. 또 이러한 만남을 기반으로 한 동북아의 새로운 문화적 지평을 여는 작업도 불가능하다.

세계화와 한국 문화

　오랫동안 독일에서 살았지만 이곳에서 2005년 한해처럼 한국 문화에 관해 집중적으로 소개된 적은 없었다. 물론 서울올림픽 때도 한국 문화에 대한 소개가 많이 있었다. 그러나 그러한 소개는 어디까지나 올림픽이 열리는 장소의 문화적 배경을 설명하는 데 주안점을 두었지 한국 문화 그 자체를 중점적으로 부각시킨 것은 아니었다. 2005년 9월 19일부터 10월 2일까지 베를린에서 열렸던 '아시아-태평양 주간'이라는 문화 행사에서 중점적으로 소개된 국가도 한국이고, 이어 10월 19일부터 23일까지 열린 프랑크푸르트 '국제 도서전시회'의 주빈국 역시 한국이었다. 세계화 시대에 문화가 지니는 특별한 의미에 대해서 논쟁이 활발하게 이루어지고 있는 이곳에서 한국 문화를 집중적으로 조명한 것은 한국 문화의 미래의 지평에 대해서 다시 한번 생각해 보게 만드는 계기도 마련해 주었다.

　시간과 공간의 응축 속에서 민족이나 국가의 경계도 쉽게 무너뜨리는 세계화는 지금까지 안으로는 같게, 밖으로는 구별하게 만드는 특성을 지닌 문화의 전망에 대해서도 서로 다른 견해를 보여 준다. 한편에서는 세계화 속에서 문화는 이제 더 이상 어떤 지역적 공간 속에 갇혀 있거나 항상 동질적인 것으로 남아 있는 것이 아니라 다양하면서도 열려 있는 삶의 형식 전반을 의미하게 되었다고 주장한다. 다른 한편에서는 세계화가 이른바 '맥도날드화'라는 표현처럼 개별 문화를 지금까지보다도 더 자본이 형성한 지배적 문화에 종속시키는 결과를 낳았고, 이는 미국 소비문화의 전 지구적 지배로 귀결될 것이라고 반박하고 있다. 앞의 견해가 세계화가 문화의 다양성을 활성화시킨다고 보는 데 반해 뒤의 견해는 세계화가 오히려 문화의 다양성을 파괴한다고 보고 있다.

바로 이러한 양면성을 지닌 세계화의 복잡한 전개 과정 속에서 한국의 문화와 예술이 독일에서 새롭게 조명되고 있다. 한국 문화가 지니는 보편성에 초점을 맞추어 '같음'을 강조하느냐, 아니면 한국 문화가 지니는 특수성에 초점을 맞추어 '다름'을 강조해야 하는가라는 어려운 문제가 등장하게 된 것이다. '같음'만을 강조하다보면 결국 '한국'의 의미가 존재하지 않게 되고, '다름'만을 강조하다 보면 '문화'가 지니는 보편성과 여러 문화 간의 상호이해 가능성을 부정하게 된다. 그러나 '같음'과 '다름'의 사이에 걸려 있는 긴장된 관계가 제대로 이해될 때 한국 문화는 더 이상 지배적 문화의 단순한 복제품이 아니면서 여러 다른 문화와 공존하면서 이들이 빚고 있는 아름다움을 더 풍요롭게 만드는 데 기여하는 문화임을 세계에 보여 줄 수 있다. 따라서 같음은 다름이 있기에 가능하며 다름은 또 같음이 있기에 가능하다는 원효의 역동역이(亦同亦異)와 비동비이(非同非異)의 철학은 한국 문화가 세계화의 파고 앞에서도 견지해야 할 긴장된 정신의 내용을 잘 풀이해 주고 있다.

한편 '아시아-태평양 주간' 행사의 일환으로 '베를린 교향악단'의 윤

이상 교향곡의 밤도 있었다. 윤이상 음악에 많은 영향을 끼친 드뷔시의 음악도 함께 연주되어서, 서로 다른 문화적 배경을 지닌 동서양의 음악 미학 사이에 있는 같음과 다름의 긴장을 잘 보여 주었다. 같은 날 저녁에는 최근 독일어로 번역된 황석영의 『오래된 정원』의 낭독회도 있었다. 필자는 작가가 왜 현재 런던에서 작품 생활을 하면서 '세계인'을 생각하고 있는지 하는 고민도 들을 수 있는 재회의 기쁜 시간을 가질 수 있었다.

오늘날 개별 문화가 지니는 경계와 코드를 철저히 허물고 문화를 오로지 유희처럼 여기는 해체주의적 시도도 있다. 그러나 개별 문화는 어떤 경우든지 세계화된 문화의 표현 형식의 본질적인 부분으로 항상 남을 수밖에 없다. 민족이라는 담론을 한갓 희화(戱畵)로만 여기는 젊은 여성 작가와 민족이라는 단어만 들어도 흥분하는 기성 세대의 남성 작가가 독일에서 서로 달리 한국 문학을 소개하기도 했다. 그러나 어떠한 경우에든지 세계화 속에서 한국 문화의 올바른 자리 매김은 바로 같음과 다름 사이에 걸려 있는 긴장으로부터 시작된다고 필자는 생각한다.

최고의 문화적 투자

한국이 주빈국으로 초대되었던 2005년 프랑크푸르트 도서전은 유럽에서 일본과 중국 문화의 아류 정도로만 평가받았던 한국의 문화가 객관적으로 인식되고 평가될 수 있는 계기였다. 그러나 아쉬움도 많았다. 충분한 준비 없이 치른 행사이다 보니 무엇보다도 이곳에 번역 소개된 도서의 질과 양이 문제였다. 문화는 한 나라의 고유한 상징을 종합적으로 전달하기 때문에, 단기간에 한꺼번에 나열하는 식으로 소개하는 것보다는 장기적으로 또 자연스럽게 스며드는 식으로 이해될 수 있는 그러한 문화 소개가 앞으로의 과제라고 볼 수 있다.

2004년 프랑크푸르트 도서전에서 주빈국이었던 아랍 세계가 문화적으로는 물론, 정치적으로도 한국보다는 훨씬 유럽의 관심을 끌었음에도 불구하고 얼마 지나지 않아 이곳의 출판 문화적 관심 영역으로부터 사라진 경험은 분명 우리에게 타산지석이라고 할 수 있다.

도서전에 맞추어 국제엠네스티 독일 지부가 마련한 남북한의 표현의 자유를 주제로 한 토론회도 각각 열렸다. 표현의 자유와 〈국가보안법〉이 아직도 상충(相衝)하고 있는 문제는 도서전이 개최될 당시, 독일의 언론매체가 이미 몇 차례 걸쳐 필자의 쓰라린 경험을 다루었다. 동국대 강정구 교수 문제도 이야기되었다. 차분한 논쟁을 통해서 충분히 검증될 수 있는 한 학자의 관점의 문제가 흡사 전 사회가 총동원된 듯한 느낌을 줄 정도의 사회적·정치적 문제로 비화하고, 또 확대재생산하는 현상은 나라 밖에서 볼 때는 황당하게 느껴지기도 했다.

물론, 분단이라는 현실을 앞세워 〈국가보안법〉의 존속을 변명하거나 아니면 북한의 열악한 현실을 지적하면서 이 법의 존재를 비교 우위(優位)적 관점에서 옹호할 수도 있다. 고교 교사로서 은퇴하여 국제엠네스티 독일 지부의 남한문제 책임자로서 나의 석방 운동에 앞장섰던 부흐너 박사도 독일의 유력한 일간지 『프랑크푸르터 룬트샤우』의 한 기고문에서 〈국가보안법〉이 아직도 남한에서, 특히 통일문제와 관련해서 사상과 표현의 자유를 제약하고 있다고 지적하면서도 북한보다는 그래도 열악하지 않다고 비교 우위적 관점에서 언급하고 있다.

『쌍윳따니까야』에서 부처는 '나는 우월하다', '나는 동등하다', '나는 저열하다'는 세 가지 자만의 문제를 지적하면서 새김, 탐구, 정진, 안온(安

穩) 등의 일곱 가지 깨달음을 가르쳤다. 또 불교로부터 강한 영향을 받았던 쇼펜하우어도 비교는 인간의 모든 불행의 시작이라고까지 주장하였다. 이렇게 업보처럼 인간의 사유와 생활 속에 내재하는 것이 비교라면 우리는 자신보다 못하다고 여겨지는 대상과 비교해서 제자리에 안주하거나 스스로 위안하는 것보다는, 차라리 자신보다 더 낫다고 여겨지는 대상과 선의의 경쟁을 해서 자신의 발전을 도모하는 것이 바람직하지 않은가.

〈국가보안법〉을 폐지하는 문제의 기준도 그저 남북한 간의 비교 우위적 문제로서만 볼 것이 아니다. 인류가 공통적으로 추구하고 있는 보편적 인권이 남북한보다 더 잘 지켜지고 있는 나라들과 비교하면서 스스로 개선하기 위해 끊임없이 노력을 기울일 때, 문화적 영역에서도 남한은 지금보다 더 많은 보편성과 함께 이에 어울리는 자기정체성도 보여 줄 수 있다. 국제 도서전시회에서 왜 난데없이 〈국가보안법〉 문제가 제기되어 남한의 국제적 위상에 흠집을 내는가 하는 비난도 있을 수 있었겠지만, 문화는 언어, 신화, 예술, 종교, 철학 등을 포괄하는 세계에 대한 의미 부여와 함께 국가, 사회, 법률, 도덕, 경제, 기술 등을 포괄하는 삶의 질서도 동시에 의미하기 때문에 도서전시회야말로 바로 문화 전시회의 핵심이라고 볼 수 있다.

지금까지 역대 어느 주빈국보다도 가장 많은 투자를 한 프랑크푸르트의 국제도서전을 통해 한국 문화가 유럽에서 제대로 인식되는 계기가 되기 위해서는 〈국가보안법〉을 폐지하는 문화적 투자도 함께 진행되어야만 했다. 이러한 문화적 투자는 오히려 주빈국으로 참여하면서 투자한 1,500만 유로보다 훨씬 값진 투자로서 이로부터 생긴 엄청난 문화적 이익금은 곧 환수되었을 것이다.

인간자본(人間資本)과 인재(人材)

독일 언어 전문가들의 모임인 "언어비판적 행동"은 1991년부터 해마다 '단어 아닌 단어'를 선정하는데, 2004년 최악의 단어로 '인간자본'(Humankapital)을 선정했다. 이 단어는 원래 기업 경영에서 직원의 지식, 경험 그리고 능력을 키우는 것을 의미한다. '인간자본'은 고객과 조직 관리를 근간으로 하는 '구조적 자본'과 함께 기업의 '지적 자본'을 구성해서 기업의 경쟁력을 높인다는 뜻으로 사용되고 있다. 그렇다면 무엇이 문제가 되어 이 단어가 최악의 단어로 선정되었는가.

인간을 자본 증식의 재료나 소재로서 바라보는 발상은 '인간자본'이 물론 처음은 아니다. 산업자본주의의 선두 주자였던 영국의 19세기 중엽, 런던에서 한때 기자로 일하면서 노동자의 생활 참상을 목격한 독일 작가 폰타네(Theodor Fontane)도 '인간소재'(Menschenmaterial)라는 단어를 이미 사용했다. 그의 동시대인으로 런던에서 망명 생활을 했던 마르크스(Karl Marx) 역시 자본주의의 어두운 모습을 묘사하는 데 이 단어를 사용했다. '인간소재'라는 단어를 그대로 우리말로 옮기면 '인재'(人材)가 된다. 하지만 이 둘 사이에는 등치시킬 수 없는 어떤 의미의 차이를 느낄 수 있다. '인재 등용'이니 '인재 양성'처럼 '인재'는 다분히 사회적·문화적 맥락 속에서 이해되고 있는 데 반해 '인간자본'이나 이의 원조라고 할 수 있는 '인간소재'는 주로 경제적 맥락에서 이해되고 있다.

지구화 시대의 도래와 함께 강조되고 있는 '인재'의 경제적 의의는 한국 사회에서도 중시되고 있다. 이른바 '지식기반사회'에서 '인재'의 중요한 역할에 주목하고 있는 한국의 재벌 기업들도 이제는 '인재'의 국적조차도 문제 삼지 않고 '인재 사냥'(war for talents)에 나서고 있다. 베버는 동양

사회에서 '자본주의의 정신'이 발달하지 못한 요인 중의 하나로 동양 사회의 인문적인 '문화인'에 주목하였다. '선비'가 아마도 이의 대표적인 예에 속한다고 할 수 있는데, 이는 서양의 기능적인 '전문인'과는 완전히 대립되는 '인재'의 이념형이었다. 오래 전부터 이야기되고 있는 인문학의 위기가 보여 주는 것처럼 이제 이러한 '인재'는 대학 사회에서조차 발붙일 틈이 없는 것 같다. 교육은 경제발전에 종속되어야 하고, 대학도 기업체처럼 운영되어야만 한다는 생각이 관철되고 있는 조건에서는, 위에 말한 사회적·문화적 맥락 속에서 이해되는 '인재'의 개념도 머지않아 사라질 것처럼 보인다.

'인간자본'을 최악의 단어로 선정한 배경에는 분명히 사회 전체를 곧 시장으로 여기는 신자유주의적 경제철학에 대한 강한 비판이 깔려 있다. 이에 대해서 '인간자본'을 옹호하는 측은 자본과 인간을 결합시킨 이 새로운 개념이야말로 소재라는 물질적 개념에 의거해서 '인간 착취'나 '인간소외'를 연상시켰던 과거의 '인간소재'와는 근본적으로 다르며, '지식'의 의미를 특별히 강조하고 있는 오늘날의 경제사회에 오히려 더 적합하다고 반박한다. 비물질적인 정보가 주도하는 탈현대적인 사회의 자본과 인간관계를 기존 산업사회의 그것처럼 단순하게 보아서는 안 된다는 것이다.

이러한 적극적 이해에도 불구하고 '인간자본'은 문화적 맥락 속에서 이해되고 있는 우리의 '인재'가 담고 있는 내용을 충분히 전달하지 못한다. 우리의 '인재'는 단지 '학식과 재능이 뛰어난 사람'이라는 '인재'(人才)의 사전적 정의를 넘어 '사람이라는 재목'을 키운다는 뜻의 '인재'(人材)로서 이해되어야 한다. 교육이 단순히 경제의 종속변수일 수 없는 이유가 바로 여기에 있다. 매년 교육 현장에서 일어나는 불미스런 일들은 물론, 온 사회에 크나큰 충격을 준 엽기적 사건들이 이러한 의미 전화(轉化)의 당위성을 설명해 주고 있다.

정보사회의 윤리

'초고속 정보망', '사이버 공간', '지구촌', '가상 공동체'등의 은유적 단어로 표현되고 있는 오늘의 정보사회는 우리가 지금까지 경험해 온 산업사회와 여러 가지로 다르다. 경제·정치·문화적 구조에 있어서도 그렇지만, 그 속에서 사는 사람들의 의식에도 상당한 변화가 일어나고 있다. 이러한 변화가 어떤 특정 지역에서는 다른 지역에서보다 더 빠르게 나타나고 있는데 한국 사회가 그 대표적 예라고 볼 수 있다. 작년 말에 한국의 인터넷 이용률이 국민의 70퍼센트를 넘어 섰고 총인구 대비 세계 최고의 '인터넷 강국'이라는 보도를 읽은 적이 있다. 독일의 그것은 같은 시기 61퍼센트에 그쳤다.

인터넷 매체는 정보의 생산과 소비가 우리 일상생활의 구석구석을 어떻게 지배하는가를 다른 어떤 매체보다도 더욱 분명하게 보여 주고 있다. 신속성을 본질로 한 매체는 이른바 '보이지 않는 친구들의 가정'과 같은 새로운 공동체를 형성시켜 주는 측면도 있지만 음란과 폭력적 내용으로 인한 정보 오염의 심각성, 개인 정보의 불법 유출, 새로운 유형의 '사이버 범죄'에 이르기까지 여러 가지 부정적 현상도 동반하고 있다. 이에 대비한 법률의 제정과 함께 새로운 정보 문화 창출을 위한 시민운동, 나아가 정보사회의 윤리적 규범에 관한 철학적 논의도 활발해지고 있다.

기존의 인쇄 매체와는 달리 인터넷 매체는 여러 사람이 즉각적으로 반응을 보일 수 있고 생산적인 논쟁도 전개할 수 있다. 그러나 우리는 이 매체가 저질의 인신공격 속에 묻히는 경우를 자주 보게 된다. 얼굴을 직접 마주하지 않고 익명으로 참여할 수 있는 이러한 매체 속에서 우리는 연령, 성, 직업, 출신지와 같은 요소들이 그동안 제약해 왔던 사회관계로부터 스스로를 해방시킬 수 있다. 그러나 이러한 해방감은 종종 자기정체성에 혼란을 주고, 심지어는 감정이입이 전혀 통제되지 않는 망상과 정신분열증으로 이어지기도 한다.

'얼굴과 얼굴을 마주보는'(face to face) 세계와, 사용자인 인간과 컴퓨터를 연결시켜 주는 장치인 '인터페이스'(interface) 세계의 사이에는 분명히 차이가 있다. 프랑스 철학자 레비나스(Emmanuel Lévinas)는 먼저 지적된 세계의 윤리적 매체는 바로 인간의 '얼굴'이라고 지적한 바 있다. 그러나 후자의 경우에는 시간과 공간을 떠난 '육체 없는 두뇌'가 새로운 윤리적 매체가 될 수 있다. 이러한 대비가 오늘날 극명하게 하나의 논쟁점으로 부각되고 있는 것이 곧 '전자 민주주의'다. 앞의 견해는 민주주의는 우리들의 몸에 깃든 자기정체성, 그리고 이를 토대로 한 사회적 연대성을 떠나서는 있을 수 없다고 주장한다. 이에 대하여 후자의 견해는 새로운 매체를 통한 다양하고 평등한 여론 형성이 새로운 형태의 민주주의를 가능케 한다고 피력한다. 두 견해가 모두 정보사회의 명암 그리고 이에 근거한 비관과 낙관을 나름대로 드러내 보이고 있다. 그러나 어떠한 경우든지 정보사회의 미래는 새로운 정보통신의 기술적 특성에만 의해서가 아니라 사회적인 담론 체계, 즉 사회 성원의 힘의 관계에 의해서 결정될 것이다.

'사이버 공간'(Cyberspace)이라는 개념을 처음으로 사용한 공상과학소설가 깁슨(William Gibson)도 사이버 공간은 결국 우리 사회의 재미있는 하나의 거울에 지나지 않으며, 때로는 우리의 가치 그리고 우리의 잘못을 과장하는 거울이라고 지적한 적이 있다. 따라서 우리가 바라는 정보사회의 윤리적 내용도 결코 새로운 것은 아니다. 오늘 한국 사회에서 절박하게 요구되고 있는 상대방의 인격 존중, 자율성, 책임감 그리고 연대성과 같은 덕목들이 바로 정보사회의 윤리적 내용이라고 할 수 있다. '하이테크 동굴' 속에 갇혀 있는 익명의 공동체가 아니라 서로가 얼굴과 얼굴을 마주보고 이야기를 나눌 수 있는 그러한 따뜻한 공동체의 정신을 잊지 않을 때 '인터넷 강국'도 그 이름에 걸맞는 모습을 보여 줄 수 있다.

사회 자정 능력의 조건

황우석 교수팀의 배아줄기세포 연구 결과를 둘러싼 국내의 시끄러운 논란은 이곳 독일에서도 각종 매체를 통해 자세히 소개된 바 있다. 발표된 연구 결과가 획기적인 내용을 담았던 만큼 충격 또한 만만치 않았다. 어떻든 이 사건으로 인해 한국의 이미지가 여러 가지로 훼손되었다는 사실은 부정할 수 없다.

전 사회적인 충격 속에서도 그래도 희망을 이야기하는 국내 분위기가 있었는데 그 가운데 사회 자정 능력이라는 단어가 자주 등장했다. 극심한 충격과 혼란 속에서도 한국 사회는 이제 비정상적인 상황을 곧 정상적인 상황으로 복원시킬 수 있는 내재적인 힘과 능력이 있다는 것을 강조한 것이다.

원래 자정 능력이라는 단어는 ① 생물체를 둘러싼 환경이 어떤 조건 속에서 균형을 잃지만 곧 균형 잡힌 원래의 상태로 돌아가거나, ② 작은 충격이나 혼란으로 인하여 아예 다른 상태로 변질하거나, ③ 충격 이후에 나타난 새로운 상태 속에 곧 안주하거나, 아니면 ④ 충격 이전보다 훨씬 안정된 상태를 지닌다는, 대체로 보아 네 가지 현상을 의미한다. 이렇게 볼 때 사회 자정 능력은 주로 이 마지막 의미를 전제하고 있는 것 같다. 인간 사회에도 생물계의 법칙이 관통한다는 사회과학적 전제는 상당히 긴 역사를 지니고 있으며 지금도 이러한 이론적 전제는 여러 가지로 힘을 발휘하고 있다.

칠레 출신의 신경생물학자 마투라나(Humberto Maturana)와 바렐라(Fransisco Varela)는 우리가 일상적으로 자주 사용하지만 꼭 집어 정의하라면 결코 쉽지 않는 '생명'을 "자기 자신으로부터 스스로를 생산하는 것(autopoiesis)"으로 규정하고 있다. 또 유기체는 환경으로부터 자신에 필요한 물질만 받아들이고 필요치 않은 것들은 철저하게 무시한다고 이들은 주장한다.

이러한 이론을 사회이론에 도입해서 정교하게 전개시킨 독일의 사회학자 루만은 사회체제도 살아있는 유기체의 자기생산처럼 작동한다고 말한다. 또 이 사회체제적인 자기생산의 기본 단위가 바로 '정보'(Kommunikation)라고 이야기한다. 이 정보도 역시 유기체처럼 자기에게 꼭 필요한, 또는 이미 알고 있는 정보에 첨가할 수 있는 것만을 선택하고 그렇지 않은 것들은 대체로 무시하는 경향이 있다는 것이다.

'말이 말을 낳는다'는 우리 속담이 있다. 이 속담이 바로 이 복잡한 이론을 잘 설명해 주고 있다고 할 수 있다. 즉 말이 말을 낳고, 또 이 말이 또 다른 말을 낳는 식으로 전개되다 보면 애초에 발설한 사람의 주장과 의도는 흔적도 없이 사라지고 결국 말싸움만 남는 우리의 일상생활의 정황도 바로 정보가 부단히 자기생산하고 있는 모습이라고 할 수 있다. 사회체제는 사람들이나 그들의 행위로 이루어진 것이 아니라 오로지 '정보'로서만 이루어지고 있다는 루만의 주장도 따지고 보면 오늘날 우리가 살고 있는 '정보사회'의 핵심을 잘 지적하고 있다.

황 교수팀의 연구 결과를 둘러싼 논란과 엄청난 사회적 갈등과 혼란은 바로 한국적 정보사회의 핵심인 언론 매체의 자기생산 과정이 지니는 구조적 모순을 극명하게 드러낸 사건이다. 선악을 가르는 윤리적 문제나 진위를 가르는 과학적 검증이 충분히 작동할 수 있는 독립적인 코드가 분명히 있는데도 불구하고 처음부터 손익만을 계산하는 경제 문제나 권력의 문제와 연결된 코드로서 무리하게 해석한 언론 매체는 위험 수준을 넘는 정보를 과도하게 자기생산하였다. 그 결과는 전체 사회의 집단적 조울증 (躁鬱症)이다. 이번 일은 사회의 진정한 생명력과 자정 능력을 기대하기 위해서는 무엇보다도 먼저 언론매체가 스스로 거듭나야 한다는 사실을 다시 한번 확인시킨 사건이다.

5. 통일문제의 구조와 전망

비현실적 전망과 잘못된 처방

베를린 장벽이 무너지고 나서 많은 국내 학자들이 통일 독일의 현장 체험을 위해, 또는 한반도 통일과 독일 통일의 비교 연구 프로젝트를 위해 이곳 베를린을 다녀갔다. 이러한 관찰과 연구가 그 후 우리의 통일문제 해결에 얼마나 기여했는지에 대해 나는 아직도 궁금하다. 또 국내 학자뿐만 아니라 옛 동독의 학자나 정치가들의 인터뷰 기사도 서울에서 발간되는 여러 신문의 지면을 하루가 멀다 하고 채웠다. 이들 중에는 그 후 통일부나 관련 연구 기관들의 고급 단골손님이 된 경우도 적지 않다. 독일 통일의 시점에서 북한이 짧게는 몇 년, 아니면 2000년을 결코 넘길 수 없을 것이라 했던 주장도 많았다. 1990년대 중반부터, 특히 김 주석의 사망 이후 국내외적으로 위기에 처한 북한체제의 붕괴는 기정사실로 받아들여졌고, 오로지 언제 그리고 어떻게 무너지는가, 그래서 이에 어떻게 대비해야 하는가라는 문제만이 남아 있는 것처럼 보였다.

부시 집권 2기가 시작되면서 비슷한 상황이 다시 전개되었다. 하루가 멀다 하고 '김정일 권력체제'의 붕괴를 점치는 전망이 표출되었다. 북한을

'악의 축'으로 보는 부시 행정부의 정치철학은 북한체제를 압박하려는 대북 정책으로 나타났다. 그 후 6자회담이 중단과 재개를 반복했지만 상황은 계속해서 불투명하다. 북한의 반대와 남한 시민사회의 우려에도 불구하고 〈북한인권법〉이 제정되기도 했다. 북미 사이뿐만 아니라 일본인 납치 문제의 해결을 둘러싸고 북일 사이에도 그 어느 때보다 상호 불신의 골이 깊어졌다. 참여정부가 김대중 정부의 '햇볕정책'의 계승을 선언했고 또 개성공단의 가동과 같은 민간 수준의 중요한 남북관계 개선도 있었지만 탈북자들의 '대량 기획 입국'과 같은 문제들이 불거지면서 남북 간 정부 차원의 대화 역시 큰 진전을 보지 못하고 있다.

이러한 가운데 끊임없이 나돌았던 북한체제의 이상 증후나 균열 증세에 대한 서방 측의 보도나 분석이 일반 사람은 물론 전문가들 사이에도 그 신빙성을 둘러싼 논쟁을 일으켰다. '김정일 초상화 수거', '후계자 문제', '반김 지하조직', '김경희 자살', '리비아에 핵물질 판매', '장성택 제거 시도' '군부에 의한 김정일 구금' 등 확인되지 않은 소문이나 정보들이 꼬리를 물고 보도되었다. 대부분 북의 체제가 머지않아 붕괴한다는 전제를 세우고 이 전제에 따라 이른바 정보나 자료를 꿰어 맞추는 해석이 계속된 것이다. 따라서 이 같은 북한 사회의 이해가 담고 있는 문제점을 지적하는 한편, 북한 사회에 대한 보다 현실적인 인식을 토대로 남북관계와 통일문제를 검토해 보는 것은 의미 있는 일이다.

우리가 일상적으로 경험하는 일기예보는 가령 주식시장의 변동이나 선거 결과에 대한 예측과 기본적으로 다르다. 일기예측은 이를 가능케 하는 기압, 온도, 습도 등을 비롯한 객관적으로 측정될 수 있는 자료에 의거하고 있는 데 비해 주식 변동이나 선거는 예측의 '대상'이 동시에 이의 '주체'인 사회적 행위자들이기도 하다. 따라서 이들 행위 주체는 어떤 '예측'을 접하면서 경우에 따라 자신들의 행동 양식도 달리 할 수 있다. 가령 어떤 은행이 곧 망한다는 잘못된 예측이 나돌면 그 은행의 고객들이 앞을 다투어 예금을 인출, 결국 은행이 문을 닫을 수밖에 없게 만드는 것처럼 예측이 행위 주체의 어떤 행동을 적극적으로 촉진시킨다. 경우에 따라서 이와는 반대로 어떤 행동을 적극적으로 억제시키기도 한다. 이러한 현상을 '자아 확충적 예측'(self-fulfilling prophecy) 또는 반대로 '자아 억제적 예측'(self-destroying prophecy)이라고 하는데 그만큼 사회과학에서 이루어지는 예측의 불완전성을 이야기하는 것이다. 또 자연과학적 예측에서는 그 결과에 비추어 예측이 옳거나 아니면 틀리는 양가(兩價)적 기준이 통용되지만, 사회과학적 예측에서는 반드시 그렇지 않고 오히려 다가(多價)적 기준이 있을 수 있다. 예를 들면 내일 선박이 출항하면 곧 파선될 것이라는 예측에 대해서 선장은 파선될 것이냐 또는 파선되지 않을 것이냐라는 양가적인 기준 자체를 애초부터 무시하고 제3의 해결책, 즉 아예 뱃길을 떠나지 않고 배를 부두에 정박시키는 결정도 내릴 수 있다. 이러한 문제들을 오늘의 북한과 관련지어 생각해 보자.

밖으로는 핵 문제 그리고 안으로는 경제난에 봉착한 북의 체제에 대한 바깥 세계의 비판과 주문이 많다. 되돌릴 수 없고 검증 가능한 핵 포기를 국제사회에 약속하면 경제적 지원을 할 수 있다거나 개혁과 개방을 하면 현재의 위기적 상황도 해결할 수 있다고 충고도 한다. 뿐만 아니라 체제 붕괴의 가능성이 그 어느 때보다 높다는 예측 아래 체제 붕괴를 적극적으로 유도하는 정치·경제·군사적 압박을 강화해야 한다는 소리도 높다. 그러면 북의 지도부는 이러한 바깥 세계의 예측에 대해 앞서 예를 든 것처럼 은행을 망하도록 유도하는 행위로 보고 있는가, 아니면 그러한 예측이 현실화될 가능성이 있기 때문에 지금까지의 원칙을 과감히 수정 또는 폐기하면서 스스로를 변화시키려 하는가.

계획경제에 시장의 기능과 역할을 접목시킨 2002년 7월의 경제개혁 조치는 단기적인 것이 아니라 이미 전반적 경제생활의 기본적인 틀로 자리 잡았다고 할 수 있다. 이에 대해 가령 중국이나 베트남에서 지난 20년 넘게 추진되었던 경제개혁의 최근 결과와 수평적으로 단순 대비시켜 보면서 북의 경제개혁 속도가 더디다거나 또 그 폭이 좁다고 평가할 수는 없다. 물론 개혁이나 개방 자체를 외부 세계가 바라는 '체제 붕괴'의 길을 열어 놓을 수 있는 '트로이의 목마'처럼 보는 시각이 북에도 엄연히 존재하고 있다. 이러한 태도는 분명 위에서 지적한 '자아 억제적 예측'처럼 자신의 행동반경을 스스로 제한할 수 있다.

경제개혁에는 부정적 현상—특히 빈부격차나 부정—도 뒤따르기 마련이다. 중국의 경제개혁이 안고 있는 심각한 문제가 이를 잘 보여 주고 있다. 그러나 이러저러한 부정적 현상에도 불구하고 북은 경제개혁을 위한 관계 체계를 지난 몇 년 동안 지속적으로 확대해 왔다. 북이 경제개혁을 하느냐 그렇지 않느냐 하는 양가적인 질문은 더 이상 무의미하다. 중국이나 베트남과는 여러 가지로 다른 사회적 구조를 가진 북한의 경제개혁이 그 우선순위나 방법에 있어서 중국이나 베트남과 꼭 같을 수는 없다. 그동안 많은 제약을 받고 있었던 남북한 경제교류와 협력 분야도 개성공단이 보여 주는 것처럼 많은 진전을 보이고 있다. 남북한 교역은 이제 북의 전체 대외 교역에서 무시할 수 없는 비중을 차지하고 있다. 전체적으로 볼 때 남과 북의 경제교류와 협력은 더 이상 돌이킬 수 없을 정도로 북의 경제개혁을 양과 질적인 면에서 지원해 주고 있다. 이러한 의미에서 현재 구축 중인 남북의 경제적 관계 체제는 북의 변화를 더욱 예측 가능한 세계로 인도하고 있다.

'북핵 문제'의 구조

이러한 남북 간의 교류와 협력은 민간 주도가 본질적으로 바람직하다. 하지만 남북 간의 특수한 현실은 중대한 정치적 결단을 자주 요구하기 때문에 당국 간의 대화도 동시에 진행되어야 한다. 이러한 당국 간의 대화가 부딪히는 장애 중의 하나는 이른바 '민족 공조'인가, 아니면 '한·미·일 공조'인가라는 문제다. 이러한 양자택일적인 문제 상황의 중심에 놓여 있는 것이 바로 북의 핵 문제다. '북핵 문제' 해법의 기초는 북미 쌍방이 우선 현안 문제의 핵심, 즉 핵 포기와 체제 보장을 동시에 포괄적으로 해결할 수 있느냐에 있다. '이중적 우연성'(double contingency)이라고 불리는 순환논리—네가 먼저 나의 요구를 들어주어야만 나도 너의 요구를 들어 줄 수 있다—가 만드는 상황을 타개하기 위해서는 대화와 협상이 필수적이다. 그러나 북미 간의 협상 결과가 '6자회담'의 테두리 안에서 추인되고 그 실현이 보장되는 문제는 2005년 9월 19일의 역사적인 6자회담 합의문 발표 이후에도 여전히 해결의 전망이 보이지 않았다. 이는 무엇보다도 북미 간에 여전히 상호 불신의 골이 깊다는 것을 보여 주는 것이다. 이러한 상황을 염두에 둘 때 2007년 2월 13일의 베이징의 합의문은 무엇보다도 '이중적 우연성'에 갇혀 있던 북미가 드디어 상호 불신의 암흑상자에서 동시에 밖으로 나오는 중요한 첫걸음임을 시사한다. 아직도 서로를 완전히 믿지 못하는 상황이기에 이러한 사태 발전을 못마땅하게 여기는 세력들도 있지만 대화와 협상의 결과는 어느 한 쪽이 모두 얻고 다른 한 쪽은 모두 잃는 '제로섬 게임'이 될 수는 없다.

'북핵 문제'와 관련, 남쪽의 역할이 '중재자'냐, 아니면 '당사자'냐라는 논쟁이 여전히 일고 있으나 그것은 문제를 너무 단순하게 보는 것이다.

'중재자'가 곧 '방관자'를 의미하는 것은 아니다. 또 문제 해결의 열쇠를 쥐고 있는 미국은 '당사자'가 아니라는 이유로 어정쩡한 태도로 문제 해결에 임해서는 안 된다. '북핵 문제'의 해결이 군사적 방법으로 이루어진다면 그 최대의 피해자는 결국 우리 민족 전체일 수밖에 없는 '당사자'로서, 우리는 북미 간의 '중재자'로서의 활동 공간을 적극적으로 확보해야 한다. '중재자'와 '당사자'로서의 특별한 위치를 적극적으로 살려야만 남북 간 그리고 북미 간의 긴장 완화를 결합할 수 있다. 이번 2월 13일의 베이징 합의문은 남한이 '중재자'이며 동시에 '당사자'의 성격을 잘 결합시킨 결과물이기도 하다. 제2차 남북정상회담까지 성사된다면 이러한 '중재자'와 '당사자'로서의 특별한 위상과 역할이 더욱 강화되는 계기가 될 수 있을 것이다.

이라크에 이어 이란에 대해 군사적 해결까지도 모색하는 부시행정부의 제2기 대외정책은 우리에게 타산지석이다. 마-이라크 전쟁에 대해 일정한 거리를 유지하고 있는 독일과 프랑스를 비롯한 유럽연합은 현재 이러한 새로운 모험에 대해 경고하고 있다. 지금 '북핵 문제'의 해결에 있어서 가장 중요한 역할을 하고 있는 중국의 위상은 유럽연합이 중동에서 차지하고 있는 역할과 비교해 보면 훨씬 직접적이다. 중국은 미국의 '북핵 문제'의 군사적 해결에 강한 제동을 걸고 있으며 또 중국과 국경을 나누고 있는 북의 체제가 급속히 위기에 빠진다면 어떤 형식이든지 곧 개입할 것이다. 바로 이 점에서 북의 체제 붕괴가 자동적으로 북이 남에 흡수되는 통일로 연결될 것이라 결론짓는 예측에 한계가 있다. 독일식 통일이 이루어지는 것이 아니라 또 다른 분단체제로—그것도 엄청난 혼란과 희생 속에서—이어질 가능성이 오히려 높다고 할 수 있다.

이러한 예측이 우리 스스로를 더욱 움츠리게 만드는 '자아 억제적'인 것이 되어서는 안 될 것이다. 어떤 형태로든 분단 지속의 가능성을 미리 차단하기 위한 상생의 남북관계 체제를 확립하고 또 이를 공고히 다지는 '자아 확충적'인 예측이어야 한다. 중국과 일본이라는 두 축을 중심으로 해서 움직이고 있는 동북아의 질서 속에서 남북이 함께 균형과 중심을 잡으면서 새로운 동북아 공동체의 기조를 다질 수 있어야 한다. 불행하게도 우리에게는 시간이 많지 않다. 더욱 불행한 것은 아직도 과거의 냉전적 사고 틀 속에 갇혀 한 치도 앞으로 나아가려고 하지 않는 세력이 엄존하고 있다는 사실이다. 이러한 답답한 현실이 그저 계몽의 작업으로 해결될 수 있을지를 자주 스스로에게 되묻지만 다른 해결책이 있겠는가. 이 계몽의 작업을 지금까지보다 더 활발하게 밀고 나간다면 민족화해와 통일의 과정에 있어서 뜻 깊은 전기로 만들 수 있다고 본다.

분단과 민주화의 변증법

분단과 관련해서 우리가 자주 사용하는 단어에는 '분단구조', '분단체제' 그리고 '분단 시대'가 있다. '분단 시대'는 역사적인 개념이어서 비교적 쉽게 이해될 수 있는 데 반하여, '분단구조'나 '분단체제'는 사회학적인 의미를 강하게 전달하고 있고, 또 이해하기도 쉽지 않다. 역사학과 사회학 사이에 놓여 있는 방법론의 차이도 있다. 간단히 말해 역사학은 사회현상을 보다 발생적(genetisch), 또는 선형(線形)적으로 본다. 반면 사회학은 구조적(strukturell)이거나 또는 비선형(非線型)적인 사고를 강조한다. 이러한 차이를 인정하면서도 서로가 지니는 약점을 보충하기 위해 양자를 통합하려는 방법론적인 시도도 물론 있다. 역사사회학 또는 계량적 역사연구 등이 그러한 시도에 속한다고 볼 수 있다.

　이렇게 양자를 조화시켜 보려는 접근보다는—알튀세(Louis Althusser)처럼—가령 마르크스주의로부터 '역사주의'나 '인간주의'라는 내용을 아예 추방시키려는 분위기가 1970년대부터 서유럽 학계를 대체적으로 지배했다. 알튀세는 '통시적'(diachronisch) 접근에 대해 '공시적'(synchronisch) 사고의 우위를 이야기했다. 물론 이렇게 역사의 주체로서 가령 계급이나 민족과 같은 실체를 내세우는 분위기가 사라지게 된 직접적 동기의 하나는 '1968년 혁명'의 좌절이었다. 이러한 좌절에 이은 1989년 '현실 사회주의'의 몰락은 또 한번의 엄청난 충격을 주었다. 사회주의를 역사라는 고목(枯木)의 앙상한 가지에 걸린 열매에 비유한 보들리아르(Jean Beaudrillard)처럼 역사를 장송(葬送)한 그 자리에 '탈역사'와 '탈현대'가 들어섰다. 이러한 변화 속에서 자본주의의 진정한 승리를 다시 확인하는 분위기도 있었지만, 냉소주의와 회의주의도 동시에 확산되었다.

　'역사'가 사라진 그 자리에는 또 '정보사회'와 '지구화' 또는 '정보화'가 들어섰다. '정보사회'는 무엇보다도 '그물망'(network)처럼 서로 연결된 정보를 전제한 사고 없이는 성립 불가능한 개념이고, '지구화'는 지역이나 민족국가 단위의 사고방식을 기초로부터 무너뜨려야 성립 가능한 개념이다. 이러한 일련의 세계 파악 양식의 변화는 위에서 지적한 것처럼 '역사적'이기보다는 '구조적'이거나 '체계적'인 사유가 오늘 지배적 조류임을 보여 주고 있는 증거라고 할 수 있다. 물론 '역사'가 이러한 조류에 휩쓸려 완전히 사라진 것은 아니다. 유럽의 큰 도시 어디를 가나 박물관은 여전히 만원이다. 그러나 '역사는 삶의 선생이다'(historia magistra vitae)라든지 역사는 자기를 '비추어 보는 거울'(通鑑)이라는 교훈적인 의미는 날로 퇴색되고 종종 '탈현대적'인 건축 미학이 보여 주듯이 '역사'는 탈몽(脫夢)한 '현대'

의 기능을 위한 장식물로 치부되고 있다.

이러한 정신사적 흐름은 우리의 민족 현실을 보는 데에도 직접·간접으로 많은 영향을 주고 있다. 나름대로 민족 분단에 천착한 이론과 실천이라 할지라도 때로는 '인종주의'나 '파시즘'의 아류라고 여기는 분위기도 있고 심지어는 냉소의 대상이 되기도 한다. 이와 더불어 분단 문제를 역사적인 맥락에서 보려는 '분단 시대'나 이러한 시대를 뒤로한다는 뜻에서의 '통일 시대'라는 시각이 비록 목적의식은 뚜렷하더라도 맹동적이며 낭만적인 태도라는 비판도 받는다. '6·15 남북공동선언'과 같은 '역사적'인 사건도 이내 실망과 냉소로 연결되는 이러한 분위기는 분단을 넘어 통일로 가는 길이 직선이 아니고 복잡한 미로(迷路)와 같다는 인식을 확산시키면서 '분단 구조'나 '분단체제'라는 용어를 선호하는 분위기도 낳지 않았나 하는 느낌을 필자는 받고 있다.

몇 년 전 미국에서 통일문제에 대해 강연하는 자리에서 나는 청중의 한 사람이 통일은 아주 간단한데 주한미군만 나가면 된다고 역설하는 것을 들은 적이 있다. 또 다른 자리에서는 우리의 통일은 절대로 불가능한데 그 이유는 한반도 주변 강대국이 분단된 상태를 절대적으로 선호하고 있으나 남북의 기득권 세력에게는 이에 저항해서 싸울 지혜도 역량도 없기 때문이라고 주장하는 동포도 보았다. 아무튼 이러한 논란의 과정에서 베트남의 통일과 독일의 통일은 각자의 주장을 뒷받침하는 증거로 자주 동원된다. 어떤 이는 베트남의 통일을 전자의 주장을 강력히 뒷받침하는 증거로 이해한다. 또 다른 이는 독일의 통일 과정에서 유리한 국제 정세를 주동적으로 끌고 나갈 수 있었던 콜 수상의 정치력을 예로 들면서 그러한 조건을 갖지 못한 한반도의 상황을 대비해 후자의 주장을 뒷받침하는 데 사용하기도 한다. 다른 한편 베트남의 통일은 부패한 '자유세계'의 말로를,

독일의 통일은 건강한 '자유세계'의 승리를 가져온 사건으로 해석되기도 한다. 또 베트남 통일은 '역사'의 무게를 실은 '민족해방'과 같은 '큰 이야기'의 대단원을 이루었다면, 거대한 베를린 장벽이 무너지고 그 후에 땅바닥에 뒹굴었던 그 수많은 장벽의 파편들처럼 '역사의 종말' 뒤에 많은 '작은 이야기'만을 남겼다고 주장되고 있기도 하다. 이렇듯 통일하면 조건반사처럼 베트남과 독일을 우선 떠올리게 되는데, 전자는 어떤 부류의 사람들에게는 악몽으로, 후자는 이와 다른 부류의 사람들에게 또 다른 악몽으로 다가서고 있다.

한반도의 문제 상황을 적극적으로 인식하지 못할 때 우리의 분단 문제는 묵시적인 예언 내용을 담거나, 아니면 귀납적 추론의 지루한 고리에 연결된 하나의 고리가 될 수밖에 없다. 이러한 전제들을 감안하면서 분단구조와 민주화 과정의 상호 관련성을 통시적이고 공시적인 측면에서 추적해야 할 것이다. 그리고 이를 바탕으로 그러한 상호 관련성이 남쪽 사회의 정체성을 어떻게 구성하고 있고 문제점이 무엇인가를 살펴보아야 할 것이다.

분단과 민주화의 통시성

1945년 8월 해방과 함께 온 통일조국 건설의 꿈이 산산이 부서지고 1948년 남과 북에 각각 정권이 수립되었다. 이러한 불안정한 정치 상황은 결국 3년간에 걸친 동족 간의 내전을 유발했다. 이 때문에 지구상의 그 어느 곳에서보다 상호 적대적이 된 남북의 정권은 권력의 정당성 확보를 위해 치열한 체제 경쟁을 해 왔다. '항일 빨치산'의 민족해방과 반제 투쟁 그리고 사회주의 혁명과 건설이라는 북의 노선에 대해서 남은 '상해임시

정부'의 법통과 '자유세계'의 보루로서 '친미 반공'을 내세웠다.

　'상해임시정부'에 정당성의 근거를 두었다 할지라도 결국 '반민족 친일 세력'이 '친미 반공'을 내세우고 정치, 경제, 사회, 문화 등 각 분야에 복귀함으로써 남쪽은 정당성의 구축에 있어서 많은 약점을 안게 되었다. 자유당 정권은 또 적법성마저 '개헌파동'이나 부정선거로 확보하려 했다. '4·19'는 이에 대한 국민의 심판이었다. 분단 15년, 휴전체제 성립 6년 만에 일어난 이러한 혁명적 사건은 무엇보다도 사회의 '민주화를 억누르는 논리'로서 분단이라는 갈등이 항상 잘 작동할 수만은 없다는 것을 보여주었다. 오히려 "가자 북으로, 오라 남으로, 만나자 판문점에서"라는 구호처럼 반독재 민주화의 요구는 곧 분단 극복의 의지로 연결되었다. 반공을 국시로 한 군부 세력이 이러한 변혁 요구를 원천적으로 봉쇄한 결과라 할 수 있는 '5·16'은 '조국 근대화'라는 경제발전의 코드를 우선 사용했다. 당시 경제적으로는 북이 우세했기 때문이었다. 한일 국교정상화를 기점으로 외자와 국내의 저렴한 노동력을 결합시킨 '개발독재'는 베트남전쟁이라는 국제 환경 속에서 '유신'이라는 일종의 '국민 총동원 체제'를 수립, 이에 도전하는 세력을 '긴급조치'라는 철퇴로 다스렸다.

　암울한 시기였지만 역사의 동력에 대한 믿음도 상대적으로 커 갔다. '민중'이라는 담론의 출현이 바로 그것이다. 민중의 실체적 의미에 관한 논쟁은 1980년대 들어서 추상적 수준의 '사회구성체 논쟁'으로 나타났다. 하지만 '민중'은 가령 '무산계급'이나 '노동계급' 또는 '통일전선'과 같은 기존 개념으로 설명될 수 없는 독특한 의미를 지닌다. 또 '민중'은 계몽과 해방이라는 과제를 표명한 점에서는 분명히 '현대적'인 내용을 담았지만, 동시에 '근대화'의 어두움과 질곡에 정면으로 도전했던 점에서는 '반(反)현대적'이었다. 이와 함께 '서구화'라는 '중심부'의 강요에 대한 '주변부'의 자기 정체성을 명확히 전달한 측면에서는 철저하게 '민족'을 의식한 담론이었다.

1979년 11월의 부마사태는 '유신'을 내파(內破)시킨 뇌관 구실을 했다. 그러나 유신체제의 복합적인 구조를 무시한 야당 지도부의 분열은 1980년 '광주'라는 비극을 낳은 한 원인을 제공했다. 그러나 '광주'는 좌절된 민주혁명의 근본 구조를 밝혀 준 훌륭한 교사였다. '친미', '반공', 그리고 '지역주의'라는 지형도를 비판적으로 읽을 수 있게 했기 때문이다. 1987년 '6월 투쟁'은 이른바 '넥타이 부대'의 적극적 참여를 통해 군부 지배 체제를 파탄시켰다. 그럼에도 불구하고 기존 정치 세력은 내부 분열로 인해 또 다시 호기를 놓쳤다. 이로 인한 부정적인 후과(後果)는 1993년 '3당 합당'으로 집권한 최초의 '문민정부'뿐 아니라 헌정사상 최초의 정권 교체라는 김대중 정부에게도 계속 업보로 남게 되었다. 물론 이 기간에 '민중'의 함성 대신 이른바 '시민사회'의 다양한 목소리가 커진 것도 사실이지만 '탈정치' 분위기는 그에 비례해 확산되었다.

민주화와 분단 극복이 평행선의 관계가 아니라 서로 굴절해서 만나기도 하고 또 멀어지는 혼란스러운 관계라는 사실을 1999년 6월에 있었던 '서해교전' 사건은 보여 주고 있다. 당장에 얼어붙을 것 같은 남북관계가 이 사건을 계기로 오히려 반전되었기 때문이다. 2000년 '6·15 남북 공동선언'은 혼란스러운 상황에서도 남북관계의 '동적인 안정 상태'를 어느 정도 보여 주었다. 분명히 '햇볕정책'이 과거의 냉전형 분단구조는 분명히 약화시켰음에도 불구하고 남쪽의 정치문화 속에 깊이 뿌리내린 정치적 불신과 냉소의 한계를 뛰어 넘을 수 있는가 하는 회의는 여전히 남아 있다. '통일 쉽다'는 생각 대신에 '통일 어렵다'는 생각이 더 힘을 얻고 있는 것도 이러한 현실을 말해 주고 있다.

분단구조와 분단체제의 공시성

주체–객체의 관계에서 설정된 '분단 시대'라는 인식은 '민족'이나 '민중'이라는 주체 그리고 이들이 설정한 객체로서 '분단 극복'의 대상—이는 흔히 '반통일 세력'이나 '외세'로서 규정되고 있다—을 전제하게 된다. 이에 반해서 '분단구조'나 '분단체제'는 분단을 규정하는 여러 요소들의 공시적인 상호 관계를 설정한다. '구조'와 '체제'는 원래 같은 개념이 아니다. '구조'는 항상 어떤 '체제의 구조'이기 때문에 '구조' 없는 '체제'는 없다. 우리가 알게 모르게 자주 사용하는 견고한 '분단구조'나 '분단체제'라는 말처럼 구조나 체제는 변화를 모르는 상태처럼 보인다. 그러나 구조는 항상 지속적인 '사건'들을 통해 항상 내적으로 변화하면서 체제의 '동적인 안정성'(dynamische Stabilität)을 보장해 준다. '분단구조'라는 개념이 주로 남북을 내부적으로 규정하는 어떤 상태를 좀 더 강조한다면, '분단체제'는 이에 조응하는 복잡한 '환경'을 강조하고 있다.

'분단체제'와 '환경' 사이의 구별은 휴전선이나 경계선에 의하여 이루어지는 것이 아니다. 그것은 체제가 다가가면 결국 만나게 되는 공간적 의미의 '경계선'이 아니라 다가가면 또다시 멀어지는 지평선이나 수평선과 같은 것이다. 남과 북은 각각의 '체제'로서 서로를 '환경'으로 설정할 뿐 아니라, 다시 서로를 둘러싼 중국과 일본 등을 포함하는 동북아를 '환경'으로, 그리고 이것이 다시 더 복잡한 '세계사회'라는 '환경'과 소통하고 있는 것으로 보아야 한다. 이 말은 흡사 어떤 생명체가 복잡한 환경에 조응하면서 자기의 존재를 안정 상태로 유지하는 것처럼 남과 북이 '세계사회'라는 '환경'에 대해서 각각의 체제 안에 통합할 수 있는 것만을 통합하면서 자생력을 지니는 개체로 보아야 한다는 것을 의미한다.

공간적·지리적으로 파악된 부분과 전체의 관계로서 남과 북을 '분단체제'의 하위 구성부분 혹은 동북아, 나아가 '세계사회'의 하위 구성 부분으로 보아서는 안 된다. 이러한 공간적 시각으로 '분단체제'를 보면 북이 남에 속하느냐, 아니면 남이 북에 속하느냐 하는 식의 사고로부터 쉽게 빠져 나올 수 없다. 남과 북이 서로가 '체제'로서, 또 서로가 상대방을 '환경'으로 설정하여 '동적 안정성'을 유지한다는 사고는 가령 '6·15 남북공동선언'의 경제공동체 건설 구상에서 엿보이고, 남의 '국가연합'과 북의 '낮은 단계의 연방제' 사이의 공통된 인식에서도 나타난다. 물론 자주성 원칙을 북은 위에 지적한 주체-객체의 관계로서 해석하고, 남은 보다 체제-환경의 관계로 보려는 차이는 있다. 주한미군이 '외세'인가, 아니면 동북아 질서유지를 위한 '환경'인가라는 문제를 둘러싼 입장의 차이가 이를 잘 보여 주고 있다.

식인종 마을에 들어가면 잡아먹혀 살아서 나올 수 없기 때문에 식인종이 어떻게 생겼고 어떻게 생활하는지 밖의 세상에 이야기해 줄 수 없다. 남과 북도 오랫동안 이러한 식인종 마을 이야기처럼 오랫동안 서로를 자기 나름대로 상상해서 이야기해 왔다. 같은 종족에 속할 때만 통합되고, 다른 종족에 속할 때 철저히 배제되는 그러한 관계로부터 남북은 서로가 서로를 배제하면서도 동시에 통합한다는 '구조적 연결'(strukturelle Koppelung)을 점차로 자각해 왔다. 대통령 선거를 앞두고 일어났던 '북풍'이나 '총풍'은 물론, 2차 남북 정상회담의 가능성을 둘러싼 민감한 반응이 바로 그러한 '구조적 연결'을 보여 주고 있다.

서로가 배제하지만 동시에 통합한다는 인식은 배제만을 강조하는 사람들에게도, 또 서로 완전히 통합할 수 있다고 믿는 사람들에게 모두 불충분한 인식틀로 오해될 수도 있을 것이다. 부산에서 열리는 아시안 게임에

'단일기'를 들고 입장하는 것을 남쪽의 정통성을 부정하는 것으로 여기는 입장이 있다면 이와 마찬가지로 '인공기'를 포기하는 것을 북쪽의 정통성을 포기하는 것으로 보는 입장도 당연히 있기 때문이다. 이러한 점에서 남북관계를 '공시적'으로 보는 입장은 남북이 서로 관찰하는 것을 또 관찰한다는 의미에서 자기비판의 안목도 키워 준다고 볼 수 있다. 태극기인가 아니면 인공기인가라는 관점에서 정체성을 확인해 온 사람들에게 '단일기'는 분명히 혼란을 가져올 수 있다. 그러나 양자택일은 우리의 사고를 오히려 더 혼란에 빠트린다는 물리학자 파울리의 주장을 경청해야 할 것이다. 또한 수학자이자 철학자인 세르가 지적하듯, 현대의 '정보 그물망'은 우리의 사고를 전통적인 '선형적' 사고로부터 해방시키며 이에 따라 복합성(complexité)이 결코 우리 인식에 있어서 장애물이 되지 않는다는 사실 역시 강조되어야 한다.

정체성의 구조 변화

가령 태극기 대신 '단일기'에서 새로운 정체성을 발견할 수 있는 사람들의 비율이 얼마나 될지는 모르지만 적어도 복잡한 변화를 적극적으로 인정하는 분위기는 분명히 있다. 스스로의 체제에 대한 이러한 여유는 다른 말로 바꾸면 사회 성원들이 자기 체제에 대해 갖는 정체감의 반영이라고도 볼 수 있다. 얼마 전에 있었던 월드컵경기 때 '붉은 악마'들의 '내~한민국'이라는 합창에 대하여, 그와 같은 현상이 잘못된 민족주의나 아니면 파시즘의 위험을 안고 있다는 지적도 있는 것으로 알고 있다. 일반적으로 분단국가에서 정체성의 문제는 복잡한 성격을 띨 수밖에 없다. 민족해방과 사회주의를 내세운 월맹이 미국의 강력한 보호에도 불구하고 월남을 무력으로 통일한 경우, 이와는 반대로 서독이 동독을 평화적으로 흡수통일한 경우에도 정체성의 구조는 체제 경쟁과 직결된 문제였다.

패전 이후 서독 국민의 체제에 대한 정체성은 독일 국민은 하나의 문화권 속에 살아 왔다는 의미에서 '문화민족'(Kulturnation)에 대한 강조에 바탕하고 있었다. 그러나 점차 '라인강의 기적'이라고 불린 경제적 성공을 정체성의 내용으로 바꾸기 시작했다. 나치 독일과의 과거 청산이 불충분하다는 동독의 공격으로부터 비켜 나가면서 비정치적 분야에서부터 정체성을 다졌다고 볼 수 있다. 특히 '사회적 시장경제'라는 복지국가 모델은 경제와 정치 분야에 있어서 정체성의 결합을 용이하게 했다. 물론 서독의 연방군대(Bundeswehr) 창설과 나토(NATO) 가입을 둘러싸고 국론이 갈렸고, 분단에 기인한 체제 경쟁 때문에 시민적 자유는 제한될 수밖에 없다는 논리도 '68 혁명' 그리고 특히 1970년대 초 '적군파'의 등장을 거치면서 힘을 얻었다. 그러나 나치의 쓰라린 악몽이 남긴 '기억의 문화'(Erinnerungskultur)는 그러한 일방적 논거를 허용하지 않았다.

1980년대에 들어서서는 경제적 정체성보다는 오히려 서독 체제의 정치적 표징들에 대한 자부심이 정체성의 핵심을 이루기 시작했다. 이는 결국 냉전 구조의 와해와 함께 동독의 흡수통일로 연결되었다. 통일문제와 관련해서 남한은 서독이고 북한은 동독이라는 추론이 대체적으로 지배하는 분위기를 생각할 때 이러한 서독의 정체성의 구조 변화는 한반도의 분단구조와 남쪽의 민주화 과정에 중요한 시사점을 제공하고 있다.

'조국 근대화'가 '유신'으로 연결되면서 민주 사회의 기본권은 철저히 유린되었는데 '선건설 후통일'이 의미한 것처럼 분단은 바로 그러한 상황을 정당화한 논거가 되었다. 이른바 '압축 성장'이 지니는 심각한 사회적 모순의 폭발에 대해 국가권력도 엄청난 폭력으로 대처했으나 1970년대 말에 이르러 그러한 위기관리 방식은 파탄이 났다. 1980년 봄의 광주는 그러한 파탄의 대미를 장식했다. 국민적 동의에 기초한 정치적 정체성의 구성에는 결정적으로 실패했던 것이다. 1980년대의 경제적 호황과 함께 서울올림픽 유치는 이러한 결손을 상쇄시킬 수 있는 것처럼 보였다. 그러나 정치적 분야에서의 정체성 결손이 경제적인 분야에서의 정체성을 통해 보상되기 시작한 시점은 1990년대 들어서라고 할 수 있다. 사라진 모스크바의 붉은 광장이나 중국의 만리장성도 직접 볼 수 있었고, 달러의 위력을 새삼 확인하는 과정에서, 그동안 지녔던 정치적 정체성의 결손을 경제적 정체성을 통해 치유할 수 있었다. 이것이 도가 지나쳐서 빈축을 사 '추악한 한국인'이라는 인상을 심어 준 것도 사실이지만 대한민국에 대한 정체성은 결국 경제적인 영역으로부터 먼저 왔다. 물론 끈질긴 반독재 민주화투쟁이 긍정적인 의미에서 정치적인 자기 정체성을 각인시켜 주었지만, 엄밀히 말해 그것은 없었더라면 더 좋았을 암울하고 부끄러운 역사였을 뿐 긍정적인 의미에서 정체성 확인은 아니었다. 물론 '내 무덤에 침을 뱉어라'라는 식으로 이 암울한 역사의 장을 미화하는 세력이 적지 않게 있다. 여기에서 우리는 통일 전 서독의 정치적 정체성이 의회민주주의와 사회복지의 결합 속에서 확인되었다는 점을 다시 한번 상기할 필요가 있다. 또 정치적 정체성뿐만 아니라 문화적 분야에서 정체성의 위기도 심각했는데, 민중문화운동이 반독재 민주화운동에서 왜 그렇게 중요한 의미를 지녔는지도 곱씹어 볼 필요가 있다.

주로 과정보다 결과론에 치중한 경제적 정체성이 IMF사태로 또 한 번 위기에 봉착했다. 북한의 체제 위기가 독일식 통일을 가져올 수 있다는 생각이 상당히 만연된 상황에서 맞은 이러한 위기는 야당으로 정권이 이

양되는 헌정사상 초유의 사건을 낳았다. 뿐만 아니라 그동안 '친북'이니 '용공'이니 하는 시비의 대상이었던 김대중 씨의 대북 및 통일정책도 빛을 보게 되었다. 물론 신자유주의와 지역주의로 인해 경제적 성공에 근거한 정체성이 민주화라는 정치적 정체성과 연결되는 귀중한 계기는 실현되지 못했다. 그럼에도 불구하고 이른바 햇볕정책은 그동안 민주화운동의 발목을 잡아 왔던 분단 문제를 완화하는 남북정상회담의 성사를 가져왔다. 뿌리 깊은 반공 수구 세력의 저항과 신자유주의 정책으로 거리에 내몰린 노동자, '국제무역기구'(WTO) 가입으로 생활 처지가 어렵게 된 농민 생존권 투쟁으로 빛이 바래기도 했지만 적어도 햇볕정책은 국민적 공감대를 형성할 수 있었다. 특히 김 대통령의 노벨평화상 수상은 햇볕정책에 힘을 실어 주었다. 그러나 국내보다 국제사회에서 더 많은 지지를 얻었다는 점에서 정책 그 자체는 많은 문제를 드러냈다고 볼 수 있다.

구조적 폭력으로서 분단

2002년 9월 의문사진상규명위원회는 1974년 '인혁당 사건'을 당시 중앙정보부가 날조한 사건이었다고 밝혔다. 얼마 전에 열린 재심에서는 모두 무죄가 선고되었다. 그동안 공권력에 의해 무자비하게 저질러진 사건들이 하나 둘씩 진상이 밝혀질 수 있게 된 것은 분명 민주화의 중요한 징표라 할 수 있다. 이들 대부분의 사건은 분단 상황을 빙자해서 벌어진 반인륜적 범죄였다. 어떤 의미에서 분단은 '구조적 폭력'의 기본 요소라고 할 수 있다. 민주화의 계기가 올 때마다 진상 규명을 위한 기구가 설치되고 활동했지만, 그 결과는 사회적으로 반성과 화합의 계기로 작용하기보다 잠깐 나타났다가 곧 망각의 영역으로 사라졌거나, 아니면 자유민주주의의 수호를 위해 어찌할 수 없었다는 가해자들의 변명이나 책임 회피로 끝났다. 물론 분단을 내적으로 매개해서 성립된 이러한 폭력의 구조는 공권력의 영역에만 국한되지 않는다. 특별히 푸코의 이론을 인용할 필요도 없이 사회의 모든 영역에서 그것을 확인할 수 있다. 그러나 이와 관련해 우리가 눈을 돌려야 할 문제가 있다. 그것은 공적 영역의 폭력으로부터 사적 영역으로, 거시적 폭력으로부터 미시적 폭력의 분석으로 비판적 논의가 옮겨가는 분위기가 있는데 이러한 변화를 어떻게 보아야 하는가 하는 문제다. 오늘날 가정, 학교, 직장 등에서 일상적으로 벌어지는 폭력의 뿌리가 모두 분단에 기인하고 있다는 식의 환원주의적 논리도 문제지만 '우리 안의 파시즘'과 같은 논리를 근거로 하는 또 다른 의미의 환원주의가 안고 있는 문제점도 직시할 필요가 있다.

'민족'이나 '민중'이라는 말이 이미 지나간 이야기처럼 들리는 분위기가 현실이고, 또 탈(脫)자 돌림으로 시작하는 온갖 수입된 이론들을 빌려 이러한 현실을 나름대로 해석하고 있는 것도 현실이다. 10여 년 전 필자는 '큰 이야기'와 '작은 이야기'의 짜깁기 문제를 제기한 적이 있는데, 그 배경에는 그러한 변화를 어떻게 볼 수 있을까 하는 나름대로의 고민이 있었다. 나는 당시에 '민족'이나 '민중'이라는 현대라는 나무에 흡사 '성', '환경', '소수자 문제'와 같은 '탈현대'의 여러 열매가 매달린 상황을 상상하기보나, 지하에서 뿌리로 서로 연결된 대나무들이 이룬 숲의 은유를 생각했다. 다시 말해 거기에도 큰 대나무와 작은 대나무가 있는 것처럼 '큰 이야기'와 '작은 이야기'의 짜깁기가 반드시 이들 사이의 차이를 배제하는 것으로 이해되어서는 안 된다고 보았다. 마오쩌둥의 『모순론』(矛盾論)의 주모순(主矛盾)과 부차모순(副次矛盾)의 관계처럼 서로 천이(遷移)할 수도 있고, 상황에 따라서 어떤 요소는 응축되어 고정될 수도 있다. 작은 매듭도 있지만 큰 매듭도 있다는 뜻이었다. 큰 매듭이 없어졌다는 주장과 그래도 여전히 남아 있다는 주장 사이에는 상당한 거리가 있다. 분단은 이산가족의 슬픈 이야기로서 세대가 지나면 자연적으로 사라질 것처럼 보이지만, 몇 년 전 서해교전으로 나타난 비극처럼 앞으로 얼마나 많은 젊은이들이 긴장 속에서 살아야만 하고 때로는 피를 흘리는 갈등 속에 살아야 할지도 모르는, 그러한 큰 매듭이 있다. 또 우리의 분단은 현재 지구상에는 비슷한 사례가 없는 문제이기도 하다. 지역적 공간의 의미를 별로 중시하지 않는 세계체제론의 관점에서 보면 휴전선은 결국 일국주의적 시각을 지나치게 강조하는 요인으로 비춰지고 있다. 그러나 존재는 결국 '나를 위한' 것이라는 현상학적 또는 실존적 의미에서도 '분단'은 한반도라는 공간 속에 사는 사람의 '몸의 철학'의 기본으로 남아있다. 분단은 추상적이 아니라 구체적인 체험이다.

이같이 큰 매듭을 어떻게 푸느냐 하는 문제를 둘러싸고 쾌도난마(快刀亂麻) 식이냐 아니면 시간이 걸리더라도 차근차근 접근해야 한다는 주장이 계속 맞서 왔다. 분단이 갖는 문제의 복잡성을 하나의 요인으로 환원하기는 사실 무리가 많다. 그러나 수없이 많은 요소를 가능성의 영역 안에서 제한하려는, 체제가 본질적으로 지니는 이른바 '복잡성의 환원'(Komplexitätsreduktion) 때문에 선택(Selektion)은 필수적이다. 가령 신처럼 우리도 체제 밖에서 체제 자체를 관찰할 수만 있다면 그러한 선택은 필요 없다. 왜냐하면 그 경우는 신의 의지에 따라 모든 것이 이루어지기 때문이다. 북을 방문하고 돌아온 한 신부의 "우리의 통일은 너무나 복잡하고 힘들기 때문에 인간의 힘으로는 도저히 불가능한 일이고 오직 전지전능한 하느님만이 이룰 수 있다"는 고백도 있었다. 분단이라는 체험 공간 속에 갇혀 사는 제한성 때문에 언제나 불완전한 선택을 하겠지만, 그래도 우리는 선택하고 결정을 내릴 수밖에 없다. 또 분단을 '관찰하는' 정신이 분단으로 인해 '고통당하는' 정신을 이해하기 위해서는 앎과 행함의 분리를 거부할 수밖에 없다. '체제'와 '주체'가 갖는 상호 배타적인 인식관심을 통합하려는 노력을 헛수고로 여겨서는 안 된다. 흡사 업(業)이 숙명론이나 결정론이 아니라 오히려 인간에게 도덕적 행위를 권하는 적극적인 측면을 지니고 있는 것처럼, 우리 민족이 걸머진 분단이라는 업도 분단 극복을 위한 행위 주체의 적극성을 발양(發揚)시킬 수 있다. 오늘 한반도의 내부적 조건과 주변 상황은 남북 민중에게 분단을 넘어 삶의 새로운 관계 체계를 수립할 수 있는 귀중한 전화(轉化)의 계기도 마련해 주고 있다.

일구(一句)의 모색

오래 전부터 기획해 왔지만 여러 가지 사정으로 아직 실천에 옮기지 못한 계획이 하나 있다. 남과 북 그리고 해외에서 정치, 경제, 사회, 문화, 예술, 종교, 과학과 기술 등 여러 분야에서 활동하는 전문가들 가운데 몇 사람을 선정, 간담 형식으로 진행되는 모임인데 장소는 판문점이다. 서울이나 평양이 아니라 판문점을 택한 까닭은 판문점이라는 장소가 참석자들에게 주는 민족사적인 무게 때문이다. 또 간담회이기 때문에 학술회의처럼 까다로운 격식을 취하지 않고 자유스럽게 서로 이야기를 나누며 그것을 녹음으로 남겨 정리하면 된다.

그러면 만나서 무슨 이야기를 나눌 것인가. 21세기를 살아가는 현재 우리 민족에게 가장 중요한 가치가 무엇인가라는 질문에 대해 참석자들은 그 대답을 단지 한 단어로서 표현하라는 어려운 주문이 간담회의 주제가 된다. 전문 분야가 다르기에 참석자에 따라 서로 다른 대답이 나올 수 있다. 어떤 참석자는 '민주'라고, 다른 참석자들은 '정의', '평화', '사랑' 또는 '아름다움'이라 하는 식으로, 대답은 여러 가지로 나올 수 있다. 물론 그러한 개념들을 하나하나 정확하게 정의하라면 불가능하지는 않겠지만 철학자 비트겐슈타인이 지적했듯 그것은 공놀이하는 어린애들이 엄격한 규율에 따라 놀이를 해야 한다는 것처럼 부질없는 일일 수 있다.

1980년대 일본에서도 비슷한 발상 아래 이른바 사회 원로들이 간담회 형식으로 이야기를 나눈 적이 있다. 그때 일본 사회가 추구해야 할 가치나 이념은 '아름다움'으로 정리되었다. 그 후 '아름다움'은 '부국유덕'(富國有德)으로 변하였다. 일본 총리 아베 신죠(安倍晋三)는 다시 '아름다움'을 들고 나오고 있다. 일반적으로 '아름다움'(美)은 '참'(眞)이나 '선'(善)과는 달리 특이한 정치적 메시지를 사람들에게 전달한다. 베버는 보들레르(Charles-Pierre Baudelaire)의 『악의 꽃』으로부터 진위나 선악의 경계를 넘어설 수 있는 '아름다움'의 특별한 의미를 읽어 냈다. 최근에는 '탈현대적'인 분위기 속에서 미학과 윤리학의 통일문제가 다시 강조되고 있기도 하다. 날로 발달하는 정보 매체의 힘을 빌려 지루하기 짝이 없는 일상적인 정치가 이미지로 잘 포장되어 대중을 동원하는 '정치의 심미화'가 강조되는 분위기 속에서 일본의 보수 세력이 또다시 '아름다움'을 이야기하는 것은 지켜볼 만한 대목이다.

간담회의 기획 의도로 다시 돌아가 보자. 일본과 달리 분단 속에서 오늘을 보내는 남북이 함께 동의할 수 있는 최고의 가치나 이념을 도출하는 일이 쉽지 않을 수 있다. 남한의 참석자 중에는 '자유'를, 또 북한의 어떤 참석자는 '주체'를 이야기할 수도 있다. 그러나 우리가 추구하는 대답은,

민족 분단의 상황에서 '세계화'나 '지구화'로 표현되는 엄청난 외부 도전에 대응해 남북이 합의할 수 있는 가치가 진정 무엇일 수 있는가 하는 물음에 대한 대답이기에, 단순히 교과서적인 대답으로 끝날 수는 없다.

어떤 당위적인 전제로부터 하나의 가치를 먼저 확정하는 연역적인 방법이 아니라, 분단이 빚어낸 체험 공간 속에서 서로 달리 살아왔기 때문에 서로 다른 기대 지평을 가질 수밖에 없는 참가자들이, 서로 다른 경험 세계로부터 어떤 보편적이고 가능한 원칙을 찾는, 일종의 '발견적 교수법'(heuristics)을 필자는 기대하고 있다.

선문답에서 '일구'(一句)는 가장 중요한 한마디를 뜻하며 만약 우리가 그것에 집착하다 보면 어느새 늙어 버린다고 가르친다. 그러나 이 분단 시대를 살아가는 우리 모두에게 민족적 '일구'는 하나의 업보가 아니겠는가. 일본과는 다른 맥락이지만 필자의 '일구'는 '아름다움'이다. 우리 모두 일상생활에 쫓기지만 각자가 한번쯤은 민족의 미래에 관한 진정한 '일구'가 무엇일 수 있을까 하는 질문을 스스로에게 던져 보는 여유를 가졌으면 한다.

6. 통일 공간의 국제정치적 지평

평화에 대한 적극적 이해

인간은 끊임없이 전쟁을 경험하고 있지만 동시에 평화체제를 수립할 수 있는 존재라는 인간학적인 전제는 먼저 인간을 이성적으로 사고하고 행동하는 존재로 보려 한다. 자연적인 평화 상태보다 오히려 전쟁 상태에서 살고 있지만 그 무엇으로도 대치시킬 수 없는 이성의 힘에 의해 인간은 평화 상태를 이룰 수 있다는 데 칸트의 '영구평화론'의 철학적 핵심도 놓여 있다. 동족상잔의 참화를 이미 경험했고 그로부터 많은 교훈을 얻었던 우리는 적어도 대량살상무기까지 투입될 수 있는 오늘날의 전쟁이 어떤 비극을 가져올 수 있다는 것쯤은 충분히 이성적으로 통찰할 수 있다고 생각된다. 그럼에도 불구하고 오늘날 전개되는 한반도의 위기 상황 속에서도 '국지전' 정도는 각오해야 한다는 극단적 주장이나, 한반도에서 전쟁이 일어날 수도 있다는 이유로 북에 대한 제재를 의도적으로 회피하려는 '평화주의자'에 대한 비난도 적지 않다.

또 '안보 불감증'이니 '안보 과민증'이니 하는, 현 사태에 대한 정반대의 평가도 있다. 그러나 이러한 평가는 둘 다 평화를 너무 단순하게 안보의 종속 개념으로만 이해하는 것이다. 물론 평화는 안보가 보장되어 전쟁과 같은 직접적인 폭력이 없는 상태를 가리키지만, 이는 어디까지나 소극적인 의미의 평화 개념에 지나지 않는다고 노르웨이 출신의 평화이론가 갈퉁(Johan Galtung)은 주장한다. 그에 의하면 적극적 의미의 평화는 전쟁과 같은 직접적인 폭력은 물론, 가난과 질병, 교육, 인종 간의 차별과 갈등 같은 구조적이며 문화적인 폭력까지도 사라지는 상태를 의미한다. 평화는 단순히 안보의 종속 개념이 아니라는 뜻이다.

북핵의 위기 상황 속에서 사회 일각에서 계속 제기되고 있는 햇볕정책이나 포용정책에 대한 비판은 평화 개념을 너무 좁은 의미로 해석하고 있다. 개성공단이나 금강산 관광도 안보에 대한 위협적 요소로 보기보다, 적어도 소극적 의미의 평화를 위한 '안보 투자'나 더 나아가 적극적 의미의 한반도 평화체제 수립을 위한 '평화 투자'로 바라볼 수 있지 않은가. 평화는 오늘날 그 자체가 사회 발전의 가장 중요한 요소가 되었기 때문이다.

그러나 '전쟁을 피하려거든 먼저 그것을 수행할 준비가 되었어야 한다'며 '미국의 헤게모니가 싫으면 세계 평화에 대한 희망을 묻어야만 한다'는 주장을 펴는 사람도 있다. 하케(Christian Hacke)라는 독일 본대학의 정치학 교수가 대표적이다. 비슷한 논리가 미국 주도의 '대량살상무기확산방지구상'(PSI)에 한국이 적극 참여해야 한다는 주장에서도 보인다. 남북의 군사적 대치 상태와 더불어 미국의 헤게모니에 도전하는 중국이 행동반경을 계속 확대하고 있는 오늘날, 그러한 구상에 적극적으로 참여하는 것이 과연 미래를 위한 현명한 판단인지 신중하게 따져 볼 일이다. 한반도의 평화체제 수립 문제는 동북아의 평화체제 수립이라는 큰 틀을 떠나 생각할 수 없기 때문이다.

카터 행정부의 외교정책을 수립했던 브레진스키(Zbigniew Kazimierz

Brzezinski)는 냉전 종식 이후 미국의 헤게모니에게도 단지 짧은 역사적 기회만이 주어질 뿐이라고 주장한다. 나아가 그는, 적어도 한 세대 또는 그 이상 헤게모니를 유지하기 위해 미국은 빨리 사회 변화에 따른 충격을 완화시켜야 하며, 그와 더불어, 평화적인 세계 지배를 위하여 공동 책임 하에 국제적 과제를 해결해야만 한다고 지적하고 있다. 오늘의 미국이 미래에 같은 모습으로 남을 수는 없다는 것이다. 우리 역시 적어도 한 세대 이후의 동북아 체제를 가늠해 보며 한반도 평화체제 수립을 위한 밑그림을 그려야 할 때이다.

'겪어본 고통에 대한 인간의 기억은 놀랍게도 짧다. 앞으로 올 고통에 대한 인간의 상상력은 그러나 더욱 더 한심스럽다'는 독일 극작가 브레히트의 경고도 있지만, 미래의 한반도 평화체제 수립에 대한 우리의 상상력을 더 이상 '안보 불감증'이나 '안보 과민증'을 둘러싸고 티격태격하는 수준의 논쟁에만 비끄러맬 수는 없다.

큰 미국, 작은 미국

"미국은 오류(誤謬)다. 미국은 굉장하나 하나의 오류임에는 틀림없다." "미국인 가운데 99퍼센트는 멍청이다." 미국과 미국인을 향해 이렇게 심한 평가를 내렸던 사람은 정신분석학을 창시한 프로이트(Sigmund Freud)와 극작가 버나드 쇼(George Bernard Shaw)였다. 이러한 평가와는 극히 대조적으로 마르크스는 미국을 '가장 어리지만 서방의 가장 강력한 대변자'로서, 그리고 사회민주주의의 대이론가 카우츠키(Karl Kautsky)는 '자본주의권의 가장 자유스러운 나라'라고 평가한 적이 있다. 미국은 이렇게 넓은 의미의 문화적 영역에서는 부정적인 평가를 받았지만 자본주의의 모순을 혁명이나 개혁을 통해 극복하려 했던 사상가들로부터는 오히려 긍정적인 평가를 받았다.

이러한 평가는 '10월 혁명'을 거친 소련에서도, 또 나치 독일에서도 비슷하게 나타났다. 가령 재즈나 스윙 음악이 소련에서는 '부르주아적 퇴폐 문화'로, 나치 독일에서도 '흑인과 유대인적인 천박성'으로 공격받고 금지되었음에도 불구하고 기술과 산업분야에 있어서 미국이 보여 준 창발성이나 현대성은 열심히 따라 배워야 할 모범으로 간주되었다. 미국의 대량생산 조직방식인 '테일러주의'와 '포드주의'가 소련에서는 '과학적 노동조직'(NTO)으로 개칭되어 적극적으로 도입되었고, 독일의 자동차 개발 연구자 포르쉐(Ferdinand Porsche)는 1936년 디트로이트의 포드 자동차 공장을 견학하고 독일의 국민차 대량생산 체제를 준비하였다.

이렇게 '좌냐 우냐'라는 일반적 통념에 따라 재단될 수 없는 미국에 대한 평가의 핵심에는 미국은 물질적으로는 풍요하나 정신적으로나 문화적으로는 빈곤하다는 판단 기준이 작용하고 있다. 이러한 평가가 유럽에서만 나타난 것은 아니다. 19세기 중엽부터 본격화된 서세동점이라는 불리한 정세는 동북아에서도 비슷한 유형의 반응을 낳았다. 동도서기(東道西器)적 발상이 바로 그러한 예이다. 즉 고매한 동양의 정신을 계속 함양해 이를 근본으로 삼으면서 여기에 서양(미국)의 산업과 기술을 잘 결합시킨다면 동양은 서양(미국)이 낳은 개인주의와 물질주의의 모순을 극복해 진정한 의미의 근대성을 인류 앞에 제시할 수 있다는 생각이다. 이의 대표적인 예가 1940년대 일본에서 나타났던 '근대의 초극'(超克)이라고 할 수 있는데 오늘날에도 이와 비슷한 사고 유형을 우리 주위에서 자주 볼 수 있다. 이는 물질도 정신도 미국을 그대로 복사해 보겠다는 태도와는 분명 다르다.

미국은 유럽의 정신사 속에서 항상 긍정과 부정, 그리고 애증으로 기록되었으며 이는 지금도 마찬가지다. 무엇보다도 미국의 심장부를 강타한 '9·11'은 개인의 자유, 다원주의 그리고 관용을 기초로 한 미국 민주주의의 장래에 비관적인 전망을 낳고 있다. 프랑스 철학자 보들리아르는, 그와 같은 엄청난 사태는 힘을 자제할 줄 모르는 초강대국 미국 스스로가 초래했으며, 사람들의 본능 속에 내재하고 있는 상상력이 가져온 폭력인 동시에 타인의 불행을 보고 생기는 어떤 고소한 감정까지도 묘하게 자극하고 있다고 솔직히 표현하고 있다.

2차 세계대전 전에 대서양을 넘나들며 미국과 유럽을 연결했던 미국의 거대한 상선회사가 '세계는 작다. 오직 미국만이 크다'라는 광고 문구를 사용했던 적이 있다. 이는 오히려 '세계화'로 표현되고 있는 오늘날의 상황에 더 적합한 내용일 수도 있다. 동서 냉전의 종말 이후 미국은 이 지상의 어떠한 나라와 비교할 수 없을 정도로 크고 막강하다. 그러나 전체 인류가 지향하는 보편적 가치에 비추어 볼 때 미국도 여전히 하나의 작은 나라일 수밖에 없다. 미국과 비교할 때 한국은 분명 작은 나라이다. 그러나 민주주의와 평화의 실현이라는 인류의 보편적인 큰 가치 앞에서는 미국과 나란히 서 있다. 미국은 우리에게 주어진 기성품이 결코 아니다. 우리의 바람직한 미래를 위해서 항상 다시 발견되고 또 비판적으로 새롭게 구성되어야 할 미완성품일 뿐이다.

통일 공간, 한반도의 꿈

우리의 삶을 규정하는 시간과 공간 개념 가운데 어느 것이 더 본질적인가라는 질문이 있다. 이에 대하여 많은 학자들은 대체로 시간 개념이 더 본질적이라고 대답한다. 파리에서 오랫동안 망명 생활을 했고 또 그곳에 묻힌 독일 시인 하이네는 파리에서 기차를 처음 보고 기차로 인해 공간은 살해되었다고 토로한 적이 있다. 역시 긴 망명 생활 끝에 런던에서 생을 마감했던 마르크스도 『정치경제학 비판 요강』 속에서 교통수단에 의해 공간은 이미 와해되고 있다고 지적했다. 고요히 정지하고 있는 '공간'에 대하여 역동적인 '시간'을 보다 중시해 온 이러한 사고는 오늘날 지구화로 일컬어지고 있는 변화와 더불어 더욱 강조되고 있다. 특히 '빨리, 빨리'라는 말처럼 속도의 중요성을 극도로 강조해 왔던 우리 삶의 양식은 지구화 또는 세계화와 정보화 속에서 시간에 의한 공간의 지배를 알게 모르게 받아들이고 있다. 전국을 하루 생활권으로 만들고 있는 고속철의 등장도 하나의 예가 될 수 있다.

원래 독일 말의 '공간'(Raum)은 울창한 숲 속에 삶의 터전을 세운다는 어원에 기초하고 있다. 즉 공간은 인간 행위에 의해서 적극적으로 만들어지고 있다는 것을 뜻한다. 공간은 그저 인간이나 사회를 담고 있는 '그릇'과 같은 수동적인 것이 아니다. 공간은 인간과 사회의 종합적 관계 속에서 적극적으로 설정된다고 보아야 한다. '공간'을 흡사 인간이나 사회를 담고 있는 '그릇'처럼 보는 통념은 정치적인 공간을 경제적 또는 사회적인 공간과 동일시하게 했다. 이로 인해 '국민경제'와 같은 제한적 개념을 낳았고 이는 '지구화'라는 오늘의 변화를 이해하기 힘들게 만들기도 한다. 그렇다면 과연 공간개념은 더 이상 무의미한 것인가.

정보화와 도시 발전의 상관관계를 보면 지구화로 인해 형성된 오늘의 '그물망 사회'에서 시간을 조직하고 있는 것은 오히려 공간이라는 것을 알 수 있다. 전 세계를 상대로 움직이는 '지구적 기업'들이 도사리고 있는 새로운 공간인 '정보 도시'(Informational Cities)나 '지구적 도시'(Global Cities)는 지구상에 있는 여러 시간대의 존재를 무력화시키고 있기 때문이다. 뉴욕, 런던, 도쿄와 같은 이러한 공간은 이제 '지구화'를 구체화하면서 또 지역화하고 있는 터전이라고도 볼 수 있다. 이러한 변화는 또 지구화의 과정이 구체적 '장소'가 지니는 사회적 삶의 관계를 떠나 존재할 수 없다는 사실을 보여 주고 있다. 이러한 까닭에 '지구적 지역화'(Glocalization)라는 새로운 단어도 생겼다. 이는 지구화에도 불구하고 구체적 사회적 공간이 우리의 '집단적 기억'을 생산하는 특권을 여전히 누리고 있다는 사실을 강조하는 것이다.

이는 '지구화'가 요구하는 시간 척도로 인해 한반도라는 기존의 공간 개념이 사라지는 것이 아니라는 것을 보여 준다. 중국의 '동북공정'처럼 역사를 통해 미래의 공간을 확충하려는 것이 오늘 우리를 둘러싼 현실이 되고 있다. 그렇기 때문에 필자는 남북이 그동안 각각 구성해 온 정치적·사회적·경제적·문화적 공간 개념들을 서로 확인하는 작업이 시급하다는 것을 자주 느낀다. 남북이 국토의 종합적 발전, 나아가 이를 동북아적 시야로까지 투영하는 장기적 전망에 대해 함께 지혜를 모으는 일이 그 출발의 하나가 아닐까하고 생각해 본다. 우리는 이미 '메이드 인 개성' 시대를 맞고 있지 않은가.

현대의 문턱을 들어서면서 인간은 공간보다는 시간에 의해서 지배되었다고 하지만 필자는 오히려 공간의 의미가 갖는 중요성을 되새겨 보게 된다. 공간에 대한 '집단적 기억'은 바로 그 사회의 꿈이다. 남북은 각각 60년 동안이나 훼손된 공간 개념 속에서 살아 왔다. '통일원년'으로 삼자는 시간 개념의 강조도 좋지만 이와 함께 이제 '통일 공간'에 대해서도 생각해 보아야 한다. 반으로 갈라진 한반도의 지도로부터 얻은 분단의 공간 개념으로는 통일에 대한 '집단적 기억'을 확인할 수 없기 때문이다.

체험 공간과 기대 지평

어떤 사건이 다른 사건보다 이전, 동시, 아니면 이후에 발생했다는 서술이나 해명은 시계나 달력에 시간 개념을 설정하는 것이다. 하지만 과거, 현재 그리고 미래라는 시간 개념은 관찰자와 그가 처한 조건에 따라 변하는 상대적 개념이라고 시간의 철학자 맥태거트(John McTaggart)는 말하고 있다.

지난 2005년은 해방 60주년이었다. 동양의 순환적인 시간 해석에 따라 환갑이 갖는 특별한 의미도 있을 수 있다. 그러나 우리가 해방 60주년을 특별히 기억하는 이유는 한반도가 60년 전에 일제의 식민지였고 그 이후에는 불행하게도 분단되어 오늘에 이르렀다는 사건의 선후 관계를 해명하려는 데 있지 않다. 그보다는 지난 60년에 걸친 우리들의 체험들이 현재 속에 녹아 있기에 여기에 미래에 대한 꿈과 희망을 접목시키기 위해서다. 체험은 현재화된 과거이며 기대는 미래화된 현재이다.

독일의 시인 노발리스(Novalis)는 이미 지나간 것과 앞으로 올 것의 비밀스런 얽힘, 그리고 기억과 희망으로부터 역사의 의미를 배울 수 있다고 지적했다. 그러나 필자가 의미하는 체험은 분명 기억보다 더 진한 의미를 갖는다. 체험을 통해 우리는 과거, 현재 그리고 미래를 역사와 인식 속에서 재구성할 수 있기 때문이다. 기대 역시 그저 전망만을 의미하지 않는다. 기대 속에는 희망과 실망, 갈망과 의지, 우려와 호기심은 물론, 합리적인 분석도 함께 스며들어 있다.

과거에는 이러한 체험과 기대 사이에 거리가 멀어지는 것을 억제하는 여러 이념적 장치나 제도들이 작동했는데, 종교가 바로 대표적인 예다. 체험과 기대 사이의 괴리를—'천년왕국'이나 '극락세계'처럼—도래할 영원한 시간과 세계에 대한 확신이 채워 줄 수 있었기 때문이다. 그러나 근대의 문턱을 넘어서면서부터 체험과 기대 사이에 생긴 차이와 간격을 메워준 수단들은 과학과 기술 그리고 정보매체 등에 의해 급속히 대체되었다.

또 체험과 기대 사이에 생긴 차이와 간격은 세대에 따라 달리 나타나고 있는데, 주로 이차적인 체험에 의거한 새로운 세대의 기대 지평은 기성세대보다 더 빨리 새로운 내용으로 교체된다. 과거보다는 미래를 선택하는 것이 젊음의 본질이기도 하고 과거-현재-미래를 연결하는 사건들의 지루한 고리를 일거에 끊어 보려는 충동과 열망의 결과라고도 볼 수 있다. 직접 겪은 체험이 많아 아예 기대치를 낮추거나 조심스럽게 행동하는 기성세대와는 어차피 다를 수밖에 없다.

해방 60년도 훌쩍 소리 없이 경과해 버린 지금, 동북아의 갈등, 남북과 남남 갈등 그리고 세대 간 갈등의 뒤엉킨 모습은 흡사 돌아가는 세탁기 안의 옷가지들처럼 보인다. 이러한 복잡한 상황을 맞아 필요한 덕목은 먼저 과거의 체험과 미래의 기대가 서로 착종(錯綜)된 현재의 의미를 제대로 음미하려는 태도라고 할 수 있다. 종결된 과거와 불확실한 미래가 만나는 현재는 순간의 연속이지만, 동시에 지속적인 과정을 통해 형성된 전체적인 구조이기도 하다. 물론 우리는 복잡한 현재보다는 오히려 확실해 보이는 과거로부터 자기정체성의 뿌리를 더 많이 확인할 수도 있고, 때로는 불확실한 미래가 우리에게 제공하는 상상력의 힘을 빌려 기대 지평을 더 넓힐 수도 있다. 그러나 체험 공간과 기대 지평이 공존하는 이 복잡한 현실적 구조를 떠난 자기정체성은 애초부터 한계를 띨 수밖에 없다.

240

과거의 진실을 규명하는 문제가 자칫 현재와 미래를 위해 역사를 도구화하려는, 니체가 비판한 이른바 '역사적 병'일 수도 있다. 그러나 역사를 계몽의 도구로서 받아들일 수밖에 없을 정도로 지난 60년에 걸친 우리의 체험 공간은 실로 너무나 다사다난했다. 그래서 과거의 성공이나 재난으로부터 현재와 미래를 위한 교훈적 범주들을 발견하고, 타자의 체험에서도 새로운 가능성을 발견하여 자기정체성을 현재와 미래 속에서 지속적으로 굳히는 역사의 기능은 우리에게 특별한 의미를 지니고 있다. 역사의 계몽적이며 비판적인 기능을 다시 확인해 보는 일상이 되었으면 한다.

'6·15 공동선언'의 재음미

이쯤에서 '6·15 공동선언'의 내용을 살펴보는 일은 의미가 있다. 그간 어떤 조항들이 과연 선언의 기본 정신에 따라 실천에 옮겨졌으며, 또 어떤 조항들이 그렇지 못했던가를 가늠해 보기 위해서다. 우선 인도적 문제의 해결과 경제협력을 위시한 남북 간의 여러 분야에 걸친 협력과 교류를 규정한 공동선언의 제3항과 제4항은 비록 만족스럽지는 못해도 선언 이전의 상태와 비교해 본다면 나름대로 큰 성과가 있었다고 평가될 수 있다. 선언의 제2항, 즉 남측의 '연합제'와 북측의 '낮은 단계의 연방제' 간에는 공통점이 있기 때문에 이를 토대로 통일을 지향해 나가자는 내용을 구체적으로 다지는 데 있어서 진전은 별로 없었다. 물론, 이 항목의 내용은 장기적인 과정을 전제하고 있고 또 정치형태에 관한 이론적인 내공도 필요로 하기 때문에 사실 일반국민의 정서 속으로 파고드는 데 한계가 있었다. 또 이 항목의 내용을 더 구체화시키고 풍부하게 만들기에는 북의 '연방제'가 남쪽에서 오랫동안 너무 부정적으로 인식된 문제도 있다.

무엇보다도 문제는 제1항, 즉 "통일문제를 주인인 우리 민족끼리 힘을 합쳐 자주적으로 해결한다"는 내용이다. 바로 이 내용을 공동선언의 첫째 자리에 남북이 함께 놓았다는 측면에서도 그 중요성은 분명하다. 여담이지만 남북 정상이 만나기 바로 전날 『동아일보』에 기고했던 글 가운데, 공동선언 발표의 가능성이 있고 그때 자주적 통일 원칙이 제일 먼저 부각될 것이라 필자가 예견했던 적이 있다. 이 분석이 적중해서 필자는 북을 아주 잘 아는 사람으로 평가되기도 했지만, 이로 인해 후에 필자에 대한 일부 사람들의 악의적인 평가를 더욱 부채질하기도 했다. 그러나 과학적인 입장에서 우리의 통일문제를 분석해 보고, 무엇이 가장 절실한 문제인가를 조금만 고민해 본다면 '자주'가 통일문제의 사활이 걸려 있는 문제라는 것은 곧 자명해진다. 물론 이때의 '자주' 개념은 그저 일직선(一直線)적인 '주체–객체'의 관계에서만 이해될 수 없을 정도로 다차원적인 여러 가지 내용을 담고 있다.

공동선언이 발표된 지 얼마 안 되어 남북 간에 '자주'의 내용을 둘러싼 해석상의 차이와 갈등이 곧 나타났다. 북이 '민족 공조'와 '우리 민족끼리'를 강조하면서 남의 한·미·일 공조 체제를 문제 삼자, 남은 오늘날의 '자주'는 주변국과도 잘 지나는 것을 의미한다고 응수했다. 사실 이와 같이 '자주'의 내용을 둘러싼 상호 공방은 이론적으로 보아도 무리는 아니다. 오늘날 철학과 사회과학에서도 '주체'를 둘러싼 인식론적인 논쟁은 치열하다. 한쪽에서는 우리가 일반적으로 전제하는 '주체'는 단지 가상(假像)에 지나지 않으며 우리는 이미 주어진 '체계'나 '관계' 속에 있을 뿐이라고 주장하는 데 대하여, 다른 쪽에서는 '주체'는 결코 사라질 수 없는 계몽과 해방의 담지자라고 반박하고 있다. 전자가 이른바 탈현대주의적인 해체

(Deconstruction)의 철학이라고 한다면 후자는 근대주의적인 주체(Subject)의 철학이라고 할 수 있다. 여기서도 남쪽의 '세계화'와 북쪽의 '주체화'가 담고 있는 서로 다른 인식론적인 틀을 엿볼 수 있다. '세계화'를 통해서 주체를 강화하겠다는 남쪽의 개발 전략과, '주체화'를 통해서 세계 안에서 자기 자리를 구축하겠다는 북쪽의 개발 전략의 차이도 느낄 수 있다. 이와 더불어 전자가 탈민족적 지평의 개념을 염두에 두고 있다면, 후자는 민족적 경계의 개념을 고수하고 있다고 평가할 수 있다.

바로 이렇게 '자주'의 의미를 여러 차원에 걸쳐 좀 더 폭 넓게 이해한다면 '6·15 공동선언'은 남쪽의 '세계화'를 통한 '주체화'는 물론, 북쪽의 '주체화'를 통한 '세계화'를 동시에 아우를 수 있는 민족통일의 인식론적인 틀로서도 새롭게 평가될 수 있다. 민족국가가 '세계화'의 엄청난 도전을 맞고 있는 이 세계사적 전환기에도 아직 통일된 민족국가를 건설하지 못한 불행한 현실을 타개하면서, 동시에 이를 넘어 보편적인 지구적 과제도 해결한다는 전망 속에서 '6·15 공동선언'의 의미는 여전히 살아 있다.

북미관계에서 인정(認定)의 정치

북핵 문제를 둘러싼 논란이 잠깐 잠잠해지더니 이란의 핵 문제가 시끄러워졌다. 이번에는 북의 미사일 실험 발사, 이어서 중동전으로 확산될 기미까지 보이는 이스라엘과 팔레스타인의 분쟁으로 인해 지구촌의 분위기가 어수선해졌다. 부시 행정부에 의하여 이른바 '악의 축'으로서 또 '폭정의 전초기지'에 속하는 나라로 취급받고 있는 이란과 북한의 핵 문제나, 이스라엘을 늘 테러로 위협하는 나라아닌 나라로 여겨지고 있는 팔레스타인 문제가 유엔이나 G8 정상회의에서 제시된 해법에 따라 해결될 것으로 믿는 사람은 결코 많지 않다. 유엔이나 G8이 기존의 국가 간의 복잡한 이해관계를 넘어설 수 있는 공평한 해법을 결코 내놓을 수 없는 태생적인 한계를 지니고 있다는 믿음 때문이다.

이란과 북의 핵 문제를 둘러싼 미국을 중심으로 한 서방국가의 이해관계, 그리고 이와 대치하고 있는 러시아와 중국의 이해관계는 냉전 종식으로부터 새로운 세계질서 수립으로 나아가는 과도기적인 상황이 빚어내고 있는 불확실성을 보여 주고 있다. 이러한 불확실성은 국제정치에서뿐만 아니라 우리 생활세계의 모든 영역에서도 확인할 수 있다. 필연적이 아니면서 동시에 임의적이지도 않은, 그래서 '전혀 달리 될 수도 있다'는 이른바 '우연성'은 로티의 실용주의 철학이나 루만의 사회학적인 '체제이론'의 근간을 이루고 있다. 우리는 우리의 체험이나 행위가 자기 혼자만의 것이 아니라 항상 타자와의 상호 관계 속에서 이루어지기 때문에 자신이 타인에게 기대하듯이 타인도 마찬가지로 자신에게 기대하는 이른바 '이중적 우연성'의 세계에 살고 있다. 이런 상황에서 우리는 타자가 어떤 행위를 해 줄 것을 기대하는 것을 넘어 타자의 기대 자체를 또 내가 기대하게 된다.

'네가 내가 원하는 것을 해 준다면 나는 네가 원하는 것을 해 줄 수 있다'는 기대구조의 끊임없는 사슬은 한편으로는 실망을 가져다 줄 수도 있고, 또 다른 한편으로는 우리 생활세계에 과도한 긴장을 요구한다. 따라서 이 같은 기대 구조가 담고 있는 항시적인 실망과 긴장을 줄이기 위해 우리는 여러 규범들을 세우게 된다. 이러한 '이중적 우연성'의 문제는 현재 이란의 핵 문제나 북의 핵 문제와 미사일 발사 문제에서도, 또 팔레스타인 문제에서도 나타나고 있다. 이러한 분쟁의 해결을 위한 유엔이나 G8의 결정이나 권고와 같은 규범들이 그러면 왜 제대로 기능을 발휘하지 못하는가. 인도의 대륙간 탄도미사일 실험 발사는 문제되지 않고 북의 미사일 실험 발사는 문제가 되고, 팔레스타인의 테러가 현재의 중동위기의 원인이라고 보는 시각과 이와 정반대로 이스라엘의 팔레스타인 정책이 분쟁의 원인이라고 보는 시각이 맞서고 있듯이, 국제사회의 규범이란 정의나 중립성으로 그럴듯하게 포장되어 있지만 결국 강대국의 이해관계를 반영하는 데 지나지 않는다고 보기 때문이다.

정의, 관용, 공평성, 중립성과 같은 전통적 규범이 현재와 같이 복잡하고 다원화된 세계사회를 위해서 한계가 있기 때문에 인정(認定)의 정치철학으로 보완되어야 한다는 주장이 있다. 다문화 속에서 개인과 집단의 자기정체성이 자주 불인정이나 오해로 인해 훼손되고 이것이 종종 억압의 형식으로 작용한다는 뜻에서, 인정의 현재적 의의를 특별히 강조하는 캐나다의 정치철학자 테일러(Charles Taylor)의 이론을 국제정치적 갈등 해소에 원용한 견해이다. 이 주장은, 상호 인정이 필요하다는 단순한 당위성보다 상호 인정을 추구하는 노력이 좌절될 수 있는 위기적 상황에서 우리가 살고 있다는 사실을 더 강조하고 있다.

의도적으로 상대방을 무시하고 인정하지 않으려는 정치는 위에서 지적한 '네가 먼저'라는 식의 '이중적 우연성'의 악순환 고리를 끊을 수도 없고, 어떤 사회나 국가의 정체성을 오늘날의 세계사회적 관계 체계에 걸맞게 개발시킬 수도 없다.

내가 일본에 바라는 것

2002년 9월 17일의 북일정상회담은 한반도에서 미래지향적인 일본의 역할을 재정립할 수 있는 전기를 마련했었다. 그러나 일본인 납치 사건으로 야기된 일본 사회의 여론을 대승적 차원으로 끌어올리지 못한 정치적 지도력의 한계 때문에 북일관계는 오히려 그 이전보다 악화되었다고 할 수 있다. 대북 정책에 있어서 강경 보수파를 대표하는 아베 총리가 등장한 이후 이러한 경향은 더욱 강해졌다. 과거의 불미스러운 사건을 솔직하게 시인하고 새로운 출발을 약속했는데 상대방은 그렇지 못한 상태이니 감정의 골이 더 깊어질 수밖에 없다. 일제 시기 강제로 연행된 조선인 문제에 대한 사죄 대신에 일본인 납치 문제로 북일 간의 모든 현안을 잠재우려 한다는 것이 북쪽 사회의 일반적 여론이다.

비교(比較)야말로 모든 불행의 시작이라고 쇼펜하우어는 이야기했지만, 납치된 15명의 일본인과 수십만의 강제 연행된 조선인의 운명의 무게를 북한 사람들은 그래도 비교할 수밖에 없다. 북한에 대한 일본 정부의 불신 못지않게 북한도 일본 정부를 불신하고 있다. 북의 대포동 미사일 발사 이후 일본열도의 긴장이 최근 일이라면 일본의 '군사대국화'에 대한 북한의 우려는 상당히 오래된 일이다. 따라서 북한도 일본도 한반도에서 무력 분쟁이 일어난다면 이는 당연히 일본이 포함된 분쟁이라는 것을 전제하고 있다. 이러한 상황에서 일본은, 유일 초강대국 미국의 대북 정책을 계속 추종하느냐 아니면 이로부터 어느 정도 거리를 취하면서 동북아에서 중국과 함께 나름대로의 장(場)을 만드느냐 하는 선택 앞에 서 있다. 이라크전쟁 때 국민의 일반적 정서와는 반대로 일본 정부는 미국을 지지했다. 국민의 일반적 정서가 이라크보다도 우호적이지 못한 북한에 대해서 일본이 자신의 정책을 수립한다는 것은 확실히 어려운 일일 것이다. 그러나 동북아 평화와 안정에 있어서 현재 '불안정한 중심'을 이루고 있는 한반도에 대해 대담한 정책 전환을 시작해야 한다. 이러한 정책 전환의 중심에 북일관계의 정상화가 있다는 것은 두말할 필요가 없다.

북일관계의 정상화는 말처럼 쉽지 않을 수 있다. 그러나 독일과 폴란드가 화해하는 모습을 압축적으로 보여 준 사진 한 장—1971년 12월 7일 브란트 서독 총리가 바르샤바에 있는 2차 세계대전 때 희생된 폴란드인의 추모비 앞에서 무릎을 꿇고 참회하는—이 전달하고 있는 진실이 두 나라 사이에도 통한다면 관계 정상화가 결코 어려운 일만은 아니다. 얼마 전 서울에 다녀온 독일 기자가 일제 때 강제 연행된 조선인에 대한 공식적인 일본 정부의 사죄와 보상을 요구하면서 일본 대사관 앞에서 매주 수요일마다 시위를 하는 것을 기사화했는데, '정신대'로 끌려갔었던 황금주 할머니와 나눈 2시간 이상 대담을 담은 녹음 테이프를 보내왔다. 그녀가 요구한 것은 금전적인 보상이 아니라 일본 정부의 공식적인 사죄였다. 그녀는 강제 연행한 수십만의 비참한 운명에 대해서는 사죄하지 않고 어떻게 납치되었던 15명의 일본인의 운명만을 이야기할 수 있는가하고 묻고 있었다.

2003년 봄 평양에서 열린 학술토론회를 함께 주관했던 북측의 '사회정치학회'에 대한 감사의 표시로 남측의 '통일포럼'이 최신형의 노트북을 몇 대 선사하려 했다. 그러나 펜티엄급 이상은 '전략물자'로 규정되어 있고 또 많은 부품이 미국 특허라 반출이 불가능하다고 해서 포기할 수밖에 없었다. '밖'의 세계에 대한 복수심만을 키우고 문을 안에서 단단히 걸어 메었기 때문에 북한이 오늘과 같은 사회가 되었다고 이야기하지만, 북은 오히려 미국과 일본이 주도하는 '밖'의 세계가 북이 밖으로 나오지 못하도록 대문의 빗장을 밖에서 비끄러맸다고 이야기한다.

이러한 이야기를 들을 때마다 필자는 의사소통이 본질적으로 전제하는 합리성은 바로 관점을 바꾸어 본다는 데에 있다는 것을 먼저 생각하게 된다. 그래서 필자는 미국, 일본 또는 남한이 북한의 처지에 있다면

이 나라들이 과연 어떠한 반응을 국제사회에 보일 것인가라는 질문을 던지게 된다. 특히 이라크전쟁이 끝나자마자 '김정일은 후세인의 운명에서 교훈을 찾아야 한다'는 기분 나쁜 소리를 듣고도 북한이 그냥 조용히 있기를 바랄 수는 없을 것이다. 심지어는 영변의 핵 시설에 대한 미국의 기습 공격 가능성에 대해서도 많은 보도가 나돌았다. 한반도에서의 전면전뿐만 아니라 동북아를 총체적인 혼란으로 빠뜨릴 그러한 위험한 도박을 부시 행정부가 할 수도 있다고 많은 사람들은 여전히 생각하고 있다. 북의 '핵 카드'가 위험하다면 마찬가지로 미국의 '방어적 선제공격'을 골자로 하고 있는 '부시 독트린'도 위험하다.

이러한 위험을 제거하기 위해서는 우선 서로의 관점을 바꾸어 볼 수 있는 '대화'가 필수적이다. 그러나 중단된 북일 간의 대화가 언제 본격적으로 재개될지 전망이 분명치 않다. 한때 정상회담이라는 형식으로 돌파구를 마련했던 북일관계의 정상화가 이토록 난항을 겪는 데는 일본이 한반도를 포함한 동북아의 평화와 안정을 위해 한번 북한의 입장에 서 본다는 역지사지(易地思之)의 미덕을 발휘하는 데 너무 인색하기 때문이 아닌가 하는 생각을 하게 된다. 1998년에서 2000년 사이 일본 총리를 지낸 오부치 게이조(小淵惠三)는 국정 지표로 '부국유덕'(富國有德)을 내세운 적이 있다. 필자도 의미 있는 지표였다고 생각한다. 그럴 때 '역지사지'야말로 '유덕'의 시작이 아닐까 한다.

유럽과 동북아 그리고 한반도

'동북공정'이나 독도 분규와 같은 문제들이 제기되면 우리는 역사가 담고 있는 시간의 내용과 영토가 지니는 공간의 의미에 대하여 새삼스럽게 생각하게 된다. 그러면서도 시간과 공간을 응축시키고 있는 지구화가 급속도로 진행되고 있는 오늘날에도 역사나 영토라는 개념이 아직도 의미가 있는가라는 질문을 던지게 된다. '역사의 종말'이나 '지리의 종말'이라는 화두가 나돈 지도 제법 오래되었기 때문이다.

사실 동서 냉전의 갈등을 뒤로한 유럽의 경제, 정치, 사회, 문화의 통합 수준은 현재 상당한 수준에 이르렀다. 국경의 의미가 완전히 사라지지는 않았지만 과거와는 분명히 다르다는 것을 일상생활에서도 느낄 수 있다. 이러한 분위기 속에서 '탈민족'(postnational)이라는 개념은 이제 자연스럽게 유럽인의 뇌리 속에 자리 잡게 되었다. 이러한 유럽의 일반적 분위기와 비교해볼 때 동북아의 현재 상태는 아직 '탈민족'이 이야기될 수준은 아닐 것이다. 이 지역에서 계속 일어나는 역사 기술(記述)과 영토 문제를 둘러싼 분쟁들이 그러한 사정을 잘 보여 주고 있다. 물론 동유럽 내부에도 매우 복잡한 갈등이 있고, 북아일랜드나 바스크 문제에서 볼 수 있듯 서유럽 지역에서도 분쟁은 있다. 그러나 그 성격과 내용은 동북아에서 현재 나타나고 있는 지역 패권을 둘러싼 갈등의 양상과는 사뭇 다르다.

무엇보다도 동북아 중심에 위치하고 있는 한반도가 여전히 분단되어 있다는 사실을 우리는 간과해서는 안 된다. 유럽 중심에 있는 통일 독일이 유럽통합을 촉진시키고 있는 현실과 비교해 볼 때 이 두 지역의 차이는 상당히 크다. 그럼에도 불구하고 한편에서는 '민족주의는 반역이다'라는 구호 아래 '국사 해체'까지 주장하고 있고, 또 다른 한편에서는 배타적 국수주의로 동북아 갈등 구조에 대처하려 한다. 전자는 유럽적 현실을 동북아의 미래 속에 무리하게 투영시키고 있고, 후자는 과거의 유럽에 동북아의 미래를 과도하게 얽어매고 있다고 볼 수 있다.

'중화주의'와 '일본주의'가 충돌하는 길목에 있는 한반도는 항상 괴로운 공간이었다. 필자는 이러한 상황을 설명하기 위해서 '중심의 괴로움'이라는 표현을 사용한 적이 있다. '중심의 괴로움'을 '희망의 중심'으로 바꾸기 위해서는 먼저 발상의 전환이 요구되고 있다. '민족주의'를 그저 절대악, 아니면 절대 선으로서 갈라 볼 것이 아니라, 민족이 지니고 있는 체험 공간과 기대 지평을 오늘 날 급속히 진행되고 있는 지구화 속에서 어떻게 총체적으로 파악하느냐 하는 문제가 무엇보다도 중요하게 느껴진다.

　'가장 지역적인 것이 가장 세계적'이라는 말처럼 '지역'과 '지구화'의 관계를 상호 배타적인 것으로서 보아서는 안 된다는 주장은 우리 귀에도 이미 익숙해졌다. 그러나 '지역'은 대체로 공간적인 의미로, 이와 달리 '지구화'는 하나의 '과정'으로서 이해되기 때문에 '지역'과 '지구화'의 관계를 명료하게 설명하는 것이 그리 쉽지는 않다. 이 문제와 관련, 버클리대학의 카스텔스(Manuel Castells)는 '장소로서의 공간'과 '흐름의 공간'을 우선 구별하고 있다. 자본, 정보, 기술, 심지어는 문화적 상징까지도 모두 연결되어 흐르는 '그물망 사회'(network society) 안에서도 우리의 삶은 여전히 구체적 '장소로서의 공간'에 묶여 있기 때문이다. 또 두 공간이 각각 의거하고 있는 시간 개념이 서로 다르기 때문에 이 둘 사이를 연결하는 '교량'이 꼭 필요하다고 그는 주장한다.

　남북 간에 서로 다른 시간 개념이 존재하고 있는 특이한 '장소로서의 공간', 한반도가 이러한 '흐름의 공간' 속에서 제대로 기능을 발휘할 때 이는 곧 그와 같은 '교량' 구축에 있어서 하나의 훌륭한 모범적 사례가 될 수 있다. 많은 갈등의 요소를 안고 있는 동북아의 균형을 한반도가 바로 잡아 줄 수 있을 것이라는 기대와 희망을 한낱 과대망상으로 여길 수만은 없다.

자주화와 세계화

창밖으로 보이는 코스모스의 흰빛과 분홍빛이 가을바람에 흔들린다. 원산지가 남미이지만 스페인 정복자들이 유럽으로 가져온 코스모스는 그 후 온 세계에 퍼져 한국의 가을 정취를 한껏 살려주는 꽃이 되었다. 그러나 독일의 코스모스는 한국에서 흔히 볼 수 있는 코스모스와는 조금 다르다. 키는 작고 꽃은 커서 한국에서 온 지인들은 가끔 코스모스가 맞는가 하고 묻는다.

20년 전쯤 오스트리아의 한 농가에서 처음으로 본 코스모스가 지펴 준 고향 생각 때문에 씨를 받아 키웠지만 키가 너무 커서 강한 바람이 불면 굵은 꽃대가 부러지기 일쑤였다. 그 후 개량종 코스모스를 심었고 그 활짝 핀 꽃송이를 보며 고향의 가을을 생각하곤 했다. 독일과 한국의 서로 다른 환경에 적응하면서 조금씩 다른 모습을 보이는 꽃을 볼 때마다 나는 식물 세계와 인간 사회의 존재 양식을 비교하게 된다.

식물의 존재 양식을 통해 인간 사회를 바라보려는 발상은 꽤나 오래다. 가령 힌두교의 경전 『바가바드기타』는 뿌리를 하늘에 두고 가지를 땅으로 뻗는 아수밧타나무를 아는 자를 영원불멸의 진리를 터득한 자로 묘사하고 있다. 종교나 설화만이 아니라 동식물 세계로부터 인간세계의 존재 양식을 도출하려는 '사회형태론'이나 '사회생태학' 등도 있으며, 문화의 성쇠(盛衰)를 유기체의 생멸(生滅)처럼 유추해 보려는 철학적 시도도 꾸준히 있어 왔다. 그 한 예가 슈펭글러의 '서구의 몰락'이다.

그동안 유전자과학의 비약적 발달은 정보인지과학과 결합되어 인간 사회의 구조와 동학을 새롭게 밝히려는 여러 가지 사회과학적 이론도 낳았다. 그중의 하나가 바로 '사회체계이론'이다. 이 이론은 지금까지의 사회과학적 사고가 주로 그 기반을 두었던 개인과 전체, 주체와 객체의 관계 대신에 '체계'와 '환경'의 상호 관계로부터 시작한다. 먼저 설정된 행위 주체가 그의 대상을 자기 안으로 통합하는 식으로 사회를 볼 것이 아니라, 전체적인 '사회체계'는 자신을 제약하는 '환경'과 항상 구별하면서 그 한계 안에서 자신을 유지하고 또 재생산하는 식으로 사회를 보아야 한다고 '사회체계이론'의 대가 루만은 주장한다.

어렵게 들리는 사회과학이론이지만 실은 '6·15 공동선언'의 첫 항목에서 그 본질을 잘 이해할 수 있다. 통일을 자주적 원칙 위에서 이룬다고 합의했지만 북쪽은 '주체'와 '외세'라는 주객 관계를 전제한 자주 개념을 염두에 두고 있었고, 남쪽은 '세계화'라는 새로운 '환경'에 적응하면서 자신의 주체를 강화한다는 의미에서 자주를 이해했다고 볼 수 있기 때문이다. 주변 나라들과도 잘 지내는 것이 자주의 새로운 의미라고 지적한 김대중 전 대통령의 생각이 이 같은 이해 양식을 잘 나타내 주고 있다. 하여튼 한편에서는 주체를 강화해서 통일을 방해하는 외세를 극복하자는 '민족 공조'의 원칙을 주장하고, 다른 편에서는 '한·미·일'이라는 이미 주어진 '환경'을 전제하는 자주를 강조하고 있는 것이다. 또 다른 중요한 차이점은 전자가 주체와 객체를 가르는 민족국가 사이의 '경계선'의 의미를 여전히 강조하는 반면에, 후자는 이미 하나가 된 '세계사회' 안에서는 경계선처럼 보이나 실은 경계선이 아닌 '지평선'이나 '수평선'이 체제와 환경을 구별한다는 것이다.

주체를 먼저 강화해서 통일에 유리한 국제환경을 적극적으로 조성하느냐, 아니면 주어진 국제환경에 먼저 순응하면서 이를 통해 주체를 강화, 통일을 이루는가라는 질문은, 흡사 코스모스가 남미, 유럽, 한국 등의 서로 다른 생태 환경에 적응하면서도 자신의 존재를 어떻게 유지해 왔는가 하는 물음으로부터 많은 시사점을 얻을 수 있다. 자주에 대한 남북의 서로 다른 생각이 이제는 상호 보완해서 자주에 대한 지금까지의 일면적 이해를 극복하고, 세계 어디에서든지 볼 수 있는 아름다운 코스모스처럼 보편적 가치를 인류에게 보여 줄 수 있는 통일된 아름다운 나라의 모습을 그려 본다.

독일 통일을 잊자

독일 통일에서 우리는 무엇을 배울 것인가라는 주제는 이제 더 이상 사람들의 관심을 끌 수 있는 신선한 주제는 아닌 것 같다. 그동안 많은 책과 연구 논문, 그리고 크고 작은 학회나 토론회가 이 주제를 다루었다. 그런데 독일 통일 15주년을 맞아 필자는 그러한 주제를 또 다루는 학술토론회에서 강연을 하게 되었다. 진부하게 들리는 주제지만 통일이라는 주제는 흡사 '영원의 철학'처럼 아직은 우리 모두에게 다가서고 있기 때문인지도 모른다.

베를린 장벽이 무너지자 또 다른 장벽인 '휴전선'이 무너질 시간을 나름대로 자신 있게 예언했던 그 많은 주장들이 하나 둘 사라지면서 그 자리에는 독일 통일의 부정적인 후과(後果)를 강조하고 독일 통일을 우리 통일의 반면교사로서 볼 것을 요구하는 주장들이 대신 들어섰다. 한편에서는 독일식 흡수통일에 대한 경고로서, 또 다른 한편에서는 이른바 '한당주의'에 기초한 감상적 통일론에 대한 경고로서 그러한 주장들이 제기되었다.

우리의 통일문제에 대해서 이야기할 때 어떤 식이든지 우리는 대개 독일 통일을 먼저 떠올리며 그로부터 한반도의 통일문제를 유추하게 된다.

물론 베트남의 통일도 한 때 그러한 유추의 대상이었으나 오래 전부터 우리의 뇌리에서 사라졌다. 우리의 사고 활동에서 아주 중요한 역할을 하는 유추는 비교하는 대상 간의 복잡한 내적 요소들과 이들이 차지하는 비중, 그리고 이를 둘러싼 환경을 비교해야만 한다. 그러나 완전한 신과 불완전한 인간 사이의 유추처럼 대칭적 관계가 성립되지 않는 비교 대상들을 전체로서 유추해 보는 이른바 '수식적 유추'가 독일과 한반도 통일의 비교 연구를 강하게 지배해 왔다. 이로 인해서 합리적인 분석에 의거한 유추보다는 대개 선언적인 내용들이 먼저 자리 잡은 경우가 많았다.

반대로 과학이라는 이름 아래 자연과학적인 엄밀성을 모범으로 한 여러 가지 사회과학적 연구 방법을 동원해서 독일 통일에서 한반도 통일을 유추해 보려는 시도도 있다. 이러한 시도들은 많은 경우 '햇볕정책' 그리고 이의 구체적인 결실이었던 '6·15공동선언'도 일종의 감상적 통일의 표현으로 보려고 한다. '뭉치면 죽는다'는 식의 탈현대적인 역설까지 동원해서 이른바 '퍼주기' 식의 통일정책을 비판한다. 그토록 정교하게 구성된 서독 학계의 합리적 분석들도 독일 통일을 예견하지 못했다는 치명적인 약점을 보여 주었듯이, 그러한 '과학적' 시도도 기본적으로 인간 스스로가 자신의 역사를 만들어 왔다는 너무나도 당연한 사실을 지나치고 있다. 구조 속에서 갇혀 있으면서도 이를 혁파하려는 부단히 움직이는 인간 주체의 능동적 역할을 제대로 보지 못할 때 민족·통일문제도 일종의 사회공학(工學)적인 문제로만 여기게 된다. 이 점에서는 당시 동독의 학계도 마찬가지였다. '계획'이 곧 합리성이라고 오해했기 때문에 젊은이들이 동독 체제에 등을 돌린 이른바 1989년 가을의 '탈출 혁명'을 예견할 수 없었다.

하나의 사건처럼 불쑥 다가온 통일은 한때 축제의 분위기를 조성했지만 이는 곧 지루한 일상생활 속으로 녹아들었다. 물리적 장벽을 허무는 작업에는 무엇보다도 많은 돈이 필요했다. 그러나 그것만으로 마음의 장벽이 저절로 사라지는 것은 아니었다. 바로 이렇게 사건과 일상성이 뒤얽혀 전개되는 삶의 세계로서 통일은 우리에게 현실과 꿈, 물질과 사람, 객관과 주관으로 단순히 갈라 볼 수 없는 하나의 원초적인 세계가 있을 수 있다는 것을 다시 상기시킨다. 이 세계는 분명 '고향'처럼 우리 모두가 하나였던 그때를 기억토록 만든다. '고향'은 과거를 되살리는 세계다. 그러나 이 원초적인 세계로서 통일은 더 이상 그러한 '과거의 고향'이 아니라, 우리 중의 어느 누구도 아직까지 밟아 보지 못한 '미래의 고향'을 의미한다. 통일이 바로 이러한 '미래의 고향'이기에 무엇보다도 우리에게 풍부한 상상력을 항상 요구한다. 바로 이 풍부한 상상력을 훼파(毀破)시켜 온 독일 통일로부터 우리 스스로도 이제는 해방되어야만 한다.

4부

대담_미완의 귀향

인천공항에 내렸던 2003년 9월 22일부터 다시 인천공항을 떠나던 2004년 8월 5일까지 거의 1년을 한국에서 보냈다. 이 기간의 경험에 대해 내가 느낀 소회는 앞서 1부 '한 경계인의 비망록'에서 어느 정도 피력했다고 생각한다. 그러나 여전히 많은 사람이 내게 갖고 있는 의문과 편견에 대해서는 이야기하지 못했다. "대책 없이 어떻게 입국하게 되었나?", "왜 미리 문제가 될 만한 사실을 밝히고 들어오지 않았나?", "잘못이 없다면 왜 언론을 통해 사과 성명을 발표하고 선처를 호소하는 기자회견을 하면서 국적 포기까지 약속했나?", "왜 국가보안법에 맞서 끝까지 싸우지 않고 독일로 돌아가 버렸나?" 등. 나는 이런 문제들에 대해 글을 쓰고 싶지 않았다. 변명처럼 이해되는 것도 원치 않았지만 더 근본적인 이유는, 그러한 의문과 편견은 나의 문제라기보다는 근본적으로 한국 사회가 안고 있는 문제라고 보았으며, 따라서 내가 말하기 전에 한국 사회가 먼저 대답해야 하는 문제라고 생각했기 때문이다. 그러나 그 후 한국 사회 안에서 아무도 이에 대해 거론하지 않았다.

2006년 12월 나는 일상의 철학적 주제들을 중심으로 그간 발표해 온 글을 재구성해 만든 한 권의 단행본 원고를 출판사로 보냈다. 나에 대한 기억이 2003~04년에 멈춰 있는 한국 사회에서, 과연 '그때 그 문제를 비켜 간 이 책'이 어떻게 이해될까 내심 걱정하던 차에 아니나 다를까 출판사로부터 긴 편지를 받았다. 내용은 이러했다.

"보내 주신 원고의 편집 방향을 설정하기 위해 선생님과 관련된 자료를 찾아 보면서 저희는 새로운 문제에 봉착하게 되었습니다. 그리고 이 때문에 오랜 고민을 해야 했습니다. 저희가 발견하고 놀란 것 중의 하나는 선생님께서 독일로 떠나신 다음, 지난 2년 반 동안 선생님 문제에 대한 논의를 찾을 수 없었다는 사실입니다. 이른바 '송두율 사건'은 선생님의 출국과 더불어 사회적 공론의 의제에서 갑작스럽게 실종되어 버린 겁니다. 보수파는 그렇다 치고 개혁적이고 진보적인 범위에서도 모든 논의는 신기루처럼 사라져 버렸습니다. 비이성적인 여론 재판과 법의 폭력에 휘둘렸던 한국 사회의 '이데올로기 시간'이 오랫동안 정지 상태로 있었다는 사실을 어떻게 이해해야 할지 몰라, 결국 2003년 가을에서 이듬해 여름까지 약 10개월, 그리고 그 안팎의 시기를 추적해 보지 않을 수 없었습니다. 선생님께서 한국에 들어오기 전까지 국내 언론이 기사를 통해 보여 주었던 나름의 객관적 태도와 한국 사회 안으로 들어온 이후 정반대의 태도로 돌변한 그 과격한 변화, 그리고 다시 독일로 떠난 후에는 마치 아무 일도 없었다는 듯이 하는 태도를 보면서 한국의 언론 공론장이 갖는 최대 문제는 도대체가 부끄러워하지 않는다는 데 있다고 여겨졌습니다. 선생님 사건에 대해 이른바 유명 지식인들이 '거짓말'을 따져 묻고 '이데올로기화된 사실'을 동원하면서 냉전 반공주의 헤게모니에 굴복하고 비겁하게 변명하고 회피했던 '기록'을 다시 접하면서 과연 이 땅에서 지식인이라 부를 만한 여지가 얼마나 남았나 하는 회의감을 갖지 않을 수 없었습니다. 석방 직후 백서 및 다큐멘터리 제작 계획 등 수많은 소식이 있었건만 어찌 된 일인지 지금까지 그 결과를 볼 수 없는 것 또한 참으로 안타깝습니다. 밀란 쿤데라(Milan Kundera)는, 권력의 핵심은 망각하게 하는 것이라며 기억하기 위한 투쟁의 중요성을 강조했는데, 우리는 그 평범한 진리조차 실천해 내지 못한 것 같습니다. 요컨대 언론, 법, 이데올로기, 지식인의 세계 속에서 음험하게 작용하는 냉전 반공주의의 권력 효과를 문제 삼지 않는 한 한국 사회의 미래는 없다는 절실한 생각에 도달하게 된 것입니다. 민주화가 되고 운동권 출신이 정치의 영역에서 최대 다수 집단이 되었다 한들, 한국 사회를 둘러싼 이 엄청난 허위와 위선의 구조 안에서 어떤 큰 변화가 가능할지 의심스럽습니다. 냉전과 반공의 이데올로기 그리고 그 제도적 화신으로서 국가보안법을 누구나 담론의 차원에서는 비판하지만, 실제 그것이 구체 현실로 내 의식 앞에 다가왔을 때 한국 사회의 민주 역량이 보여 준 나약함과 안이함은 정말 들여다보기 괴로운 일이 아닐 수 없습니다. 누구든 그 당사자가 되는 일을 감수하려는 의사를 갖지 않은 채, 냉전 반공주의를 비판한다는 선언만으로는 어림없다는 생각을 하게 됩니다. 오늘날까지 국가보안법이 그대로 있고, 점점 더 폐지의 전망이 어두워지고 있는 것의 비밀은 바로 여기에 있지 않나 합니다. 이야기가 길어졌습니다만, 그래서 이번 책이 '침묵과 망각의 카르텔'이라 부를 만한 그간의 상황에 대해 뭔가 문제를 제기하는 것이 되어야 하지 않을까 하는 생각을 하게 되었습니다. 이번 책에서 이런 문제에 대해 선생님의 생각을 글로 표현하실 의향은 없으신지요? 이 책에서조차 이 주제들이 회피된다면 그건 그것대로 또 다른 문제로 남지 않을까 걱정이 들기 때문입니다."

난들 이런 제안에 대해 열정을 갖고 응하고 싶지 않겠는가마는, 도저히 그때 내가 겪었던 그 일들을 직접 글로 표현할 수가 없었다. 누군가 말을 걸어 준다면 응할 수는 있겠으나 내가 나서서 그렇게 하기는 내키지 않았다. 그래서 출판사와 서로 상의해 도출한 일종의 타협적 결론이 대담을 통해 말하는 것이었다. 대담의 진행과 정리는 박상훈 후마니타스 주간과 김용운 후마니타스 기획위원이 맡아 주었다. 이제 그들에게 이른바 '송두율 사건'에 대한 이야기를 맡겨 보려 한다.

대담을 시작하며

대담을 위해 독일 베를린의 송두율 교수 집에 도착한 것은 2007년 1월 27일 늦은 밤이었다. 그때로부터 송 교수 집을 나선 2월 5일까지 우리는 하루 일과를 모두 송 교수 부부와 함께했다. 때마침 송 교수는 종강을 했고 부인 정정희 여사도 며칠 휴가를 냈다. 대담 전체 내용은 녹음 분량으로 약 17시간. 개인적 느낌, 수많은 사람에 관한 밝힐 수 없는 이야기, 맥락에서 벗어난 이야기도 많았지만, 사태의 진행이 어떻게 된 것인지에 대해서는 비교적 선명하게 파악할 수 있었다. 이하의 대담 내용은 그중에서도 '송두율 사건' 전체의 중심 구조를 이루는 부분을 압축해 정리한 것이다. 초고는 독일에서 송 교수와 함께 검토해 완성했다. 한국에 돌아와서 일부 내용을 보강했고 이메일을 통해 송 교수의 확인을 거쳤다.

● 한국을 떠나 독일로 돌아오신 지 벌써 2년 반이나 되었군요. 그 사이 한국 쪽에서 초청을 받으신 적은 없으신가요?

　　네. 없어요.

● 이제 국가보안법 관련 문제도 이느 정도 정리되었는데 초청의 이야기가 없었다 l l 조금 의외라고 생각되네요. 아무튼, 다시 독일로 돌아오게 되었을 때 어떠셨나요? 정확히 317일간의 그 경험은 누구라도 제정신으로 감당하기 어려웠을 것 같은데요.

　　정신적 공황 상태였지요. 독일로 돌아오는 비행기는 독일대사관에

서 1등석을 마련해 주었는데 내내 잠만 잤어요. 깨어
나 베를린의 테겔공항에 내리려는 데, 무슨 꿈을 꾼
것 같았어요. 머릿속이 하얘진 느낌이었지요. 독일
현지에서 저를 걱정해 주는 분들이 공항에 많이 나와
있었는데 그저 좋았지요. 해방감 같은 것도 느꼈고,
그간 있었던 고통의 경험은 온데간데없이 사라진 것 같았어요. 그런데
그것도 잠깐이었습니다. 집으로 돌아와 다시 일상을 시작해야 하는데 정
신이 없었어요. 아내는 직장에서 전에 사용하던 여러 가지 패스워드를
기억해 내지 못해 괴로워했어요. 몸도 너무 쇠약해져 있었죠. 나 역시 감
옥에서 앓게 된 천식이 더 심해졌어요. 그래도 다시 빨리 적응하지 않으
면 안 되겠다 생각했고, 이를 악물었죠. 의사나 학교 동료들은 휴가를 권
고했지만 강의 준비에 들어갔어요. 그때 그렇게 안 했으면 지금 더 힘들
었을 거라고 생각해요. 언제나 그렇듯 육체적인 것보다 힘든 건 정신적
인 것이죠. 뭐 그전에도 늘 '아웃사이더'였지만, 돌아와서는 더 그렇게
된 것 같아요. 내 사건은 그간 내가 맺어 왔던 인간적 관계들의 진정성이
랄까 혹은 그 깊이를 들여다보게 해 주었어요. 일종의 리트머스 시험지
같은 것이었지요. 한국으로부터 가끔 있던 안부 연락도 그전보다 많이
줄었어요. 윤이상 선생님 돌아가시고 나서는 함께 이야기 나눌 한국 사
람도 별로 없지요. 지금 유학생들과는 세대 차가 너무 나고요. 그러나 그
모든 경험은 나의 철학적 작업을 더 예민하게 만들었다고 생각해요. 그
때의 경험을 되새기며 '현대성'에 대한 나의 오랜 연구를 더 심화시키고
이를 보편적 기초 위에 세우고자 하는 몇 가지 구상이 있지요. 지금 이 작
업에 몰두하고 있죠.

● 제 생각엔, 이른바 '송두율 사건'은 그때 1년 남짓한 시간에 국한된 현상이 아니라 지금도 계속되고 있는 것 같습니다. 다시 말해 거의 보통명사가 된 '송두율'을 기억하고 망각하는 오늘의 방식 자체가 이 사건의 매우 중요한 특징이기 때문입니다. 이처럼 아직도 계속되고 있는 이 사건의 '기원'은, 어떻게 해서 '안전보장'에 대한 명확한 확인도 없이 국가보안법과 국정원이 기다리는 한국 사회로 들어오게 되었나 하는 데 있다고 봅니다. 다시 말해 어떻게 해서 '국가보안법의 체제' 안으로 대책도 없이 들어설 수 있었느냐는 것이죠. 1996년 부친상을 당했을 때도 정보기관의 요구를 거부해 입국이 실현되지 못했는데 말입니다.

'국가보안법 체제', 정확한 말입니다. 그리고 전체적으로 옳은 지적입니다. 국가보안법은 단순한 법형식이 아니라 일종의 체제(regime)라 할 수 있죠. 제도와 기구, 조직, 행위자 등 보이는 측면만이 아니라 언론, 지식, 이데올로기 등의 차원에서 상식과 규범, 도덕의 형태로 인간을 구속하는 일련의 체계적 권력 효과를 갖는 것이니까요. 도착 이튿날 새벽부터 조사를 받는데 정말 너무 괴로웠습니다. 떠나기 전에도 긴장 때문에 전혀 쉴 수 없었고 시차 적응도 안 된 상태였기 때문에 심신의 피로감은 참기 어려운 지경이었어요. 그렇게 하루하루 조사를 끝내고 숙소로 돌아와도 사실상 취조는 멈추지 않았습니다. 언론이 기다리고 있었죠. 그뿐인가요. 무슨 보수 단체들, 여러 종류의 지식인들, 민주화운동 단체들의 서로 다른 주장과 엇갈리는 요구들, 나를 가운데 두고 이루어진 그 날카로운 시각들 앞에서 도대체가 통일된 자아를 유지할 수 없었어요. 떠날 때는 전혀 상상할 수 없었지요. 독일을 떠나기 전까지 내가 들은 이야기는 '격식을 갖춘' 약간의 조사 이상 아무것도 없다는 것이었지요. 조사 장소 역시 내가 있는 베를린이나, 한국 입국 시 공항 혹은 내가 머물 호텔 가운데 하나에서 하자는 것이 국정원 입장인 것으로 들었지요. 국정원에 가서 조사받는다는 것은 전혀 이야기된 적이 없었어요. 노무현 대통령이 취임했고 국정원과 법무부 등 주요 국가기관도 냉전적 사고로부터 자유로운 분들이 책임을 맡고 있다면서 '민주화운동기념사업회'라고 하는 준(準) 국가기관이 초청하는데 신뢰하지 않을 수 없었죠.

● 그럼 국정원이 약속을 지키지 않았다는 건가요? 당시 국정원은 조사 없는 입국은 불가능하다는 태도였던 것으로 알고 있는데요. 독일을 출국하기 전에 체포영장도 발급되었고요. 기념사업회와는 달리 '해외민주인사 명예회복과 귀국보장을 위한 범국민 추진위원회'의 경우, 선생님 입국을 두고 국정원과 협의를 했는데 조사를 꼭 해야 한다는 국정원 입장과 환영은 못할망정 어떻게 조사하느냐는 추진위 측 입장이 맞서다 협상이 결렬되었고, 그래서 자세한 상황 설명과 함께 "안타깝지만 이번엔 입국 못하시게 되었다"고 연락을 했다 하던데요.

사실 당시 난 기념사업회와 추진위가 어떻게 다른지 구분할 수 없었어요. 그저 같은 취지를 가진 같은 성격의 두 기관에서 같이 초청하는가 보다 생각했죠. 추진위 측에서 연락받은 건 기억해요. 하지만, 추진위 측 사람들과는 한 번도 만난 적이 없었죠. 반면 기념사업회의 경우는 오랫동안 알고 지내온 분들과 함께 8월에 베를린에 직접 와서 이번에야말로 귀국을 성사시키려 한다는 이야기를 했고 실제로 입국 이틀 전엔 기념사업회의 책임 있는 사람이 변호사와 함께 베를린으로 왔죠. 함께 입국하려고 직접 왔다는 데 달리 더 어떻게 안전보장 여부를 따지고 들겠어요. 체포영장이 발부된 사실은 물론 독일에서 알았어요. 9월 17일 『문화일보』기자가 전화를 해서 기념사업회 초청에 응하기로 했느냐 묻기에 그렇다고 대답을 했지요. 그 다음 날 체포영장이 발부되었다는 사실을 기자들을 통해 전해 들었어요. 19일 날 공식적으로 기자회견을 해서 분명한 제 입장을 밝혔지요. 국정원 조사는 응할 수 없다고 말입니다.

● 그럼 자진 출두 형식으로 국정원에서 조사받기로 하고 입국한 것이 아니었다는 말씀입니까?

물론이지요.

● 그럼 자진 출두 형식의 국정원 조사는 어떻게 해서 이루어지게 된 것입니까? 자진 출두든 체포든 일단 국가보안법 취조실에서 조사받기로 한 것은 제가 볼 때 전혀 예측할 수 없는 상황에 직면하게 될 수도 있는 결정이라 생각하는데요.

잘 모르겠어요. 저도 궁금한 사실이기도 하고요. 인천공항에 비행기가 내렸는데 우리 일행은 기내에 남아 있으라는 방송이 들리더군요. 따로 격리되어 있다가 기내에 들어온 기념사업회의 책임자 한 분과 함께 비행기를 나서자 출구 앞에서 국정원 책임자가 기다리고 있더군요. 국정원 책임자와 기념사업회 측 대표가 당시 이런 제안을 해요. 일단 기념사업회와 변호사가 보증을 하면 체포 없이 입국을 허용하고 그날 저녁으로 예정된 환영 만찬도 참석할 수 있을 거라고요. 그리고 그 다음 날 국정원에 자진 출두해 조사를 받자고 해요. 그러겠다고 했어요. 상황이 어떻게 된 것인지 몰라 혼란스러웠지만, 어차피 여행객처럼 입국할 수 없을 것이라고는 생각했고 어느 정도 통과의례를

 치르는 것이라 여겼지, 구속되고 재판받고……, 사태가 그렇게 될 줄은 전혀 몰랐죠. 독일 영사 두 사람이 같이 있었는데 변호사 입회하에 조사받기로 했다는 사실을 꼭 명심하라고 몇 번 당부를 해요. 무슨 일이 있으면 언제라도 연락하라고 휴대전화 번호까지 제 아내에게 적어 주었습니다. 당연히 그럴 줄 알았죠.

● 기념사업회 측은 조사가 불가피하다는 국정원의 입장을 선생님께 미리 전달했고 그래도 선생님께서 오시겠다고 했다던데요. 사전에 기념사업회 측으로부터 국정원에 자진 출두해 조사받게 된다는 이야기를 듣고 독일을 떠난 것 아닌가요?

전혀요. 국정원에 가서 조사받는다는 이야기는 입국 당일 공항에서 처음 들었죠. 독일을 떠나기 전에 그런 사실을 알았더라면 한국에 가지 않았을 겁니다.

● 그렇지만 기념사업회 측의 설명은 선생께서 국정원 체포와 구속을 각오하고 자진해서 입국했다는 겁니다. 10월 21일 자 『주간조선』을 보면 당시 민주화운동기념사업회 이사장의 인터뷰가 실려 있는데, "우리가 정권도 바뀌고 했으니 와 보시라고 권했고 송 선생은 '입국만 시켜 주면 국정원 조사도 달게 받고 실정법 위반에 대해서는 처벌도 받겠다'고 해서 오시게 됐다"고 설명하던데요.

글쎄요. 동의가 안 되네요. 내가 국정원 조사를 달게 받고 처벌도 받겠다고 하고 들어갔다는 것은 전혀 사실이 아닌데요. 국정원으로 불려가서 조사에 응하려 했다면 그전에 벌써 한국에 갔겠지요. 기본적으로 난

기념사업회를 신뢰하고 그들의 초청에 응한 것이지요. 제가 스스로 조사받고 처벌을 감수하더라도 입국하려 했고 기념사업회에서 그걸 받아들여 초청했다는 설명은 저로서는 납득하기 어렵군요. 이른바 '국정원 자진 출두 조사'는 국정원과 기념사업회가 그렇게 하기로 했다며 입국 시 공항에서 내게 요구했던 것이었을 뿐 그 이상도 그 이하도 없어요.

● 초청자와 피초청자 사이에 분명한 인식의 차이가 있군요. 초청 기관인 기념사업회 측은 자신들은 국정원의 방침을 분명하게 선생님께 전했고 입국 여부는 선생님이 결정했으니 선생님이 책임져야 할 사안이라 보았으니까요. 아무튼 그건 그렇다 치고, 그런데 국정원 조사는 애초 약속과 달리 변호사 입회 없이 이루어졌지 않습니까?

그래요. 제 아내는 내가 국정원에서 조사받는 첫날 오후 2시경 변호사로부터 전화를 받았고, 아내는 당시 조사가 끝난 것으로 생각했다는군요. 그런데 놀랍게도 변호인의 입회가 허락되지 않았다는 대답을 들었다고 해요. 그래서 바로 독일 대사에게 연락해 상황을 설명했더니 독일 대사가 펄쩍 뛰더랍니다. 국정원과 청와대로부터 그날 오전 변호사 입회하에 조사받고 있다는 보고를 받았는데 어떻게 된 일이냐면서 한국 정부에 항의하겠다고 했답니다. 처음부터 어긋나기 시작하더니 계속해서 엇나갔죠. 아무튼, 변호사 입회 없이 국정원 조사는 계속 되었지요. 그러다 제가 1973년 북한 입국 절차를 밟는 과정에서 노동당에 입당서를 쓴 적이 있다고 말하자 국정원이 이 사실을 언론에 흘렸고 결과적으로 대대적인 여론재판이 시작되었습니다. 그러자 기념사업회 측은 왜 그런 사실을 미리 이야기하지 않았느냐면서 내 문제에서 손을 떼겠다고 하더군요. 아무튼, 그 앞뒤 과정은 너무 혼란스럽고 정신이 없어 정확히 어떻게 된 것인지, 누가 제 문제를 놓고 국정원이나 정부 측과 협의하고 있었는지 모르겠습니다. 어찌 되었든 변호사 입회가 이루어진 것은 국정원 조사가 끝나고 검찰 조사가 시작된 후 한동안 묵비권으로 항의하는 가운데 법적 소송을 거쳐 얻어낸 결과였습니다.

● 적어도 이 대목에서는 당시 기념사업회 측 태도를 이해하기 어렵군요. 언론에서 문제가 불거지자, '송 교수가 모든 사실을 솔직히 털어놓지 않았기 때문'이라며 초청자로서의 책임을 스스로 놓아 버린 것이니까요. 그때 언론이 문제 삼았던 북한 노동당 가입 사실이나 북한 고위급 인사니 어쩌니 하는 주장들은, 결국 국가보안법에 의한 판결에서조차 유죄가 인정되지 않았는데 말이죠. 지금 와서 생각하면 국가보안법도 문제 삼지 않은 것을 기념사업회가 문제 삼아 책임 있는 역할을 회피한 것이나 다름없네요. 10월 2일 기념사업회는 대국민 사과 기자회견을 하면서 "사실을 알았다면 송 교수가 들어온다고 해도 막았을 것"이라고 설명하더군요. 10월 9일 있었던 국회 행정자치위의 민주화운동기념사업회 국정감사 회의록을 보니 당시 민주화운동기념사업회 상임이사는 "'열 길 물속은 알아도 한 길 사람 속은 모르겠다'라는 그런 생각"이라며 "진실이 밝혀지기 전까지는 구속해서 수사하는 길뿐이 없다고 생각"한다는 증언을 했더군요. 살인을 한 것도, 도둑질을 한 것도 아닌데, 구속을 시켜서 밝혀야 할 진실이란 것이 결국 '거짓말'을 밝혀 달라는 것이 되어 버렸습니다. 그렇다면 처음부터 왜 초청했는지 그것부터가 질문되어야 할 것 같습니다. 2003년 12월 30일 자 『한겨레신문』 인터뷰에서 김세균 교수는 민주화운동기념사업회가 선생님의 입국을 통해 언론이 주목하는 큰 행사를 해서 조직의 위상을 높이고자 했고, 그렇게 하면 예산을 축소하려는 야당의 시도에 대응할 수 있지 않을까 해서 귀국을 "강력히 설득해" 결과적으로 일이 그렇게 된 것으로 이해하더군요. 사실이 그런 걸까요?

민주화운동이 넓은 범위의 국가 안으로 통합되
었을 때 생길 수 있는 문제라 할 수 있겠죠. 기념사
업회의 조직 논리라 할까 아니면 사업의 결정 과정
에서 관료적 접근과 일단 일을 벌여 놓고 보자는 운
동적 접근이 결합하여, 성급하게 일을 추진한 것이
아닌가 합니다. 제 사건과 관련해 나의 박사 논문을 지도했던 하버마스
교수의 판단은 단호했죠. 그분은 당시 독일 외무성과 서울을 급히 찾아
전반적 상황을 살피고 돌아간 나의 동료 크리스만스키 교수의 보고를 듣
고 내가 국내의 여러 정치 사회 세력들의 놀이공(Spielball)이 되고 있다고
판단했지요. 특히 보수적 야당과 언론, 공안 세력은 노무현 정부를 공격
하는 데 나를 이용하고 기념사업회의 경우엔, 나쁜 의도로 나를 초청한
것은 분명 아니었지만 객관적으로는 책임 있는 역할을 하지 못했다고 판
단했지요.

● 좀 다른 이야기가 되겠습니다만, 당시 사태 전개를 추적해 보니 10월 2일 자성의 글
을 발표한 기자회견과 10월 14일 국적 포기를 발표한 기자회견을 둘러싼 논란이 많았더
군요. 그런데 이것이야말로 국가보안법 체제에 '선처를 호소한다'는 문법의 전형 아닌
가요? 국가보안법을 반대하는 것이 아니라 국가보안법 체제를 수용하지만 정상을 참작
해 달라 이런 태도이니까요. 보기에 따라서는 사실상의 전향서 비슷한 것이기도 하구요.
더 비극적인 것은 그렇게 호소했음에도 불구하고 여론은 더 나빠졌고 결국 구속되고 말
았지요. 많은 사람이 "역시 뭔가 구린 게 있으니까 저러지" 했고, 진보파 사이에서도 "비
굴한 태도"라며 비난하는 소리가 커졌죠. 김규항 씨는 당시 상황을 "국가보안법을 찬성
하는 자들과 반대하는 자들이 아니라, 국가보안법을 찬성하는 자들과 인정하는 자들이
싸움을 벌이는 형국"이라 비판하고 나서기도 했고, 박래군 씨 등 인권운동가들도 국가

보안법에 투항하는 것이라며 항의했더군요.

제 개인적으로 그 문제를 가장 가슴 아프게 생각합니다. 특히 제 아내가 당시 절대 안 된다며 반대했지만, 결국 그렇게 되었어요. 당시 나는 너무 지쳐 있었고 제 주변에 있는 많은 사람이 이를 종용하는데 냉정하게 판단하지 못했어요. 내 아내의 판단이 옳았다고 생각하고 있어요. 특히 국적 포기 선언은 참 처참한 일이었어요. 한국에서 자란 20년의 기간보다 훨씬 긴 시간 동안을 독일에서 살았는데, 제 진심을 증명하기 위해 '국적을 거는 것'은 그야말로 '한국식'이 아닌가 싶어요. 독일 국적을 포기하면서까지 책임을 지는 비판적 지식인의 모습을 보여 주어야 한다는 당시의 상황 논리도 일리는 있지만, 합리적인 대응 대신 국민 정서에 호소하는 방식으로만 나간 것은 좀 무리였다 싶어요. 사실 국적을 바꾸는 것이 우리가 원하는 일이었다고 해도, 우리 맘대로 국적을 바꿀 수 있는 것이 아니기도 하고요. 독일 국적을 버리고 한국 정부에 국적 승인을 요청하고 그 승인을 위해 투쟁한다? 무국적자가 되더라도? 글쎄요. 아무튼 국적 포기 선언은 독일 정부의 개입을 어렵게 한 반면, 한국의 검찰과 법원은 외교적 마찰에 대한 걱정 없이 나를 자유롭게 다룰 수 있게 해 주었지요.

● 10월 8일 『한겨레신문』에 게재된 황석영 씨 칼럼을 보니, 변호사 요청으로 10월 1일 선생님을 만난 이야기가 나오더군요. 황석영 씨는 선생님께 "공개적으로 '전향'할 뜻을 발표할 것"과 "대국민 사과를 하고 영구 귀국 의사를 표명하라"고 했다면서요. 아마도 당시 국정원이 "진지한 반성"을 전제로 공소보류 의견을 검찰에 제출한 것에 부응하려 한 것으로 이해됩니다만, 아무튼 이것이 사실이라면 "대국민 사과-공개 전향-영구 귀국"

의 방안이 국정원 조사를 마치는 단계에서부터 검토되었다는 말이 됩니다. 그리고는 보름 정도 지난 10월 14일, 사회 원로들이 국민의 포용과 법의 선처를 부탁하는 자리에서 선생님께서는 대국민 사과와 함께 '대한민국 법규를 준수한다'는 것과 '독일 국적을 포기한다'는 약속을 공개적으로 하셨는데요. 또 "'경계인'이라는 표현이 회색분자로 오해를 받는다면 더는 사용 않겠다"는 말씀도 하신 걸로 알려졌고요. 그런 내용의 기자회견을 꼭 했어야 했나요? 우선 그때 기자회견 하면서 읽은 발표문은 직접 쓰셨나요?

사실 난 입국하고 나서 국정원 조사에 계속 시달려 몸을 가눌 수 없을 만큼 지쳐 있었고 뭘 쓸 수 있는 정신 상황이 아니었어요. 누구누구가 그런 요구를 했는지도 정확히 기억나질 않아요. 12일 기자회견을 하기로 한 전날로 기억되는데요. 여러 사람이 숙소로 몰려와서 장시간 설전이 오갔죠. 새벽까지 시끄러웠어요. 그러나 10월 12일에 계획한 기자회견은 아내의 강력한 반대로 일단 무산되었지요. 그러나 이틀 후인 10월 14일, 우리는 어떻게 달리할 수 없는 상황에서 기자회견에 임할 수밖에 없었지요. 아무튼, 9월 말 국정원 조사가 끝날 무렵부터 기자회견을 해서 그런 선언을 해야 한다는 논리는 계속 있었어요. 한국인의 정서에는 그런 식으로 호소해야 한다는 의견도 있었지요. 내 아내에게도 좀 눈물로 호소하지 그러냐며 그래야 효과가 있다는 무언의 압박이 있었어요. 하지만 아내는 단호했죠. 비굴해야 할 이유도 눈물을 보여야 할 이유도 없다는 거지요. 그런 아내를 옳게 한 것은 조중동도 아니고
검찰도 국정원도 아니었어요. 기자회견을 열어 국적 포기 선언을 발표하기로 결정이 났을 때 아내는 항의하면서 울었지요. 사건이 오래갈수록 보수 세력과 싸우고 있는 노무현 정부에게 부담으로 작용한다고 걱정하는 사람도 있었고요. 반대로 절대 추방은 되지 말아야 한다며 처벌받더라도 한국에 남아 싸워야 한다는 주장도 있었고요. 또 국정원이나 검찰 측 분위기를 전하는 사람도 있었어요. 오래 알고 지낸 한 젊은 정치학자는 검사들을 대상으로 강연을 하고 왔다면서 그렇게 하면 검찰 측은 기소유예할 생각이 있는 것 같다고 전하기도 했지요. 나를 걱정해서 그렇게 했겠지만, 지금 생각해 보면 너무 순진한 발상이 아닐 수 없지요. 그런데 내가 지금도 이해하지 못하는 논리가 있어요. 그건 나 때문에 그간 민주화운동이나 진보운동의 성과가 훼손되었다며, 아무튼 내 사건이 빨리 무마되어야 하고 그러려면 국적 포기 카드라도 내놓아야 한다는 주장이었어요. 막상 그런 말을 들을 때는 미안한 마음도 생겼지만 그보다는 군사독재에 타협하지 않고 살아온 나의 삶이 부정당하는 것 같은 억울함과 동시에 비통함을 느꼈어요. 아무튼, 그렇게까지 했는데도 구속이 되었어요. 한 평의 독방에 갇히게 되었는데, 그때부터는 국가보안법 체제에 어느 정도 맞설 수 있는 의지도 공간도 생겼지요. 나 혼자 생각할 기회가 주어진 것이지요. 역설적이지만, 구속되고 나서야 비로소 스스로 생각하고 결정할 수 있는 자유의 틈을 가질 수 있었어요.

● 참 안타까운 일입니다. 손호철 교수는 『한국일보』에 실린 한 칼럼에서 당시 진보 진영의 분위기를 이렇게 전하더군요. "진보 진영은 송 교수의 혐의들이 그동안 어렵게 쌓아 놓은 진보 진영의 도덕성에 먹칠을 했을 뿐 아니라 다 죽어가던 국가보안법을 다시 살려 주게 됐다고 한숨을 내쉬어야 했다. 특히 일부 비판적인 사람들은 송 교수가 북한 노동당 가입 원서를 쓰는 등 개인적으로 문제가 많으면 스스로 알아서 귀국을 말 것이지 쓸데없이 귀국해 공안 당국을 도와주는 '이적행위'를 저질렀다고 비분강개했다"고 말입니다. 홍세화 선생도 『한겨레신문』 좌담에서 "말로는 국보법 비판한다 하면서, 지식인들

조차 그걸 이미 내면화하고 있는" 것을 지적했죠. 진보적인 사람들도 국가보안법 체제로부터 벗어나 문제를 객관화해서 볼 수 없었다면서요. 한 개인은 자신의 행위가 타인에게 미친 객관적 결과에 대해서만 책임을 질 뿐, 그가 가진 사상과 종교, 양심의 자유는 그 누구에 의해서도 침해될 수 없고 온전히 그의 자율적 영역의 문제라는 자유주의의 기본조차 완전히 파괴되는 일이 벌어진 거군요. 국가보안법을 악법이라고 말하는 것은 바로 그 때문인데, 현실에서는 실제로 잘 인식되지도 실천되지도 못한 것이 아닌가 합니다.

국가보안법 체제하에서 자신도 모르게 굴절된 인식들을 우리 모두 조금씩 갖고 있었던 셈이지요. 정치의 제도와 형식이 민주화되었다고 기념하고 보상하자고 하면서 자족할 일이 아니었던 것 같아요. 우리의 인식도 언어도 행동도 민주화가 더 되어야 했었는데, 이런 문제의 중요성이 고려되지 않은 것이지요. 아무튼, 나는 다소 비싼 비용을 치르고 한국의 민주화가 어떤 구조나 조건 위에서 이루어졌는지, 지금 어떤 정신 상황인지, 그 한계는 무엇인지를 잘 알게 되었지요. 적어도 구속된 다음부터는 나의 정신을 지키고 생각하고 결정하고 대응할 수 있었다고 생각해요. 그 이전까지는 정말 악몽 같은 시간이었지요.

● 그런데 선생님은 구속 기소된 후 검찰에서 조사를 받을 때 수갑뿐 아니라 포승에 묶인 상태로 조사받으셨더군요. 당시 밖에서는 검찰에서 이런 식으로 조사받고 계실 거라고 아무도 상상하지 못했어요. 결국 소송을 제기하셨고 그 결과 그런 야만적 제도가 폐지되었지요. 역설이지만, 그 덕분에 검찰에서의 조사 환경이 적어도 제도적으로는 개선될 수 있었습니다. 그 과정이 궁금합니다만.

우선 내가 수갑과 포승으로 묶인 채 조사를 받았던 사실을 구치소로 면회 온 아내에게 말했죠. 아내는 너무 놀랐어요. 아내는 변호사에게 그 문제를 상의했더니 '관행'이라는 대답을 듣게 되었답니다. 이 충격적인 대답을 듣고 난 아내는, 구치소로 남편을 찾은 대한변협 관계자들에게 사실을 이야기하고 도움을 요청했다더군요. 그렇게 해서 대한변협 인권위가 개입했고 항의와 소송을 거치면서 해결되었지요. 담당 변호인단이 계구사용 위헌 헌법소원, 변호인 참여권 침해와 계구사용 손해배상 소송 등을 제기 했어요. 송호창 변호사를 중심으로 담당 변호인단이 애를 많이 썼어요. 한번은 길승흠 선생이 검찰에서 내 사건에 관련된 참고인 조사를 마치고 나를 찾으셨답니다. 제자 중에 저를 담당하는 검사가 있었지요. 그때 나는 창문도 없는 지하 방에 대기 중이었는데 추운 곳에 있다가 검사실에 불려 가니 콧물은 줄줄 흐르는데도 팔이 묶여 있어 닦지 못하고 있었죠. 그런 나를 보고 길 선생님이 어찌나 안타까워하시던지. 아무튼, 한동안은 계속 그렇게 묶여 심문을 받았지요.

● 아무리 생각해도 우리 현실에서 법치라는 말이 가능한지 회의적일 때가 많습니다. 검찰 조사 과정은 어땠나요? 수갑에 포승까지 묶어서 조사할 정도라면 물론 예상은 됩니다만.

무엇보다도 검사들의 수준에 놀라지 않을 수 없었어요. 그들이 보는 세상은 그렇게 단순할 수가 없어요. "아직도 김일성을 존경하느냐"는 질문을 해대질 않나. 계속 그런 식의 취조였어요. 한

번은 하도 논리가 안 되는 억지 추리를 강요해서 제발 '대들보를 세울 자리에 팔꿈치 대는 어리석은 짓은 하지 마라' 충고했지요. 검찰 조사 초기에 준법서약서, 더 정확히 말하면 전향서인데, 그것을 자꾸

요구해요. 그러기에 헌법을 준수하겠다는 서약은 할 수 있어도 그 하위 법인 국가보안법을 준수하겠다는 약속은 할 수 없다고 그랬지요. 법치를 실천하는 일이야말로 가장 보편적인 기준과 절차적인 정의에 따른 것이어야 함에도 체제 이념에 순응하고 잘 보이도록 노력하라 요구하는 거잖아요. 처벌의 기준이 '개전의 정'이 있느니 없느니 그래서 '괘씸' 하니 안 하니 하는 수준이니 엄밀히 말해 법치라 할 수 있는 정도를 넘어선 거죠. 뿌리 깊은 권위주의적 태도가 아닐 수 없었어요. 고등학교 때까지 입시 준비에 전념하고 대학 와서 또 고시공부에 전념하고 그래서 검사가 되는 법관 충원 제도가 얼마나 큰 문제인가를 실감했어요. 그때 내 사건을 지휘하던 사람은 박만이라는 당시 서울중앙지검 1차장이었어요. 이 사람이 그 후 법복을 벗게 되었는데 최근에 KBS 이사로 추천되었다고 해요. 어떻게 한국 사회가 그 지경까지 된 것인지 안타깝습니다.

● 많은 사람이 언론, 대학, 교회와 함께 가장 개혁이 어려운 영역 중의 하나로 검찰을 들고는 합니다. 그런데 다른 부분은 모두 사적 영역인 데 비해, 검찰은 명백히 '민주적 통제'에 따라야 할 국가기관이라는 점에서 검찰이 좋아져야 하는 이유는 더 절박해 보입니다. 재판 과정에서 만난 판사들은 어땠나요?

1심 판사는 말할 가치조차 없는 사람이었지요. 검찰 측 증인은 모두 비공개로 하면서 이들로 하여금 말도 안 되는 내용의 이야기를 자유롭게 하게 했지요. 게다가 심리의 진행에서 법의 논리를 준수하지도 않아요. 법적 판단이 아니라 자신이 가진 선입견에 맞춰 법을 적용하는 것 같았어요. 결국, 7년 형을 선고하더군요. 독일에 생활 근거지를 갖고 있는 내 나이의 사람에게 7년은 곧 사형선고나 다름없지요 하지만, 2심 판사에 대해서는 다른 인상을 갖게 되었어요. 일단 사건의 실체를 나름대로 조사하고 양측의 의견을 말할 기회를 공정하게 주었어요. 물론 그렇게 하는 것이 당연한 일이지요. 그런데 내가 좀 다른 인상을 받은 것은, 그 이전까지 한국 검찰과 법원을 통틀어 그런 처우를 전혀 받지 못했기 때문이었지요.

● 2심 선고를 앞두고는 어떠셨나요? 판결 결과를 어느 정도 예상하셨나요?

후에 들으니 60명이 넘었던 내 변호인단 중에서는 단 2명만이 석방 판결을 예상했다고 해요. 아무튼, 모두 3심까지 간다고 생각했죠. 하지만, 난 새벽에 일어나 감방에서 짐을 쌌어요. 그 전날 밤 꿈에 감방 창 밖에 있는 어린 비둘기가 풀쩍 날아오르더군요. 느낌이 좋았어요. 물론 석방 판결이 내려지지 않아도 항소할 생각은 없었어요. 만약 그렇다면 더는 한국의 사법부에 처분을 맡기는 일은 하지 않겠다고 생각했어요. 최병모 변호사와 임종인 의원이 면회를 와서 같은 취지의 이야기를 하더군요. 2심에서 석방이 안 되더라도 상고하는 것보다는 석방 투쟁으로 나가자는 것이지요. 저도 같은 생각이었어요. 어떤 경우든 구치소는 떠난다고 생각했죠.

● 사실 밖에서도 2심에서 석방되리라 예상한 사람은 많지 않았습니다. 2심 공판에서 선고가 내려질 당시는 어땠나요?

판결이 내려지자 송호창 변호사와 진선미 변호사가 눈물을 흘리던 일이 기억이 납니다. 재판정에 꼭 자리를 지키고 계셨던 이돈명 변호사님, 책임 변호인을 맡아 주었던 김형태 변호사를 포
함해 다른 변호사 분들에게도 모두 감사하지만, 그
날을 생각하면 그 두 변호사가 감격의 눈물을 흘리
던 모습이 떠올라 가슴이 저려요. 정말 고생했죠. 참
헌신적인 변호사가 많이 있었지요. 어디 변호인단
뿐이겠어요. 김세균 선생을 포함한 석방대책위 분들, 그리고 청년 학생
모임인 Saving Song, 유럽과 미주에 있었던 해외 대책위 분들, 뮌스터대
학의 나의 학문적 동료들, 일일이 다 거명할 수는 없지만 고생을 마다하
지 않았던 그 많은 분에게 좋은 소식을 전할 수 있겠구나 하는 기쁨이 앞
섰어요. 민주화운동기념사업회 분들도 어찌 되었든 마음고생 많았을 텐
데, 이 판결로 해소가 되지 않을까 하는 생각도 했지요. 그리고 무엇보다
도 진짜 죽을 고생을 한 아내와, 나의 구속 때문에 인생 계획에 어떤 차질
이 발생할지도 모르는 두 아들에게 더는 부담을 주지 않게 되었다는 사
실 때문에 더 기뻤어요.

● 구치소를 나오시면서 무엇보다도 '썩은 내 나는 신문'을 질타하셨지요?

　　그래요. 그 때문에 일부에서는 내가 또 문제를 일으킨다며 걱정 반
질책 반 했다고 해요. 하지만, 적어도 난 그렇게 말할 수밖에 없었어요.
한국의 언론은 지금과 같이 세계화되고 정보화된 사회에서도 마녀사냥
이 얼마든지 가능하다는 것을 온 세상에 보여 줬어요. 지식인이라면 당
연히 비판하고 저항해야 한다고 생각해요. 오히려 그런 비이성적 신문들
이 언론이라는 공론장을 지배하도록 방치된 현실이 부끄러울 뿐이지요.
많은 사람이 나에게 투사의 이미지를 투영하는 것 같아요. 내 철학과 내

삶은 그와는 거리가 멀지요. 하지만, 저항이 필요하다면 그렇게 했고 앞으로도 그래야 한다고 생각해요. 적어도 '다름을 말할 공간'을 인정하지 않는 한국의 전체주의 언론과는 분명히 그래야 한다고 생각해요. 내 경우에 그건 생존권과 같은 것이었어요.

● 당시 언론만이 아니라 여러 지식인 역시 승냥이처럼 물고 뜯어댔지요. 차라리 법의 논리만으로 공격했다면 그래도 덜 했을 텐데 개중에는 거의 극단적 인신공격의 수준을 보여 준 사람들이 적지 않았지요. 이 점에서는 일부 진보적으로 알려진 매체들도 마찬가지였다고 생각해요. 평소에는 괜찮은 지식인으로 알려진 사람들도 그런 경우가 많았어요. '솔직히, 있는 대로, 당당하게 다 털어놓으라' 이런 식이었지요. 보수파든 진보파든 사람의 머릿속과 내면을 투명하게 드러내 놓기를 요구하는 전체주의적 속성을 드러낸 경우가 많았습니다. 그중에는 평소 알고 지내던 분들도 있었을 것 같은데요?

당시 언론이 만들어내는 논리나 담론에 동원되어 요설을 설파한 이들에 대해서는 누가 무어라 해도 나는 그들을 지식인이라고 생각하지 않아요. 지식인은 먼저 진실에 대한 열정이 있어야 하지요. 내 사건의 핵심은 수사기관이나 언론이 흘린 의혹들이 사실이냐 아니냐에 대한 것이 아니라, 사태의 진실이 무엇이냐에 대한 것이었습니다. 진실은 이데올로기가 아니고, 또 내 생각이나 머릿속에 들어 있는 그 무엇이 아니죠. 나를  도덕적으로 규탄하고 이상한 사람으로 만든다고 해서 이 사건의 진실은 사라지지 않아요. 나도 인간이기 때문에 실수할 수 있고 잘못한 점이 있을 수 있어요. 그러나 이 사건의 핵심은 개인적으로 내가 가진 문제와는 완전히 무관하게, 국가보안법이라는 시대착오적 폭력이 한 인간을 위험으로 몰아넣고 사회 대부분 사람의 의식세계를 마취시켜 버렸다는 데 있어요. 개인의 인권과 시민사회의 윤리적 기반을 근본적으로 위협한 국가보안법 체제가 문제의 핵심이었지요. 누구도 이 평범한 진실을 부정할 수는 없어요. 그러나 이 문제에 대해 제대로 대면하지 못한 지식인이 뜻밖에 너무 많았던 것 같아요. 한국 사회에서 분단과 통일을 말하고, 진보적으로 알려진 대표적인 지식인 중에도 진실을 보지 못하고, 내 사건의 본질을 의심의 시각으로 외면하고 회피한 사람이 많았어요. 심지어 독일의 내 집에 왔다 갔던 사람 중에 나를 안다는 사실조차 부정한 사람들도 있었어요. 진실을 보기 두려워하면서 어떻게 지식인으로 행세할 수 있는지, 나는 지금도 그들을 응시하고 있어요. 점점 참된 지식인을 만나 보기 어려운 현실이 안타까워요.

● 그런데 말입니다. 선생님께서 안과 밖의 배타적 진영 논리를 거부하고 제3의 창조적 공간으로서 경계의 철학을 발전시켜 왔는데, 실제 한국에 왔을 때 그런 공간은 허용되지 않았습니다. '그럼에도 불구하고' 경계의 철학이 필요한 건가요, 아니면 '그렇기 때문에' 필요하다는 것인가요?

우선 '그렇기 때문에' 필요합니다. 경계의 철학을 말하는 근거에는 바로 경계의 공간이 억압된 현실의 문제가 있기 때문이지요. 그렇지 않고 진영 논리외 전선외 개념으로 해결할 수 있다면 경계의 철학은 그만큼 덜 요구되겠지요. '다름의 공존'과 '과정으로서의 변화'를 존중하는 것이 내 철학의 핵심인데 한국 현실에서 이 두 가치는 절대적으로 요청된다고 봐요. 내 사건의 경험을 통해 나는 이를 더욱 확신하게 되었어요. 또 '그럼에도 불구하고' 필요하기도 합니다. 제아무리 극단적 양자택일의 논리가 지배하고 적대의 최대 동원이 다투어지는 현실에서도 공간의 창출은 가능하다고 보기 때문입니다. 독방에 갇히고 나서 나는 그 한 평의 면적이 세계시민사회의 관심과 참여가 흘러 들어오는 '흐름의 공간'으로 변하고 있다는 사실을 실감했어요. 내가 잃은 것이 많은 게 사실이지만, 얻은 것도 아주 많아요. 이름도 얼굴도 알지 못하는 분들로부터의 진심 어린 걱정과 격려를 들었을 때 나는 그때마다 가슴 뭉클한 인간적 연대감을 느꼈습니다. 무엇보다 값진 체험이지요. 인간의 세계는 모든 가능성과 희망이 닫혀 있다고 느끼는 순간에도 새로운 가능성을 예비해 놓고 있는 곳이지요. 그런 점에서 나의 철학은 낙관으로의 출구를 늘 갖고 있어요. 나는 이 책을 경계의 공간을 다시 열어 가기 위한 새로운 출발점으로 삼고 싶어요. 이 책이 또 그렇게 이해되었으면 합니다.

● 끝으로 송두율 사건이 어떻게 기억되기를 바라시는지, 한국에서 초청이 있으면 응하실 생각은 있으신지 여쭙고 싶습니다.

기본적으로 '송두율 사건'은 제 개인으로 국한되는 문제가 아니라고 생각합니다. 이 사건을 만들었고, 거기에 참여했고, 결과에 영향을 미친 사람과 세력, 이념은 무수히 많았지요. 이제 그때의 사건으로부터 일정한 거리감을 갖게 되었으니, 다시 돌아볼 수 있는 여유는 있는 것이 아닌가 생각합니다. 어느 사회든 반성과 성찰의 과정은 미래를 위한 가장 중요한 투자가 아닐 수 없죠. 그런 차원으로 이해되고 기억되었으면 하고, 그건 나 자신에게도 해당된다고 봅니다. 한국에 다시 가는 문제는, 글쎄요. 우선 그런 문제를 고민하게 되는 상황이 온다면, 전보다 더 심리적으로 어려운 선택이 되겠지요. 반드시 돌아가야 한다는 그런 생각이 있는 것은 아닙니다만, 남한이든 북한이든 자유롭게 다니며, 가르치고 대화할 수 있었으면 좋겠다는 바람은 늘 있지요. 기본적으로 이분법적 이념이나 편견, 단순논리에 의해 희생되지 않고 좀 자유로워졌으면 좋겠습니다. 한국에 다시 가고 싶으냐 아니냐 하는 문제가 중요한 것이 아니라, 갈 수 있느냐 아니냐가 여전히 내겐 더욱 절실한 문제입니다.

대담을 마치기 전에

대담 사이사이에 송두율 교수의 부인 정정희 여사가 덧붙인 내용이 많았다. 우석훈 박사는 "송 교수는 하버마스의 제자이기 전에 베테랑 사서 정정희 씨의 남편"이라 표현한 적이 있다. 그만큼 독일 사회에서 종합대학의 전문사서라는 위치는 매우 특별하기 때문이다. 그런데도 '박봉의 사서 월급으로 생계가 어려워 북한 공작금을 받아 썼다'는 식의 주장이 국회의원의 입을 통해 언론에 보도되었으니, 한국의 보수가 갖는 문제는 이념적인 차원에만 있는 것이 아니라 자신의 무식도 거리낌 없이 드러낸다는 데 있는 것이 아닌가 하는 생각이 들었다. 그녀의 이야기 중에서 정신이 번쩍 드는 아픈 지적이 많았다. 그 몇 가지를 적어 둔다. 그 밖에도 기록해 두었으면 하는 이야기들이 적지 않았지만, 이것만으로도 우리가 그때 그 사건을 다시 되돌아보아야 할 충분한 이유가 되리라 믿는다.

"남편이 구속되고 나서 원룸을 구해 들어갔어요. 옆집에 누가 사는지도 모르는 낯선 건물인데다 벽이 어찌나 얇던지 옆집에서 나는 소리가

다 들렸어요. 가까운 분이 이불을 갖다주고 갔는데 잠을 잘 수가 없었죠. 어떻게 이런 처지까지 내몰리게 되었는지, 억장이 무너지는 기분이었어요. 이불을 뒤집어쓰고 밤새 엉엉 울었어요. 정말 엉엉 울었어요. 서울에 대한 내 기억은 이런 것들로 꽉 차 있어요."

"한번은 국회 앞에서 1인 시위를 했어요. 그날따라 영하 17도에, 체감온도가 영하 35도였던 몹시 추운 날이었지요. 그런데 한 기자가 내게 1인 시위를 매일 하실 거냐고 물어요. 내가 매일 이렇게 시위하길 바라느냐고 되물었지요. 그 추운 날씨에도 혼자만의 시위를 계속하도록 압박받는 상황에 우선 분노할 수밖에 없었지요. 그들은 민주화된 사회에서 살고 있다는 착각 속에 있고 이건 우리 가족의 문제로 인식하는 것은 아닌지, 현실적으로 존재하는 분명한 모순에도 대다수 사람이 무감각해졌다는 사실에 정말 큰 충격을 받았습니다. 많은 사람은 국가보안법이 자신과는 무관하고 우리와 같은 특정인의 일이라고 생각하는 것이 바로 큰 문제지요."

"독일에서 영향력이 가장 큰 신문의 기자가 취재를 위해 서울에 와서는 남편을 면회했지요. 7년 징역의 1심 판결이 떨어진 날이었어요. 면회가 끝나고 그는 내게 외신기자들과의 회견이 아주 중요하다고 강조하더군요. 나와 둘째아들 린은 서둘러 외신기자회견을 했지요. 우리는 국제사회에서 계속 지탄을 받고 있는 국가보안법이 여전히 위세를 떨치는 대한민국의 현실을 우리 사건에 비추어 구체적으로 설명했습니다. 국가보안법과 민주 사회가 공존한다는 것은 흡사 '원형의 사각형'을 이야기하는 것과 마찬가지지요. 다음날 남편을 면회하고 나서 아들 린과 함께 숙소로 돌아오는데 웬 시커먼 대형차가 숙소 앞에 서 있고 그 앞에 건장한 체격의 남자가 선글라스를 끼고 서서 우리를 노려보고 있어요. 긴장 속에서 벌어진 얼마간의 무언의 대치가 끝나자 그자는 성난 듯 차를 몰고 휭하니 사라져 버리더군요. 아마 전날 있었던 외신기자회견 때문에 겁을 주려고 했던 것이 분명합니다. 그 기자회견 내용이 해외의 여론에 큰 반향을 일으켰기 때문이지요. 우리의 낯선 서울 생활은 그런 식으로 불안불안 했지요."

"많은 사람이 남편을 격려한다면서 '송 교수님은 이제 개인이 아닙니다. 국가보안법 철폐를 위해서 끝까지 투쟁해야 합니다'라고 말했지요. 물론 국가보안법 철폐라는 대의를 위해 개인의 희생이 어느 정도는 불가피하겠지요. 하지만 운동이 개인의 희생을 통해 이루어지는 방식에 대해서는 깊이 생각해 봤으면 해요. 한국 사회의 민주화를 위해 외국에서 30년 동안이나 외롭게 투쟁한 사람이 귀국해서 감옥에 갇히는 심각한 상황에서 우리 가족이 겪는 어려움에 대해 그분들이 다 이해하기는 힘들었겠지요. 함께 투쟁하면서도 서로 다른 삶의 공간과 경험 때문에 느끼는 차이를 인정하는 문제에 대해 좀 더 진지하게 생각할 때가 되지 않았나 싶어요."

"남편은 구속되기 전까지 사실 조금 흔들렸어요. 남편은 언제나 그렇듯이 상대방의 처지를 항상 신중하게 고려하는 성격 때문에 당시에도 초청했던 분들의 입장을 먼저 배려했었지요. 내가 잘못된 문제를 지적하면 남편은 조금 참으라고 만류했지요. 주변 사람들도 나에게 문화와 정서의 차이라고 자주 말하더군요. 물론 그런 면도 있겠지요. 그러나 나는 문제가 있다고 생각하는데도 주변의 이목 때문에 무조건 따라야 하는 것이 한국의 문화와 정서라면 거기에는 선뜻 동의할 수 없어요."

"남편이 석방되어 독일로 함께 다시 돌아오기 전에, 어떤 한 분이 '자식들의 고생을 생각해 보면 송 교수님은 맛만 보고 떠나십니다'라고 말하더군요. 물론 그분이 말하고자 하는 의도도 잘 알고 있습니다. 우리도 항상 국내에서 많은 젊은이가 민주화를 위해 치른 큰 희생을 정말 고귀하게, 또 가슴 아프게 생각합니다. 하지만 한국에서의 그 일 년이 너무 힘들다 보니 좀 서운했어요. 더 분발해서 미래의 고통을 가시게 할 수 있도록 함께 노력해야겠지요."

대담을 마치며

송 교수는 어떤 문제든 철학적으로 이해하고 다루는 데 익숙했다. 어떤 주장에도 격렬하게 반응하는 경우가 없었다. 2004년 사망한 이탈리아의 대표적인 철학자 보비오(Norberto Bobbio)는 타인에 대한 태도에서 온유함(meekness)의 중요성을 강조한 바 있었는데, 송 교수는 이 가치를 잘 실천하고 있는 것으로 보였다. 대담을 계속하면서 송 교수가 가진 이런 인간적 실제(reality)와 우리 사회가 그에게 부과한 어떤 경직된 이미지(image) 사이의 격차가 오히려 이상해 보였다. 보이는 것을 믿지 못하고 당연한 것을 의심하는 우리 사회의 문화적 불구성이 자꾸 머리에 떠올라 나를 괴롭혔다. 한참 이야기를 나누다 보면 정정희 여사의 눈에는 가끔 눈물이

글썽거렸다. 그때 한국에서 경험했던 일들을 기억하게 되면 그녀는 늘 그렇게 눈물이 앞선다고 했다.

송 교수가 독일로 돌아간 다음 우리 모두 이 사건으로부터 자유로워졌다. 사건으로부터 다들 떠나 버린 것이다. 관련된 모든 활동과 논의는 종결되었다. 그 어떤 비판적 성찰이나 평가도 뒤따르지 않았다. 이 사건을 '송두율 개인의 사건'으로 간주했지 '한국 사회의 문제'로 받아들이지 못했다는 것을 이보다 잘 보여 주는 예도 없을 것이다. 우리들 사이에서 송 교수의 석방은 그저 '잘 된 일'로만 정의되었고, 그의 출국은 모두를 '홀가분하게 만든 일'로 되었다. 한국 사회는 다시 그전으로 돌아갔다. 한 개인이 '민주 인사'로 초청되어 간첩이라는 부당한 혐의로 10개월간 반인권적 인신 구속 상태로 있었는데도, 누구도 이 사태에 대해 항의하지 않았다.

독일에서의 대담을 마치고 한국에 돌아온 뒤 몇몇 지인들에게 대담초안을 보여 주었다. 반응은 크게 두 종류로 나뉘었다. 한 부류는 진정으로 안타까워하는 반응이었다. 부끄러워진다고 표현하는 사람도 있었다. 또 한 부류는 지금에 와서 그 일을 아프게 기억하게 하는 것이 도움이 될까를 되물었다. 당시 노무현 정부에 대해 검찰과 보수언론이 총공세를 펼치려 하는 데 빌미가 되어 희생되었다는 나름의 객관적 분석을 하는 사람도 많았다. 어찌 되었든 송 교수의 책임이 크다는 의견을 덧붙이는 사람도 많았다.

대담을 정리하면서 우리는 송두율 교수의 귀향을 막고 있는 것은 국정원도, 검찰도, 보수 세력도, 국가보안법도 아닌 우리 자신일지 모른다는 생각을 했다. 국가보안법 유지를 주장하고 송 교수의 처벌을 요구하는 세력과는 싸울 수 있고 그러면서 인간의 자유의지를 발양할 수도 있겠지만, 그때의 그 '불편한 진실'을 제대로 대면하지 않으려 하는 우리는 끊임없이 문제로부터 도망쳤기 때문이다. 송 교수 부부는 한국 사람을 대할 때마다, '혹시 저 사람도 나를 북한 노동당원이나 거짓말쟁이로 보고 있지 않을까?' 신경을 쓰는 것 같았다. 무의식적이겠지만, 자꾸 자신을 설명하려 했다. 그런 모습을 지켜보면서, 심리적으로 얼마나 힘들까 하는 안타까움이 밀려왔다. 송 교수 부부는 한국에서 자신들을 도왔던 많은 사람에게 진심으로 고맙다고 말했다. "정말 고마웠어요"를 여러 번 말했다. 왜 그들이 고마워해야 할까? 오늘 우리는 '고마움을 강요받고 있는' 송 교수 부부를 여전히 망각하려 애쓰고 있는지 모른다.

1982년 만들어진 〈욜〉(YOL)이라는 터키 영화가 있다. 그해 칸영화제에서 황금종려상을 받았다. 가혹한 독재체제하에서 5일간 가석방 출옥의 혜택을 받은 5명에 대한 이야기를 다루었다. 그 중 한 사람은 정부군에 의한 처남의 죽음을 외면하고 도망가다 잡힌 사람이다. 가석방되어 찾아간 그에게 처가에서는 형제의 죽음을 외면했다는 이유로 아내와 만나지 못하게 한다. 몰래 만난 그의 아내는 '너무 무서워서 도망쳤다'는 남편의 진심을 확인하고 함께 떠난다. 이어지는 낡고 어두운 밤기차 안의 한 장면, 군인들은 총을 들고 들어와 남자들을 수색하고 신분증을 확인한다. 사람들은 당연한 듯 묵묵히 명령에 따른다. 이들이 지나가고 모두 잠든 사이, 이 가난한 부부는 기차 화장실에 몰래 들어가 사랑을 확인하다 다른 승객에게 발각된다. 그 조용했던 승객들이 모두 일어나 부도덕하다며 욕설과 야유를 퍼붓는다. 이윽고 뒤따라온 처가 식구가 부부를 살해한다. 이 장면을 통해 감독은 터키 민중에게 이렇게 묻는 것처럼 보인다. 부부의 부도덕한 짓을 비난하는 것과 군부독재에 침묵하고 순응하는 것 사이에서, 당신은 무엇에 저항하고 무엇에 분노하고 있는가?

가끔 도덕의 기준이란 것이 억압 체제에 저항하지 않는 사람들의 알리바이가 되기 십상이란 사실을 우리는 기억해야 할 것이다. 2003년 가을, 한국 사회의 많은 사람이 송 교수의 도덕성과 거짓말을 물고 늘어졌다. 그러는 사이 국가보안법은 당연한 것이 되었다. 모든 것은 송 교수가 솔직히 말하지 않았기 때문이라는 논리 아닌 논리가 흡사 집단적 가학 행위를 정당화하듯 아무렇게나 이야기되었다. 한국 사회의 그 높은 도덕적 기준을 우리는 자랑해야 할까? 체제의 문제를 개인의 도덕 문제로 환원함으로써 가장 부도덕한 사회적 결과를 낳고 있는 것이 진짜 문제라는 것을 증언해야 하는 것은 아닐까?

사회와 역사에서 모든 중대 사건이란 복합적 구조를 가지며, 따라서 하나의 해석만이 존재할 수는 없을 것이다. 그렇다고 시각의 차이를 가르는 권위적 해석자를 찾아 논란을 일거에 해소하기를 기대하는 것은 성급한 일일지 모른다. 사태의 객관적 실체에 대한 접근을 더 구체화하려는 노력은 계속되어야 하겠지만, 우선은 그의 이야기와 호소에 관심과 함께 응답하는 것이 인간과 공동체에 관련된 한 사안에 대해 우리가 보여야 할 윤리적 자세라 생각한다. 대담을 마치고 한국으로 돌아오는 비행기안에서 내내 편집자로서의 응답은 어떠해야 하는지 스스로 묻고 또 물었다. 그의 귀향이 온전하게 되는 날이 있기를 바라며.

대담 진행: 박상훈(후마니타스 주간), 김용운(후마니타스 기획위원)

부록 | 한국 사회가 송두율을 만났을 때

사태 전개의 기록_편집자

이 장은 대담에서 논의된 여러 주제들에 대한 이해를 돕고자 당시의 언론 보도를 통해 사태 전개를 간략히 정리해 본 것이다. 우선 다음의 두 자료를 보자. 한국언론재단이 제공하는 기사 검색 프로그램을 이용하여 181개 언론 매체를 대상으로 송두율 교수 관련 기사를 각각 1년 단위와 1개월 단위로 검색한 결과이다. 누가 보더라도 여론시장에서 송 교수의 등장과 퇴장이 얼마나 드라마틱했는가를 쉽게 알 수 있다. 특히 월별 기사 빈도가 보여 주듯이, 이 사건의 드라마는 송 교수의 입국 직후인 2003년 10월의 짧은 기간을 정점으로 폭풍처럼 몰아쳤다는 특징을 갖는다. 만약 송 교수가 그토록 '위험한 인물'이었다면 2004년 7월 석방 판결 직후 더 크고 강한 반응이 있었어야

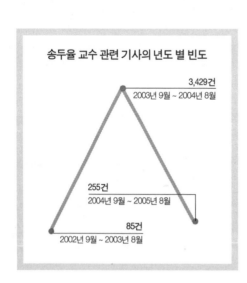

송두율 교수 관련 기사의 년도 별 빈도

3,429건
2003년 9월 ~ 2004년 8월

255건
2004년 9월 ~ 2005년 8월

85건
2002년 9월 ~ 2003년 8월

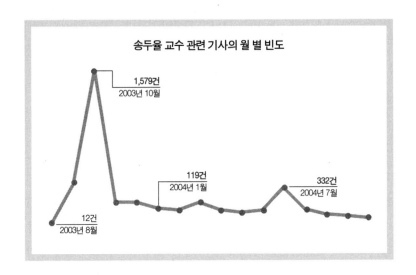

송두율 교수 관련 기사의 월 별 빈도

1,579건
2003년 10월

119건
2004년 1월

332건
2004년 7월

12건
2003년 8월

했을 것이다. 그런데 법의 판결 이후 송 교수를 공격했던 대부분의 사람들은 침묵했다. 송 교수가 독일로 돌아간 8월 이후에는 송 교수 사건 관련 기사를 찾기 힘들게 되었다. '해방 이후 최대 간첩'을 둘러싼 그 엄청난 사건은 이렇게 조용히 사라졌다.

2003년 9월 귀국에서부터 시작되는 사태의 복잡한 구조에 곧바로 들어가기 전에, 송 교수와 한국 사회의 대면을 종결지은 2004년 7월의 2심 판결 내용부터 확인해 두는 것이 좋겠다. 송 교수에 대한 검찰의 국가보안법 위반 공소 내용은 크게 보면 네 종류로 나눠 볼 수 있다. ① 반국가단체의 간부로서 지도적 임무 수행(서열 23위 정치국 후보위원 김철수 혐의, 학술 및 저술활동 등), ② 반국가단체 지역으로의 잠입, 탈출(북한 사회과학원 초청 방문, 김일성 장례식 참석 등), ③ 반국가 단체의 구성(남북통일학술회의 주최), ④ 반국가 단체 구성원과의 회합, 통신(북한 당국자와의 만남, 대화, 편지 등). 사회적으로 큰 논란이 되었던 부분에서는 모두 무죄 판결을 받았다. 유죄가 인정된 부분은 1991년 5월부터 1994년 3월까지 5차례 북한을 방문해 북한사회과학원, 김일성대학, 김일성별장 등에서 고위 당국자와 회합을 했다는 것이었다. 1994년 7월의 김일성 장례식 참석은 무죄판결을 한 반면, 학술 연구 등의 목적으로 북한을 방문한 것에 대해서 유죄판결을 한 것은 당시에도 어느 정도 논란이 있었다. 하지만 전체적으로는 판결을 환영하는 분위기였다. 그것은 이 판결이 국가보안법의 존재감을 드러내는 정도였을 뿐 '사실상의 무죄판결'이라고 해석되었기 때문이다. 선고 후 담당 판사는 "여론으로부터 독립해" 법에 따라 판결했으며, 검찰이 제시한 유죄의 증거란 것이 "40%가 확신이고, 60%가 심증"이었다는 매우 의미 있는 발언을 남기기도 했다(『오마이뉴스』, 2004/07/22). 이렇게 해서 '간첩 내지 친북 행위자'라는 확신과 심증만으로 한 사람을 1년 가까운 기간 동안 학대했던 '야만'은 일단 끝이 났다.

물론 이 판결로 모든 문제가 사라진 것은 아니었다. 최철영 교수(대구대, 법학)는 국가보안법이 존재하는 그 사실 자체만으로도 생겨나는 문제를 다음과 같이 날카롭게 지적했다.

우리나라의 헌법에 '국민은 거짓말을 하여서는 안된다'는 조항은 없다. 이는 거짓말을 금지하는 규정을 넣기 위한 전제로 국민에게 자신의 이념을 공안 기관에 고백해야 한다는 국민적 합의가 이루어져 있지 않음을 말한다. 즉 헌법은 타인에게 대답을 강요할 권리를 그 누구에게도 부여한 적이 없다. 그럼에도 국가보안법은 더 이상 예외적이 아닌 오히려 항구적인 자격으로 이 권리를 남용해 왔다. 우리 국민들은 언제라도 마음속의 생각을 공공연하게 밝힐 것을 요구받아야 하고 이에 대답하지 않으면 안 된다.

이렇듯 생각의 자유가 항상 의심되는 현실은 국민에게 일상적인 굴욕을 받아들이라고 강요하는 것과 다르지 않다. 국가보안법이 강제하는 반공 이데올로기는 보통사람들의 양심에 사소한 도덕적 타협을, 그리고 때때로는 사소하지도 않은 타협을 끝없이 강요함으로써 그들에게 굴욕을 준다. 이 항상적인 굴욕은 이 나라의 국민이 사상적 노예라는 사실을 매 시간 상기시켜 주는 것이다.

정직하지 못한 대다수의 인간은 나날이 조금씩 도덕적으로 타락해 가는 일상생활을 받아들여야 한다. 철저하게 정직한 마음을 갖고 내면에 감춘 자기의 가치를 계속 지키고 싶은 사람에게 선택할 길은 하나밖에 없다. 공안사범이 되는 것이다(『경향신문』, 2004/07/26, 최철영 교수).

그렇다면 지금 한국 사회에서 "송두율을 둘러싼 거짓말 논란"의 마녀사냥은 끝났는가? 최철영 교수의 설명에 따르면, 국가보안법이 존재하는 한 '네버 앤딩 스토리'다. "언제라도 마음속의 생각을 공공연하게 밝힐 것을 요구"할 수 있는 것이 국가보안법이기 때문이다. 자, 이런 관점에서 '그때 그 일 년'으로 돌아가 보자.

1기 | 37년 만의 귀국

송두율 교수의 귀국을 둘러싸고 민주화운동기념사업회와 국정원, 청와대, 법무부 등 관련 국가기구 사이에 어떤 합의를 했는지는 구체적으로 알려져 있지 않다. 하지만 입국을 전후한 시기에 송 교수의 귀국을 둘러싼 여론은 매우 좋았다. 조사당국은 '일정한 절차'에 따라 조사를 하고, 송 교수는 '품위와 명예가 지켜지는 방식의 조사'를 받기로 하여, '모양새 갖춘 귀국'이 이루어질 것이라는 관측이 지배적이었다. 입국 다음

송두율교수 공소보류 가능성 거론

오늘 오전 37년만에 귀국

친북 활동 혐의로 체포영장이 발부된 송두율(宋斗律·59) 독일 뮌스터대 교수가 정부의 조사 여부와 관계없이 37년 만인 22일 오전 부인 정정희(鄭貞姬·61)씨와 두 아들 등 가족과 함께 인천국제공항을 통해 입국한다.

그는 베를린 출발 직전 기자들과 만나 "법적으론 독일 여권을 갖고 귀국하는 신분이지만 내가 원래 한국인인 데다 공적 기관인 민주화운동기념사업회 등의 초청으로 들어가면서 한국 정부의 입장을 부정할 수만은 없다는 생각"이라고 설명했다.

그러나 그는 "국정원이 주장하는 것에 동의할 수 없다는 원칙은 여전히 유효하며, 특히 범죄자 다루듯 입국장에서 체포하고 강제 조사하려는 데는 거부감을 느낀다"며 변호사 및 독일 정부 등과 협의해 상황에 맞게 대응할 것이라고 강조했다.

한편 국정원 검찰 등 공안당국은 송 교수를 조사한 뒤 혐의가 확인되면 형사처벌한다는 원칙을 거듭 밝히고 있지만, 검찰 주변에서는 송 교수에 대해 기소유예 조치와 유사한 '공소보류' 조치가 취해질 가능성이 거론되고 있다.   이태훈기자 jefflee@donga.com

베를린=연합

동아일보 2003년 9월 22일

날 오전 국정원 조사가 시작되었지만, 이런 분위기는 계속되었다. 나병식 민주화운동기념사업회 상임이사는 "48시간 이내 법적 절차가 끝나기를 기대"한다고 밝혔다.

그러나 사태는 점점 다르게 전개되기 시작했다. 국정원 조사에서 약속되었던 변호사 입회는 실현되지 못했다. 국정원은 청와대와 독일대사관에 변호사 입회하에 조사 중이라고 허위 보고했다. 연일 국정원 조사가 계속 되면서 송 교수 얼굴에서 웃음이 사라지기 시작했고, 상황은 심각해졌다. 그러면서 송 교수의 입국 목적은 완전히 전도되어 버렸다. 초청에 의한 학술회의 참석이 아니라 마치 국가보안법에 의한 조사를 받기 위해 온 것이 되었다.

국성원 조사 이튿날인 24일, 출국 정지 조치가 내려졌고, 25일을 기점으로 언론의 관측도 변화가 시작되었다. 대부분의 언론은 "정부가 송 교수에 대해 공소보류나 기소유예 등의 방식으로 불기소 처리해 사실상 사법 처리를 하지 않을 것이라는 당초 분위기와는 상황이 크게 달라"지고 있다고 해석했다(『경향신문』, 2003/09/25). 이때부터 누구도 통제할 수 없는 국면으로 치닫고 있었지만, 일반 사람들이 이를 알아채기는 어려웠다.

2기 | 여론의 광풍

李翰雨
논설위원

송두율 선배!

먼저 호칭에 대한 해명이 있어야겠군요. 연배로 저보다 한참 위이고 선배에서 스승으로 모시는 위르겐 하버마스라고 하는 독일의 사회철학자를 좋아했던 철학도로서 '선배'라는 호칭이 적절할 듯합니다.

80년대 국내 대학생들 흥분시켜

또 한 가지, 제가 굳이 '교수'라는 호칭을 피하는 데는 우리 학계와 지식인 사회의 외곽한 사대주의에 대한 거부감도 일부 작용을 하고 있습니다. 독일 뮌스터대학 '임시교수'라면 1년짜리 시간강사로 불리는 우리의 '겸임교수'가 가깝습니다. 마침 뮌스터대학 사회학 연구

소의 홈페이지를 확인해보니 10월 23일부터 12월 19일까지 임시교수 자격으로 '반미주의'에 관한 5차례의 특강을 하기로 되어 있더군요.

송 선배.

선배는 대학가에서 '북한 바로알기'라는 반공교육에 대한 반작용의 현창이던 1989년 마침내 '계몽', '해방', '이성'이라는 매혹적인 개념을 들고 이 땅의 지식인 사회에 나타납니다. 사실 지적인 명멸은 그때 이미 끝난 셈이지 모릅니다. 비슷한 성향의 독일 사회철학책들을 읽어온 저의 입장에서는 '송두율'이라는 선배의 글을 좋아했습니다.

어느 左派 지식인의 배신

이름 석자는 기대감이었습니다. "아, 우리에게도 이 정도의 사회철학자가 있구나!" 특히 저는 그때 사병으로 군복무 중이었고 '보안경'의 처벌받을 수도 있는 위험을 무릅쓰고 선배의 글이 실린 월간 『사회와 사상』을 열심히 탐독할 만큼 선배의 글을 좋아했습니다.

돌이켜 보면 이미 80년대 중반을 넘어서면서 소위 남북간의 체제경쟁은 끝나가고 있었습니다. 그러나 당초 북한이 남한보다 우위에서 출발한 경쟁인 대다가 북한의 경우에는 폐쇄사회였기 때문에 객관적인 비교는 어쩔 수 없이 어려웠습니다.

90년대 초중반은 그런 시기였습니다.

그때 송 선배가 들고 나온 것이 북한을 서구적 가치와 같은 외부의 잣대가 아니라 북한 나름의 잣대로 봐야 한다는 이른바 '내재적 접근법'이었습니다.

사회학자란 늘 그렇지미 사회와 철학(=인간)의 긴장 축에 놓이게 됩니다. 또 '내재적 접근법'을 들고 나올 때까지 선배의 책들은 사회학보다는 철학 쪽에 더 가까웠습니다. 그런 선배가 느닷없이 '북한사회'라고 하는 구체적인 사례를 놓고 사회학자냐 정치학자냐에 해야 할 발언을 하는 것이 다소 엉뚱하다는 느낌이 들었습니다. 실제로 선배가 던진

'내재적 접근법'은 일부 운동권 학생과 운동가들에게는 흡수되었지만, 우리 학계에서는 다양한 비판을 거쳐 사상상 배기되고 말았습니다. 이런 비판을 주도한 교수들은 주로 정치학자들이었죠.

송 선배, 왜 하필이면 사회철학이나 사회학이 아니라 젊은 정치학자들이 비판의 선봉에 섰는지 그 의미에 대해 한번이라도 생각해보았습니까? 10월유신과 긴급조치, 80년 광주를 겪으며 교수가 된 그들이었습니다. 그들에게는 박정희 타도, 진두환 타도 못지않게 자유, 민주, 인권에 대한 의식이 훨씬 확고했던 터였습니다. 오랜 외국생활로 인해 관찰자의 입장에

서 '80년대와 80년대 한국의 민주화 운동을 그저 정권타도, 체제변혁만으로 읽었다면 그것은 조국을 버린 지식인의 겨울 수밖에 없는 시야의 한계였는지도 모릅니다.

단 한번의 마지막 선택만 남아

송 선배, 당부가 두려울 것입니다. 억울하기도 할 것입니다. 그러나 고국에서 보낸 지난 며칠간은 돌아섰입니다. 다시 망명을 떠나긴 싶은 그런 나라입니까? 노동당 입당을 통해서라도 북한에 남고 싶은 정말의 땅입니까? 게다가 같은 지식인으로서 놀랍고 실망스러운 것은 최근한 지식인이라면 지켜야 할 선을 훨씬 넘어버렸다는 사실입니다. 다음 날이면 드러날 사실까지 숨기며 그제에는 학생행사에서까지 참석했더군요. 이런 사정은 모든 제 '학문의 자유', '사상의 자유'라는 이름으로 선배를 순수하게 옹호했던 동료 학자들과, '지켜되지 못해 최송하다'고 울먹였던 여대생에게는 별로 변명하래습니까.

솔직히 굴곡진 우리 현대사의 희생양이 아니라, '독일 석학'이라는 탈을 쓴 '비밀 노동당원'으로 우리 앞에 선 선배의 모습에 연민과 분노가 함께 치밀어 오르는 것도 숨길 수 없습니다. 굴곡진 현대사를 핑계로 선배의 남은 삶마저 얼그러뜨리는 선택은 하지 말기를 바랍니다.

/hwlee@chosun.com

조선일보 2003년 10월 2일

송 교수를 둘러싼 여론의 광풍이 몰아치기 시작한 것은 9월 30일 한나라당 정형근 의원이 기자간담회를 통해 송 교수를 공격하고 나서기 시작하면서부터다. 당시 신문은 정형근 의원의 주장을 그대로 기사로 옮겨 놓고 마치 '밝혀진 사실'처럼 보도했다. 『국민일보』는 다음과 같이 보도했다. "송 교수는 정식 교수로서 한 번도 재직한 적이 없는 것으로 밝혀졌다. 송 교수는 금년에는 뮌스터대학에서 일종의 특강 형태로 5차례 강의한 데 불과하다고 정 의원은 전했다. …… 수입원은 없고, 부인이 사서로 일하며 생계를 꾸리는 것으로 파악됐다. …… 정 의원은 '독일에서는 교수라면 굉장한 위상을 갖고 있는데 송 씨가 왜 교수로 둔갑해 행세하고 교수로 보도됐는지 이해가 안 된다'고 말했다. …… 송 교수는 지난 3월 8일 입북한 것을 비롯해 73년부터 18차례 북한을 방문했다. 92년 5월 범

■ 아침논단 ■

金秉柱 서강대 교수

종체 밖위로 모습을 드러내지 않는 동물이 낮에도 버젓이 나타나는 세상이라면 그것은 태양이 따 있으나마나 한 밤중 세상이기 때문이다. 유선형의 몸집을 가지고 앞다리를 재빨리 회전시켜 자유자재로 방속을 해집고 다니는 두더지는 퇴화된 눈 때문에 굴 속에 서식한다. 두더지는 외볕이로 사는 습성이 있다. 그런데 '햇볕정책'의 일식(日蝕) 이후 서울에 두더지들이 무리를 지어 대낮에도 활보하고 있다.

송두율의 정체는 무엇인가?

요즘 한 재독교포가 서울에 왔다. 초청한 측과 학생운동권에서는 그를 군사

독재와 싸운 민주화 운동가로, 저명대학 재직 철학교수로 치켜세우고 있지만, 그를 불러 조사한 국정원은 북한 노동당에 입당하고 정치국 후보위원이라고 밝혔다. 앞으로 검찰의 일건처리 귀추가 주목된다.

그의 사상과 지성의 정체는 무엇인가? 수확자이자 철학자인 화이트헤드(A. N. Whitehead·1861~1947)는 말한다. "위대한 철학자는 진공 속에서 사색하지 않는다. 그의 가장 추상적인 개념들조차도 그의 생존시기의 여건에 의해 어느 정도 영향을 받는다. …지성과 감성의 관계는 우리의 의복과 신체의 관계와 같다." 그렇다면 송 교수는 어느 나라 공기와 물을 마시고 사색했나. 지성으로 가린 그의 심신은 과연 건전한가?

은둔생활을 즐긴 소로(H. D. Thoreau·1817~62)에 따르면 철학자가 된다는 것은 "명민한 생각을 가지거나 학파를 세우는 것이 아니라 지혜의 명령에 따라 소박·자립·관대·신뢰의 생활을 즐기는 것"이다.

송 교수가 찾아간 북한 공산당 지도

'두더지'들이 활보하는 서울

자에서 검소를 일생의 덕목으로 자리 호치민(1890~1969), 자신의 장례마저 간소화시킨 저우언라이(1898~1976), 아니면 민생을 위해 경제를 개방시킨 덩샤오핑(1904~1997) 중 누구를 보았는가? '내재적 접근법'으로 장님이 되었는가?

고대 그리스의 플라톤(Platon·기원전 438~기원전 348)은 "철학자가 군주가 되기 이전에는 도시(국가)란 재앙에서 벗어나지 못할지니라"고 말할 정도로 철학이념 만사형통인 줄 알았던 순진파였다. 세상이 문명화된다고 다양한 사상가들이 등장해 각양각색의 담론을 쏟아놓았다. 개중에는 먹고살기에 바빠 휘영청달사는 두한 범인들보다 못한 미망(迷妄)의 혈학자들을 무수히 낳았다.

흄(D. Hume·1711~76)은 "일반적으로 종교의 오류는 위험한 것이지만 철학의 오류는 (위험하기보다) 우스꽝스러울 뿐"이라고 했다. 따지고 보면 그토록 사상처럼 위험천만한 대량살상무기는 없다. 볼세비키 혁명 이후 참담한 실패로 끝난 소비에트 체제를 지탱했던 이념이 그러했다. 북한의 김씨

부자 체제는 순수한 공산주의자들조차 부끄러워할 만큼 반민주·반인권적이다. 눈이 퇴화된 두더지가 임에라도 비틀어졌는가?

이대로 놔두면 安保제방 무너져

지난날 군사독재정권, 유신이념에 반대한다는 명분 아래 '적의 적은 우방'이라는 지릅한 단순논리에 이끌려 북한을 감싸안은 사람을 활대로 지성인, 인권론자, 민주인사로 평가할 수 없다. 그는 지금 우리 실정법을 운운하고 있다.

로마 공화정이 무너지고 황제가 등극한 시대로 살면서도 지성의 복소리를 자처한 키케로(Cicero·기원전 106~기원전 43)는 "국민의 이익이 최고의 법률"이라고 했다. 그가 생각하는 한국인의 이익은 무엇인가. 남한의 공산화인가, 자신의 영달인가? 기구한 인생에 연민을 느낀다.

어두운 곳에 숨어 사는 두더지를 쉽게 퇴치되지 않는다. 개·고양이가 간혹 잡기도 하지만 두더지 분비액의 역한 냄새 때문에 먹지는 않는다. 요즘 우리 예게는 흄 만한 개·고양이도 없다보니 세상은 온통 설치는 두더지들 판인 듯싶다. 두더지 구멍 동력을 보면서도 여기는 때가시무릎이 무(畝)를 범해선 안 되다면 두더지굴을 방치하면 튼튼한 안보 제방도 무너진다.

조선일보 2003년 10월 4일

민련 유럽본부 회원으로 활동했고 북한의 9·9절이나 10·10절 때마다 친필로 '장군님 만수무강을 빕니다.' 등의 축원문과 충성맹세문 등을 10여 차례 작성해 북한에 전달한 것으로 드러났다. 북한 노동당 김용순 대남 담당비서의 지시에 따라 6차례 남북해외학술회의를 주최해 통일전선 등의 주제로 강연했다"(『국민일보』, 2003/10/02).

당시 언론이 주도한 여론이 어떠했는지는 다음의 언론 보도 모니터 기사에 잘 나타나 있다. "송두율 교수 사태가 최근 신문과 방송 뉴스의 전면을 장식하고 있다. 한나라당과 조선·중앙·동아일보가 핑퐁 식으로 주고받는 발언과 보도에 따르면 송 교수는 간첩이다. 사전적 의미에 따르면 간첩은 비밀리에 적국의 내정, 동정 등을 탐지하여 보고하는 사람, 또는 자기 나라의 비밀을 입수하여 적국에 제공하는 사람이다. 이런 원

시론

복거일 소설가

'경계인' 修辭뒤에 숨지마라

송두율 교수가 북한 노동당 정치국 후보위원 '김철수'와 동일인임이 확인됐다고 한다. 아울러 그가 지금까지 받은 혐의들이 대부분 사실임이 드러나고 있다. 혐의들이 워낙 심중하고 그가 그것들을 거세게 부인해 온 터라, 이 사건의 충격은 클 수밖에 없다. 이마도 가장 큰 충격을 받을 사람은 곧곧 송 교수를 옹호해 온 좌파 지식인들일 것이다. 그의 혐의들이 점점 구체화되도, 그들은 그를 옹호하고 균형 잡힌 지식인으로 떠받들었다.

좌파 지식인 그릇된 '末氏 감싸기'

송 교수를 옹호하는 데 가장 많이 쓰인 말은 '경계인'이었다. 그가 공산주의 체제인 북한과 자본주의 체제인 남한 사이에서 방황했다는 애기다. 두 체제 사이에서 정치적 선택을 해야 했던 사람에게 본 질적으로 문제된 개념인 '경계인'이란 말을 적용하는 아처런 관행을 받아들이더라도, 그는 분명히 경계인은 아니다.

소련과 동유럽의 공산주의 체제가 무너지자 북한의 앞날 같은 실상이 알려진 뒤엔, 정치한 해외 한국인들에겐 정치적 선택이 어렵지 않았을 터다. 설령 그들이 이전에 공산주의와 북한에 끌렸더라도 말이다. 1980년대 말엔 남한이 자유롭고 활기찬 사회로 변모한 데할 나위 없이 알 제작이고 궁핍한 사회라는 사실이 분명해졌다. 무엇보다 북한 체제는 개인숭배에 바탕을 둔 세습 왕조로 탈바꿈해 공산주의가 부여하는 최소한의 후광마저 일

었고, 끝없이 이어지는 탈북 행렬은 북한 체제에 근본적 문제가 있음을 가리킨다.

자신의 신념이 틀렸음을 인정하기 어렵다. 그것은 지적 파산을 선언하는 일이고, 지적 파산은 적어도 지식인에겐 잘못 산 삶을 뜻한다. 그래서 누구나 자신의 신념이 틀렸음이 드러난 뒤에도, 그것을 지키려 애쓴다. 마르크스주의자들을 특히 그러하니, 마르크스주의가 본질적으로 '종교적 이념'이므로, 그 추종자들은 대부분 자신의 믿음을 버리기보다는 사실을 부인하려는 길을 고른다.

송 교수의 예상치 못한 자백과 드러난 혐의들은 소리 높여 그를 옹호한 좌파 지식인들을 난처하게 만들었다. 북한 권력서열 23위인 정치국 후보위

원을 '경계인'이라고 우기는 것은 늘 유죄한 그들에게도 어려울 터이다.

물론 그들은 잘못을 인정하는 대신 그런 처지에서 빠져나오려 몸을 비틀고 말을 바꿀 터이다. 이미 그들은 그런 재능을 여러 번 보여줬다. 최근의 경우는 북한의 핵무기와 관련한 변신이었다. 북한이 핵무기를 보유했다는 주장이 제기됐자, 그들은 그것이 공평되지 않은 주장임을 즐기가며 지적했다. 북한 당국이 핵무기 보유를 선언하자, 그들은 이제 북한의 핵무기가 미국의 위협에 대한 자위수단이라는 주장을 폈다.

이제 그들은 깨달아야 한다. 그들의 진정한 잘못은 앞에 하고 파산된 북한과 자유롭고 활기찬 남한을 모든 면

에서 동등한 체제로 여기는 것임을. 그런 잘못에서 북한의 정권과 주민을 구별하지 못하는 어리석음과 송 교수와 같은 사람을 정치하고 균형 잡힌 지식인으로 높이는 실수가 나왔다.

다원주의 사회를 지향해야 한다는 애기가 자주 나온다. 맞는 말이다. 그러나 그렇다고 모든 이념들과 견해들이 늘 동등한 대접을 받아야 하는 것은 아니다. 이념과 견해는 늘 경쟁하고, 그르거나 비효율적임이 드러난 것들은 폐기된다. 지금 우리 사회에서 득세한 좌파 이념은 대부분 현실의 검증을 통해 논파(論破)된 이론과 견해들이다. 1990년대에 이미 그르다고 판명된 이념을 21세기에도 지니려고 애쓰는 것은 현실적으로 고립되고 도덕적으로 옳지 못하다.

진실해곡 반성하고 자아성찰을

작년에 마르크스주의 역사학자 에릭 홉스봄이 자서전 '흥미로운 시절'에서 20세기 인생을 펴냈을 때, 한 서평은 "사람이 바보나 악당이 아니면서도 정치적으로 틀릴 수 있다"고 말했다. 우리 사회의 좌파 지식인들은 이제 진지하게 성찰해야 한다. "나는 바보도 악당도 아닌데, 이제서 내 주장은 늘 틀리는가? 그것도 북한 담우이 나서서 틀렸음을 밝히는가?" 그것이 송 교수를 '경계인'이라고 옹호해서 시민들을 오도한 잘못을 조금이나마 씻고 앞으로 그런 어리석음을 저지르지 않는 길이다.

동아일보 2003년 10월 3일

월요포럼

이 인 호 국제교류재단 이사장

참된 지식인이라면…

송두율 사건은 아직도 수사 중이니 그에 관한 논란은 삼가는 것이 원칙이다. 그러나 너무도 많은 결정적 정보가 위시해 세상에 알려졌고 법무장관을 위시해 많은 사람들이 송두율·김철수 문제에 관해 의견을 피해하기를 서슴지 않는 현실이니 이 일에 대한 솔직한 심정 토로가 이미 불행을 자초한 한 인간에 대한 인권 침해가 될 것 같지는 않다.

해외 민주투사로 영웅화됐던 송 교수의 정체가 수사기관의 추궁과 본인의 변명을 거쳐 한 꺼풀씩 벗겨지는 과정을 지켜보면서 내가 느끼는 것은 한 인간으로서 실한 모멸감이요, 송 교수와 같은 지식인으로서 배신감과 수치심이다.

'송두율 사건' 냉철하게 바라봐야

유신체제의 칼날이 번뜩이던 70년대 초 혈기 있는 젊은이가 친북(親北)의 길을 백한 것은 이해해 줄 수도 있다. 하지만 이제 철학자로서 이름을 갖고 있으며, 거액의 북한 돈을 받아챘고, 김일성의 장례식에 서열 23위의 김철수라는 초정된은 사람이 아마도 공산당 입당원서를 단지 입북 정치의 입부인 줄 알고 써내고는 있어야했다는 유치한 거짓말을 할 수 있는가?

송두율과 김철수는 두 개의 마스크를 같아 쓰며 살아왔던 가련한 지하공작원의 모습은 그는 수박에 열다 한다. 진정으로 걱정스러운 것은 그들 통일운동의 이론적 대부로 영웅시하다가 그의 공산당적 정체가 드러나는 과정을 지켜보고서도 아직까

지 그의 행태를 변호하고 있는 일부 지식인의 도덕적 혼미다.

송 교수의 '내재적 접근법'을 적용한다며 김일성 독재를 정당화하고 박정희 전두환 독재는 안 된다는, 어제까지도 자기 정체를 부정하며 독일인임을 힘차게 빌며 수사망을 피하려 하면 주체사상 숭배자가 그 탈이 벗겨진 오늘에는 남한에 남아 활동할 의사가 있다고 선언했다. 해서 반기드는 데는 온갖 몸부림을 쳐야 했던, 퇴치해야 할 일인가. 송두율·김철수가 이러한 '경계인'으로서 남북평간 평화적 화합을 이루는 데 도움이 안 될 수 있다고 아직도 믿는가?

관용과 순진함도 지나치면 무책임이 된다. 참된 지식인이라면, 북쪽 한국의 참혹한 실상이란 누구나 한계상황 속에서 자기의 역할을 찾아야하는 부담을 안고 산다.

분단과 이념적 대차상황에서 태동한 남북한의 정치체계는 어느 쪽에서나 태생적으로 기형적이고 탄압적인 것이 되지 되지 않을 수 없었다. 타락한 공산주의 체제와 독재로 굴절된 자유민주주의 체제가 서로 총부리를 겨누도록 대내외의 압력을 받고 있는 한계상황 속에서 양쪽의 인간적 존엄을 지키려 살 수 있는 지식인은 눈은 곧 거래가 최소한의 인간적 존엄을 지키며 살 수 있는 지식인으로 자리 남을 수 있었던 것은 바로 송두율·김철수 같은 존재가 아니었다. 이번 사건의 처리과정에서 국가보안법의 존재를 주장하는 수사기관이 국민 앞에 가장 높은 점수를 받는다는 말이 나오는 것은 이 사건이 낳은 가장 큰 아이러니가 아닌가 싶다.

지나친 관용—순진함은 무책임

10월 9일은 북한이 저지른 아응산 폭탄테러 사건으로 우리 정부의 최고위급 인사 18명이 순국한 지 20주년이 되는 날이다. 하지만 여종생 2명을 대규모 촛불 시위로 기리는—우리 국민은 송 교수도 높이 평가한다는 경제 기적을 낳은 주역들, 국민 모두의 은인들의 20주기는 이제 잊은 체 지나칠까.

이러고도 우리가 민족적 화신을 기대할 수 있는가. 형제에 의한 살인은 증가만 하느니 덮어두어야 한다고 믿는 것인가. 이런 도덕적 지적 혼미와 불균형을 극복하지 않고도 우리가 나라를 지켜나갈 수 있을 것인지 앎날이 심히 걱정된다.

동아일보 2003년 10월 13일

론적 의미에 맞는지는 모르겠지만 어쨌든 송 교수는 간첩, 그것도 보통 간첩이 아니라 '위장 잠입으로 한반도를 붉게 물들이려 한 분단 이후 최대의 간첩'(한나라당 박주천 사무총장)이다. 지난달 37년 만에 돌아와 민주화된 고국을 확인하고 어려움 속에 기다려 온 보람을 느끼고 싶다던 송 교수로서는 아무리 할 말이 많아도 간첩, 용공, 친북이라면 알레르기 반응을 일으키는 남한 사회에서 벗어나기 힘든 모자를 쓰게 됐다"(『경향신문』, 2003/10/10, 김평호 단국대 교수).

한편, 하버마스 교수가 송 교수에 대한 한국 수사기관의 조사 소식에 분노하며 "그런 야만국가에서 당장 나오라"고 말한 것이 논란이 되기도 했다. 이와 관련해 『동아일보』는 하버마스 교수에 대해 정면으로 문제를 제기하고 나섰다. "하버마스 교수는 그간 매우 신중한 학자로 알려져 왔다. 그는 모든 사회가 지향해야 할 보편이론을 추구하지만 구체적 현실 문제에 대해서는 그 사회의 특수성을 먼저 고려할 것을 강조해 왔다. 그런 그가 세계 최악의 인권국가, 자신이 지향해 온 '공론영역'이 거의 존재하지 않는 북한 정권에 송 교수가 동조해 왔다는 사실은 무시하고 합법적 수사 절차를 밟고 있는 대한민국을 '야만국가'라고 비난한 것은 그동안 보여 줬던 그의 신중함과는 사뭇 다른 행동이다. 하버마스 교수의 발언을 제자를 아끼는 마음이 앞선 스승의 사적(私的) 소회라고 이해할 수도 있다. 그러나 세계적 사상가로 평가받는 그의 말과 행동은 이미 공적(公的) 영역에서 영향력 있는 지식권력으로 행사된다는 점을 간과할 수 없다. 그의 발언이 한국 정부의 합법적 수사 절차를 비난하고 송 교수의 행적을 옹호하는 데 이용될 수도 있기 때문이다"(『동아일보』, 2003/10/02, "신중함 잃은 '세계적 석학'").

송 교수가 독일대사관을 방문한 것도 논란이 되었다. 송 교수가 '대

"宋씨에 실망… 국민에 보다 진솔해야"

김근태 통합신당 대표

통합신당 주비위 김근태(金槿泰·사진) 원내대표는 3일 송두율씨에 대해 "2일 송씨의 기자회견 등을 보고 실망스러웠고 국가정보원의 발표대로라면 비판받지 않을 수 없다"고 말했다.

이날 김 대표는 기자간담회를 갖고 사전을 전제로 "송씨는 국민들에게 보다 진솔하게 다가가야 한다"며 "검찰에 솔직한 반응 조사에 응하고 협력해야 한다"며 이같이 말했다.

김 대표는 "송씨는 국민들에게

그에 대해 보고 싶면 학자적 양심에 대한 기대감에 부담을 줄 텐데" "송씨는 보다 겸손해져야 하며 국민들이 기대를 덜지 말도록 해야 한다"고 비판했다. 그는 "송씨에 대해 국민의 정서가 비판적이라는 것을 알고 있다"면서도 "전향적으로 (처신 할 수 있도록 생각해야 한다"고 덧붙였다.

김 대표는 또 한나라당이 제기한 '정부의 송씨 기획입국설'에 대해 "송씨가 거물 간첩이라고 운운하는 것은 21세기에 맞지 않고 우리들이 지켜야 할 뭘떨청해체도 맞지 않는다"며 "한나라당의 이런

주장은 패권적이고 매카시즘 적 발상"이라고 비판했다. 그는 "한나라당은 뭘 내 과인수를 정하고 있는 제1 당인만큼 보다 대국적인 관점을 가져야 한다"고 덧붙였다.

김 대표는 "이런 생각은 전적으로 개인 김근태의 생각"이라면서 "통합신당은 아직 송씨 문제에 대해 의견을 조율하고 논의할 시간이 없었다"고 말했다.

이승헌기자 ddr@donga.com

"宋씨 친북행위, 민주화운동 욕되게 해"

장기표 사민당 대표

장기표(張琪杓·사진) 사회민주당 대표는 3일 본보와의 인터뷰에서 "한국 민주화운동의 욕되게 한 송씨가 기자회견에서 보인 태도는 재래적 유감 반성이 아니었다"며 송씨의 기회주의적 처신을 비판했다.

1960년부터 학생, 노동운동 등 민주화운동에 헌신해온 장 대표는 "이와 차제 장씨삶이들을 했는데 그때마다 공안당국이 내건 피록 종 "북한을 이롭게 했다"는 것"이라며 "한국 송씨 같은 사람 때문에 그런 유죄들을 당해야는 생각이 든다"고 말했다.

마산공고와 서울대 법대를 나

은 장 대표는 서울대생 내란음모 사건(1971년), 유신반대투쟁을 규탄 및 유신독재 반대(1973년), 청계피복노조사건(1977년), 친화중 남민전사건(1980년), 9·27 전태일 주기(1986년) 등으로 무려 5차례에 걸쳐 장기 복역했다.

장 대표는 "송씨가 1973년 북에 노동당에 입당했다는 사실은 그 당시 상황에서 이해한다고 해도 그 이후 북한의 비참한 현실을 보고도 입당을 수정하지 않은 것은 유서받을 수 없다"며 "결과적으로 송씨는 한국의 순수한 학생과 지식인들에게 오점을 남기는 해악을 끼쳤다"고 비판했다.

한국의 민주화운동은 세계사적 사회의 보편적 가치인 '자유 평등 인권의 신장을 위한 것인데 송씨의 통일운동은 결과적으로 '북

의 설명이다.

또 장 대표는 "주사파를 이 나라에 미행하고 있지만 그들은 한국사회에서 북한과 연계한 운동은 정제 민주화운동들 여행케 한다는 점을 깨달아야 한다. 송씨의 사건은 구명이 덜 남아가 듯 처리되면 안 된다"고 못 박았다.

한편 KBS의 송씨 미화 프로그램 방영에 대해 장 대표는 "KBS가 독일 현지에까지 가서 송씨 집의 꽃을 화면에 담아오는 정성까지 보인 것은 정말 어처구니없는 일"이라며 "송씨가 도대체 민족통일을 위해 무슨 기여를 했다고 KBS가 그런 프로그램을 기획 방영했는지 모르겠다"고 개탄했다.

임규진기자 mhj2@donga.com

동아일보 2003년 10월 4일

한민국을 선택했다'고 하면서 불리해지자 '독일 국민'으로 행세하려는 것 아니냐며 문제를 제기했다. 더 나아가 변호인 입회권을 요구한 것에 대해서도 이렇게 지적하고 나섰다. "물론 독일에서 37년을 산 그에게 변호사 입회권이 보장되지 않는 우리의 인권 상황이 도저히 납득되지 않을 수도 있다. 그렇더라도 송 씨는 한국법을 어긴 혐의로 조사를 받는 만큼 우리 법의 적용을 받을 수밖에 없다. 때문에 송 씨가 변호인 입회권을 거듭 주장하는 모습은 한편으로 안타깝고 한편으로 실망스럽다"(『한국일보』, 2003/10/07, "불리해지자 '독일국민'").

진보적인 지식인 영역에서도 문제 제기가 있었다. 민주노동당의 주대환 위원장은 "소크라테스는 아테네판 국가보안법으로 처형되었다. 그러나 그는 정직했고 당당했다. 그는 엉뚱하게도 아테네의 민주주의를 반대하고 스파르타식 독재를 옹호했지만, 그렇게 엉뚱한 소수파였고 상식에 반하는 사고방식을 가졌다는 데에 그의 존재가치가 있었다. 혹시 송두율도 그런 소수파인지 모른다. 그렇다 하더라도 우리는 그를 옹호할

300

것이다. 다만 우리는 그의 정직과 분명함과 당당함을 원한다"고 비판했다(『교육희망』, 2003/10/15, "송두율의 잘못은 입당이 아니다"). 소설가 황석영 씨는 귀국 전에 진실을 밝히지 않은 데 대한 "대국민 사과를 하라고 충고"하면서, "모두 사실대로 밝히고 나서 차라리 처벌을 받는 길이 현재로서는 지식인으로서 자기 존재를 유지할 수 있는 길"이라고 말했다(『한겨레신문』, 2003/10/08, "송두율을 위한 변명 그후").

송 교수를 초청했던 민주화운동기념사업회 역시 송 교수 비판

"이런줄 몰랐다" "나는 관련없다"

귀국관련 기념사업회등 宋과 거리두기

재독 사회학자 송두율(59) 교수를 초청한 민주화운동기념사업회(이사장 박형규)가 당혹과 내홍에 빠져들고 있다. 국가정보원의 송 교수 수사내용과 송 교수의 기자회견 후 흔란에 빠진 기념사업회측은 송 교수와 일정한 거리를 두는 분위기가 역력하다. 기념사업

이종수 KBS사장
개인차원 베를린행
사업회에 소개역할

회측은 2일 송 교수 기자회견 직후 "행사 주최단체로서 사회적 혼란을 일으킨 점에 대해 송구스럽다"고 밝혔다. 기념사업회측은 입국 전 모든 것을 털어놓지 않은 송 교수에 아쉬움을 나타내면서 사실상 송 교

수에 대한 믿음을 버리고 향후 입장정리에 골몰하고 있다.

이 와중에 기념사업회 내에서는 '송 교수 말만 믿고 서둘러 입국을 추진한 것은 시기상조'였다는 의견까지 나오면서 내홍 조짐을 보이고 있다. 기념사업회의 김종철 홍보부장은 "송 교수 기소 예기까지 나오면서 초청 주체로서 매우 난감하다"며 "국정원 조사를 통해 드러난 사실에 관하여 몰랐고 알았다면 (송 교수가) 들어온다고 해도 막았을 것"이라고 말했다.

송 교수를 초청하기 위해 민주화운동기념사업회측과 함께 독일에 갔던 이종수(63) KBS이사장은 5일 송 교수 귀국에 깊숙이 관여했다는 일부 언론의 보도는 사실과 다르다고 해명했다.

이성규 기자, 장선욱 기자

국민일보 2003년 10월 6일

에 나섰다. 송 교수의 과거 북한에서의 행적을 미리 알았다면 "들어온다고 해도 막았을 것"이라고도 말하고 나아가서는 "진실을 밝히기 위해서는 구속 수사밖에는 없다"는 입장을 밝히기도 했다(『동아일보』, 2003/10/10). 이렇게 해서 10월 21일 검찰 조사를 마치고 곧바로 송 교수는 구속되었다. "우리는 체포영장이 발부됐음에도 입국했고 출국 정지까지 받았다. 그런데 어떻게 증거인멸과 도주의 우려가 있나, 대한민국에 우리가 도망갈 곳이 어디 있나?"라는 가족의 하소연은 한국에서 고려되지 않았다.

3기 | 구속과 재판

3월 9일	1심 결심공판.
3월 26일	안중근 기념사업회, 세 번째 '안중근평화상' 송두율 교수에게 수여.
3월 30일	1심 선고공판, 징역 7년 선고.
4월 13일	국제사면위원회, 송두율 교수를 양심수로 지정.
4월 15일	송두율 교수 석방을 위한 유럽대책위, 독일 외무성 앞에서 석방을 위한 집회 개최.
5월 19일	2심 1차 공판(서울고등법원 309호 법정).
6월 2일	2심 2차 공판.
6월 14일	슐츠 변호사 기자회견.
6월 16일	2심 3차 공판.
6월 30일	2심 결심 공판.

송 교수의 구속에 대해 보수적인 지식인들은 매우 만족해했다. 『문화일보』의 한 칼럼은 이때의 분위기를 잘 보여 준다. "송두율 씨와 그의 남한행을 내락한 북의 대남 공작부서는 두 가지 중대한 오판을 했다. 하나는 한국의 대공기관이 지난 수년간의 무분별한 대북 햇볕정책에도 불구하고 아직 건재하고 있다는 점이다. 그리고 다른 하나는 '세상이 바뀌었다'는데도 대다수 우리 국민은 대한민국의 건국이념과 헌법 정신에 충실한 정체성을 아직도 확고히 유지하고 있다는 점이다. 그래서 송두율 씨는 그동안 거의 드러내 놓고 친북 활동을 함으로써 스스로 간첩 혐의 자료를 우리 측에 제공한 셈이 됐다. 또, 그가 남한에 당당히 가는 것을 막지 않을 정도로 북한 지도부는 우리 사회의 안보 역량을 과소평가한 것이다. 또한, 우리 국민은 송두율 씨의 37년 만의 귀향과 30년 만의 전향을 분명히 구분할 줄도 모를 만큼 어리석지 않다. 그 때문에 지금 국민 대다수가 그의 전향 없는 귀향을 의심하고 나아가 거부하고 있는 것이다. 설사 그가 전향한다 해도 검찰의 말대로 그간 활동한 공작 임무와 연계

망을 첩보 및 정보 차원에서 분명히 협조하지 않으면 단순한 참회록에 그치는 면죄부만 부여할 염려가 있다. 즉, 우리는 송두율 씨가 계속 남북 간에 경계인으로 남겠다고 하는 한 당연히 그의 본심을 경계하지 않으면 안 된다는 것이다"(『문화일보』, 2003/10/23, 남주홍 경기대 정치대학원장, "송두율 충격과 안보현실").

반면, 송 교수의 구속에 대한 비판적 문제 제기도 많았다. 그중에서도 『한겨레신문』에 실린 강수돌 교수의 다음과 같은 자기고백적 문제 제기는 많은 사람에게 깊은 인상을 주었다. "송 선생님, 저는 요즘 선생님 생각에 밤잠을 설칩니다. 거의 '짝사랑'하는 마음으로 37년 만에 고향을 찾은 당신이 정겨운 사랑방은커녕 1평짜리 시멘트 바닥에서 한편으론 좌절감과 무력감을, 다른 편으론 원망과 분노를 느끼고 계실 것을 생각하면 편히 쉬기가 죄스럽군요. 그러나 오늘 제가 잠을 못 이루는 건 저 수구들의 '레드 콤플렉스' 때문만이 아닙니다. 바로 저 자신의 그것 때문입니다. 저는 그간 이룬 당신의 학문과 활동이 얼마나 소중한지 알면서도 당신이 수모를 겪고 고통을 당할 때, 마치 '강 건너 불구경하듯' 하고 있었지요.

포럼 ◄◄◄

신 평
대구가톨릭대 교수·헌법학

송두율의 '사상적 간통'

┃ 송두율 교수가 드디어 구속 기소됐다. 그의 입국에서 지금까지 거쳐 온 과정이 그 자체로 파란만장(波瀾萬丈)하다.

대륙에서 불어오는 찬기를 머금은 세찬 바람이 나뭇잎이 우수수 떨어진다. 그럼에도 새파란 하늘은 아무 일 없는 듯하다. 한국의 늦가을은 이렇게 을씨년스럽다. 검찰에서의 긴 수사과정 끝에 여전히 구치소에 갇혀 있을 그의 절망적인 마음이 녹아 있으리라.

대부분의 외국인들이 한국의 습속이나 문화전통에 관해 강한 이질감을 느끼는 대표적인 것을 들라면은 단연 간통죄와 개고기 취식이다. 묘한 표정을 지으며 정말 한국에서는 그러느냐고 물어온다.

어느 점속한 부인이 살았다. 길고도는 번듯한 남편을 두고, 자식들도 있는데다 사는 형편도 그리저리 괜찮았다. 하지만 속을 들여다보면 그렇지 못했다. 겉보기에는 꽤 넓은턴 남편의 정신적 학대가 심했다. 그러다 길 잃을 지나가던 남정네에게 마음이 끌렸고, 걷잡을 수 없이 사랑의 감정에 빠져 출분했다.

그 남자의 타향에 살며 차츰 제 정신이 돌아왔다. 냉정한 계산의 공식이 머리에 떠올랐다. 지금의 구치소생과 과리된 생활을 도저히 있을 수 없는 것이었다. 원래의 집으로 다시 돌아가기를 결심했다. 그러나 돌아온 고향에서 기다리고 있는 것은 간통의 법망이었다. 더욱 참을 수 없어, 마을 사람들은 육욕(肉

'진실 고백' 요구는 또다른 고통

그녀 앞에 선 수사관은 가혹하고 딱딱한 어조로 신문에 갔다. 간통한 남자와의 첫 잠자리에서 그 남자가 어떻게 애무를 하고, 성행위를 이끌어갔는지 따위를 소상히 추궁했다. 그녀는 부끄러워 견딜 수 없었다. 자신은 남편의 품었일랑 는 학대를 못 견디던 차 그 남자와 사랑의 감정에 빠져 집을 나갔을 뿐이라고 자백했다. 사실 그와 지낸 성관계의 조서를 정리해주면 되지 않느냐고 스리퍼 보았으나, 수사관은 반응조차 보이지 않았다. 출분하기까지에 이른 자신의 엄청난 정신적 고통이나 타향에서 고향을 향해 눈물 흘리며 그리워했던 심정을 조금이나마 이해해주기 바랐던 자신이 너무나 순진했음을 절감했다.

귀향의 결과는 혹독하기만 했다.

송두율 교수의 37년 만의 귀국을 가슴 한 어느 부인의 가상적인 경우에 빗대어 보았다. 아마 이 부인이 귀향에 느끼는 심정이 대체로 송 교수의 처지에 부합할 것이다. 송 교수는 어쩌면 이 사상적으로 간통을 저질렀다고 볼 수도 있다.

송 교수 문제를 보는 우리 사회의 시각은 대체로 둘로 나뉜다. 그를 독재냐 냉전의 피해자로 보는 시각과 남한 시각를 등지고 떠나 우리와 적대적인 북한을 위해 일하다 남한에 들어오려는 말바꾸기를 거듭하는 교활한 인간이라는 시각이 있다.

열심 물 속엔 얼어도 한 집 사람 아들 속은 모른다는 속담처럼, 송 교수의 정확한 심정을 찾아내는 어렵다. 하지만 그가 귀국하여 밝힌 성명서에서 평양에서 달을 바라보며 고향을 향한 그리움에 사로잡혔다, 평양에 갔을 때도 마찬

'가지셨다'고 한 독백은 아마 진솔한 자기 고백이었으리라. 그는 경계의 어느 한 쪽에도 속하지 못하는 외로운 존재인 경계인이 아니라 그가 한번 버렸던 남한을 그리워하다 지친 외로운 방랑자였는지 모른다.

그렇다고 법의 원칙 허물수야

그에게 북한을 위해 일했던 사실의 진상을 확실히 밝히고 그 잘못을 참회하라는 욕박지름은 수치감에 휩싸인 간통죄 피의자를 닦달함과 크게 다르지 않다. 그가 그대도 학자로서 가지고 싶은 최소한의 인간적 자부심과 존엄성을 송두리째 포기하고 모든 것을 깨발리라는 것이다.

그러나 우리 사회에는 엄연히 간통죄 처벌 규정이 존재하고, 그 존재의 당부(當否)를 떠나 현실적으로 많은 사람들이 이 어에 얽매여 처벌받고 있다. 간통을 저지른 어느 부인의 인간적 사정을 고려하여 처벌하지 말라고 하는 것은, 법의 커다란 이상인 형평성과 관련하여 심각한 문제를 야기한다. 다른 사람도 모두 마찬가지가 아닌가? 송 교수의 사상(思想)간통을 용서한다면, 그를 끌어안아 과거와의 결별을 피하려 했던 우리 사회의 성숙성 제고를 위해 크게 가치 있는 일이다. 있다. 만약 그에 대한 처벌을 피하려 한다면 우리 사회가 서 있는 모태인 법의 원칙을 저버리는 일이 된다.

자칭 '경계인' 송두율의 좌절

김영희 칼럼

국제문제 大記者

그가 감방에서
자신의 저서를
비판적으로 읽으면
재기의 길은 있다

무이제 런저는 독일의 진복한 여류작가다. 그는 1983년에 발간된 『북한 여행일기』에서 김일성 주석을 만난 인상을 이렇게 썼다. "나는 과테우 나쁘레예에 대한 말을 따돌렸다. 여기 한 인간이 있다. 김일성에 대해서도 특같은 말을 할 수 있을 것이다. 여기 한 사람이, 한 인간이 있다."

김일성을 나쁘레예에 바라본 것은 아마도 김일성에 대한 선양 지식인의 모임의 에티어이었을 것이다. 송두율은 『역사는 진보한다』(05년)라는 편문집에 런저의 이 말을 소개하고 있다. 그는 런저가 김일성에 대한 개인약배를 '종교가 없는 사회에서 흔교적 우상이라나 유설제, 불건전 정치로론의 유산'이라고 지적한 것을 주체사상의 가장 난해한 부분에 관련되는 키워드로 환원하는 것 같다.

남의 입과 글 빌려 북한 찬양

송두율은 주체사상을 국제적 흐름을 무시하는 가부장이 아니라 이성적 사고로 처리하는 비판적 자의식(自意識)이라고 평가한다. 그는 수렴을 인간열등에서 결정적인 역할을 하는 뇌수(腦髓)와 같다는 비유와, 기업이 국가적·전인민적 소유의 일반적제를 공장하다. 그러나 그는 '자의 견을 가지 말아나 글로 직접 표현하지 말고 누가 어디서 이렇게 지적한다, 보여준다는 식으로 남의 입과 글을 빌려 주장을 앞세우고 있다. 송두율은 북한을 '내재적으로' 보자고 말한다.

쉽게 말해 경험을 초월한 편견이나 선입관을 가지고, 밖에서, 밖의 기준으로 북한을 보지 말고 북한 제제가 이루한 역사적 임적을 토대로 북한을 보자는 발상이다. 그는 런저의 '내재적·비판적' 방법이라는 어려운 개념처럼 원융(圆融)에 북한을 내재적으로 들어다 보도 훌륭한 비교학으로 볼 수 있다는 주장을 편다.

밑밑이 그의 속도른 가입(73년). 정치국 후보위원 선임(91년), 친척 치술렐룸, 22차례의 북한 방문 등의 경력 공소사실을 인정해 '그에게 7번의 증명을 선고했다. 그는 91년 김일성 주석을 만나고, 정보당국에 의하던 북한으로부터 15만달러의 정도를 받았다. 그는 '정군님에 대한 충성의 세'의 글을 쓰고 김주석 사망 때는 김정일 위원장의 손을 잡고 곤욕을 흘렸다.

이런 송두율을, 나쁘레예와 김일성의 비유를 공장하는 그가 경계인일 수 있는가. 그의 북한관이 1년 재척이라던 동시에 비판적일 수 있는가. 이 물음에 대한 대답은 'No'라는 대답이 법의의 결과이다.

그는 30년 만에 귀국을 결행을 떠나다. 그는 때를 만났을 믿고 북한 천지의 화려한 가을을 안고 30년 만에 귀국을 결행했으나, 이것이 송두율 사건의 수수께끼의 하나다.

그의 귀국은 지금 한국 사회에 물어치고 있는 이상징후와 무관하지 않다고 생각된다. 약법은 지킬 필요가 없다는 종문다, 공무원노조와 전교조가 총선거에서 특정 정당 지지를 금지한 선거법을 공

공연히 위반하겠다고 선언하는 세태 같은 것이다.

송두율이 한국에서 과거 행적에 대한 법의 심판을 받는다면 그건 국가보안법에 의해서일 것이다. 송두율과 그를 초청한 단체에는 보안법은 냉전시대의 유물로 지탄 가치가 없는 것이다.

30년 만의 귀국 결행한 까닭

김남균 법무장관까지 실정법 위반을 대수롭지 않게 생각하라는 것으로 오해를 받으면 했다. "좆 교수가 북한 노동당 정치국 후보위원 김철수라고 확실하다 치별할 수 있겠느냐"고, 한국 사회가 길이 빠져들고 있는 아노미(Anomie)이 송두율과 그의 친구들에게 귀국 결행의 용기를 부여한 게 아닐까. 약법도 법이다. 송두율을 약법이라도 그를 고칠 때까지는 지켜야 한다는 평범한 비장을 외면한 대가를 치르고 있다.

김대중 정부 아래 현산으로는 같은 세대의 주위와 정부의 정서가 진보 변이로 흐르고, 1세 한편 노동은 송두율이 지시·린킬 위고의 죄의으로 그 형을 선고받는 것이 한국 사회의 이율배반을·과도기적 현실이다. 사회현상에 대한 같은 동질적 가정을 철학자, 사회학자의 판단에도 흔들을 일을 만한다. 송두율이 동질을 받을 여지가 있다면 이런 이유에서일 것이다. 그 이유가 높고 너무 빨리다. 그가 감방에서 자신의 지서를 비판적으로 다시 읽는다면 재기의 길이 보일 것이다.

당신이 아픔을 겪는 그 시점에도 저는 여기서 '다른 생명의 고통을 함께 느끼지 못한 상태에서 형식적 숫자와 논리로 학문을 한다고 폼을 잡는 것은 위선'이라 생각하고 있었지요. 그러면서도 저는 당신의 번민과 아픔을 함께 느끼려 하지도 않고, 저 근거도 맥락도 없는, '북한 노동당 정치국 고위관리', '수만 달러 금품 수수' 등 신문 보도의 '사실' 확인에만 신경을 곤두세웠지요. 선생님, 정말 죄송합니다. 저는 아직도 제 안의 '레드 콤플렉스'를 넘어서지 못했습니다. 아마 평생을 걸고 싸워야 할 것 같습니다"(『한겨레신문』, 2003/12/18, 강수돌 고려대 교수, "송두율 교수와 나").

4기 | 석방 이후

2004년
7월 21일   2심 판결에서 일부 무죄 및 집행유예로 석방.
8월 2일   송두율 교수, 45년 만에 광주 방문, 망월동 참배.
8월 3일   송두율 교수, 고향 제주 방문.
8월 5일   송두율 교수, 독일로 출국.

2심 판결에 대해 보수적인 언론들도 적극적으로 반대하고 나서지 않았다. 따라서 대부분 언론 보도는 판결의 내용에 대한 사실 보도 이외에 별도의 의견 보도를 조직하지는 않았다. 반면 송 교수를 둘러싼 그간의 격렬한 반응에 대해 반성적 성찰을 지적하는 내용이 많았다. 문화비평가 진중권 씨는 "처음부터 이 재판의 가장 중요한 부분은 법정 밖에서 진행되었다"며 확인도 되지 않은 검찰의 피의사실이 그대로 공개되고, 사설과 칼럼은 유죄판결을 내려 놓고 송 교수를 인격적으로 모독하기에 바빴다는 점을 지적했다. 그러면서 "마셜 맥루언은 스탈린 시절 소련에서 벌어진 재판을 보고 서방 세계가 받았던 충격에 대해 얘기한 바 있다. 그 재판의 특징은 아무리 공소장을 뒤져 봐도 구체적인 행위가 없다는 데에 있었다. 객관적으로 확인된 '행위'가 아니라 주관적으로 추정된 '생각'을 근거로 사람을 처벌한다는 게 서방의 법 관념으로는 이해가 안

된 모양이다. 그 야만적인 짓이 50년이 지난 대한민국 땅에서 버젓이 벌어진 것이다"라고 비판했다(『경향신문』, 2004/07/23, 진중권, "이념의 푸닥거리").

『한국일보』이진희 기자는 지난 1년간 한국 사회를 압도했던 논란을 다음과 같이 기록하고 있다. "1심 공판에서 그를 괴롭힌 검사의 질문은 주로 이랬다. '80년대 저서에서 '지렁이도 밟으면 꿈틀한다'는 표현으로 남한의 노동자와 농민을 지렁이에 비유한 것은 잘못 아닙니까?', '우리 농촌이 매우 비참한 것처럼 썼는데 이것은 88올림픽을 앞두고 남한의 부정적 측면을 부각하기 위해 쓴 글 아닙니까?' 이러한 질문은 한 시간 가까이 지속됐고, 법정을 지배해야 할 '증거'나 '사실'에 대한 논박은 찾아보기 어려웠다. 남북의 경계를 걸으며 두 조국을 동시에 안으려 한 학자로서 그를 지지했던 사람들은 함께 패배감을 맛보았고, 그의 학문이 국내 친북 세력에 영향을 미쳤다고 거품을 물었던 사람들은 '죄값'이라고 환영했다. 그러나 이념과 상관없이 학문을 '누구의 편이냐'를 기준으로 재단, 범죄성을 부여한 1심 재판부의 판결에 학계는 충격을 받았다. ……결국 항소심 재판부의 판단은 1심과 달랐다. 송 교수의 저술 활동을 북한

308

정치국 후보위원 활동을 뒷받침하는 증거로 채택하지 않았으며, 북한을 다녀왔다는 단순한 사실에 대해서만 국보법의 잠입·탈출죄를 인정했다. 그러나 얻은 교훈이 있다고 상처가 아프지 않은 것은 아니다. 간첩죄가 아닌 국보법 위반죄임에도 수사 과정에서 '거물 간첩'이라는 타이틀로 폭로되고, 국보법의 모호성에 힘입어 행적은 왜곡되고, 살아온 정체성을 부정하라는 반성과 전향 요구에 개인의 정신은 짓눌렸다. 송 교수 사건은 냉전 이후 고착된 우리 사회의 이념 갈등과, 여기에 뿌리를 두고 때만 되면 터져 나오는 '집단적 가학성'의 실체를 남김없이 보여 준 사건이었다(『한국일보』, 2004/12/22, "2004 인물: 재독학자 송두율 씨").

송두율 교수 '집유 석방'이 남긴 과제

한겨레 2004년 7월 22일

인명 찾아보기

미시마 유키오(三島由紀夫, 1925~70) 84
미즈너(Wilson Mizner, 1876~1933) 104

ㅂ

바렐라(Fransisco Varela, 1946~2001) 207
바바(Homi Bhabha, 1909~66) 190
바이스(Peter Weiss, 1916~82) 83
바이체커(Carl Friedrich von Weizsäcker,
    1912~) 18
발레리(Paul Valéry, 1871~1945) 147
버나드 쇼(George Bernard Shaw, 1856~1950)
    234
버틀러(Judith Butler, 1956~) 158, 185
베버(Max Weber, 1864~1920) 97, 104, 165,
    202, 230
베이트슨(Gregory Bateson, 1904~80) 64
벤야민(Walter Benjamin, 1892~1940) 148, 188
벤츄리(Robert Venturi, 1925~) 190
보들레르(Charles-Pierre Baudelaire, 1821~67)
    230
보들리아르(Jean Beaudrillard, 1929~2007) 226,
    216
보비오(Norberto Bobbio, 1909~2004) 285
볼테르(Voltaire, 1694~1778) 111
부르디외(Pierre Bourdieu, 1930~2002) 153
브란트(Willy Brandt, 1913~92) 115, 247
브레진스키(Zbigniew Kazimierz Brzezinski,
    1928~) 233
브레히트(Bertolt Brecht, 1898~1956) 15, 234
블로흐(Ernst Bloch, 1885~1977) 114
비릴리오(Paul Virilio, 1932~) 168
비트겐슈타인(Ludwig Wittgenstein, 1889~1951)
    26, 230

ㅅ

사폰(Carlos Ruiz Zafon, 1964~) 32
세넷(Richard Sennett, 1943~) 184
세르(Michel Serres, 1930~) 100, 190, 223
쇼펜하우어(Arthur Schopenhauer, 1788~1860)
    53, 201, 246
슈미트(Carl Schmitt, 1888~1985) 44, 114, 122,
    123, 154
슈펭글러(Oswald Spengler, 1880~1936) 123,
    251
스탕달(Stendhal, 1783~1842) 105
실러(Friedrich von Schiller, 1759~1809) 173
쑨원(孫文, 1866~1925) 94

ㅇ

아그넬리(Umberto Agnelli, 1934~2004) 95
아도르노(Theodor Adorno, 1903~69) 53, 184
아렌트(Hanna Arendt, 1906~75) 134, 184
아마디네자드(Mahmoud Ahmadinejad, 1956~)
    172
아베 신조(安倍晋三, 1954~) 230, 246
아우구스티누스(Aurelius Augustinus, 354~430) 15
안중근(安重根, 1879~1910) 83~85
알베르(Michel Albert, 1947~) 133
알튀세((Louis Althusser, 1918~90) 216
엔데(Michael Ende, 1929~95) 15, 170
오부치 게이조(小渕惠三, 1937~2000) 248
와일드(Oscar Wilde, 1854~1900) 111
와쓰지 데쓰로(和辻哲郎, 1889~1960) 53
요나스(Hans Jonas, 1903~93) 180
웅거스(Oswald Mathias Ungers, 1926~) 183
윙거(Ernst Jünger, 1895~1998) 123
윤이상(尹伊桑, 1917~95) 105, 199, 262
이글턴(Terry Eagleton, 1943~) 93